读懂投资 先知未来

大咖智慧
THE GREAT WISDOM IN TRADING

成长陪跑
THE PERMANENT SUPPORTS FROM US

复合增长
COMPOUND GROWTH IN WEALTH

一站式视频学习训练平台

周期 与 龙头

穿越周期迷惑　克服人性弱点

A 股剑客／著

山西出版传媒集团　山西人民出版社

图书在版编目（CIP）数据

周期与龙头 / A 股剑客 著 . — 太原：山西人民出版社，2024.1（2024.5 重印）

ISBN 978-7-203-13122-9

Ⅰ.①周…　Ⅱ.① A…　Ⅲ.①股票交易　Ⅳ.
① F830.91

中国国家版本馆 CIP 数据核字 (2023) 第 214110 号

周期与龙头

著　　者：	A 股剑客
责任编辑：	孙　琳
复　　审：	崔人杰
终　　审：	贺　权
装帧设计：	卜翠红

出 版 者：山西出版传媒集团·山西人民出版社
地　　址：太原市建设南路 21 号
邮　　编：030012
发行营销：0351-4922220　4955996　4956039　4922127（传真）
天猫官网：https://sxrmcbs.tmall.com　电话：0351-4922159
E－m a i l：sxskcb@163.com　发行部
　　　　　 sxskcb@126.com　总编室
网　　址：www.sxskcb.com

经 销 者：山西出版传媒集团·山西人民出版社
承 印 厂：廊坊市祥丰印刷有限公司

开　　本：710mm×1000mm　1/16
印　　张：26
字　　数：400 千字
版　　次：2024 年 1 月　第 1 版
印　　次：2024 年 5 月　第 2 次印刷
书　　号：ISBN 978-7-203-13122-9
定　　价：168.00 元

如有印装质量问题请与本社联系调换

推荐序一
周期与龙头战法的哲学思想

天马行空

在股市中，龙头战法始终是投资者追求的黄金法则。这种战法强调关注强势股，它们如同时空中的物质和真空中的量子波动一样，是时间序列的必然产物。《周期与龙头》从周期的角度来分析龙头价值的体现，以期为投资者提供有益的参考。

一、周期演化与股市季节轮回

股市周期由长、中、短波周期组成，短波周期堆叠形成中波周期，而中波周期则共同构成长波周期。表面上看似混乱的资本市场，实际上隐藏着深刻的周期循环规律。这些周期不断演绎着如同春夏秋冬的季节轮回，体现为市场热度的高低。

市场热度高低反映在股民情绪的波动中。随着周期的推进，纷繁的情绪在强大的周期张力下逐渐趋同。情绪高涨时代表周期的顶点，而情绪低落时则意味着周期的低点。

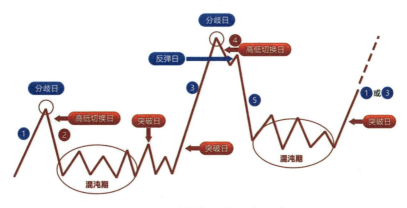

图 P1.1 情绪与市场运行周期

二、龙头的演绎与市场趋势

随着时间序列的推进，一个个小周期不断萌发和演进。每个周期从低谷开始反弹，龙头股应运而生，逐步带动板块并扩散到整个市场，最终推动市场达到高潮。龙头股在这个过程中表现出多样的角色，如情绪空间龙、中军趋势龙、行业龙和补涨龙等。

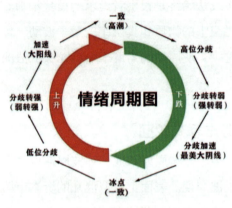

图 P1.2　情绪周期图

当市场进入类似秋风扫落叶的阶段时，龙头股逐一退潮，市场回落，最后进入寂静期，一个小周期轮回结束。这样的小周期堆叠形成中波周期。中波周期中的各个小周期并非均衡，它们扮演着不同的角色，以独有的特征依次出现，如消费、成长、周期、金融等。

一个完整的小周期序列构造出一个中波周期，而一个完整的中波周期又必然完成一个长波周期。随后，一个新的长波周期会及时出现。

因此，我们可以清晰地看到，时间序列必然孕育出周期序列，周期序列必然由情绪序列来表征。正如历史由英雄创造一样，市场由龙头来演绎和总结。但我们必须明白：地球不需要人类，而是人类依附于地球，历史本无所谓英雄，龙头只是市场轮回的必然。

理论是灰色的，逻辑是枯燥的，但没有这些，一切都是混沌的。有了龙头的哲学基础，我们才能构造出时间、周期和情绪的序列，才能轻松辨别出市场的转折点，方能追上在天的飞龙，随之去播云布雨。

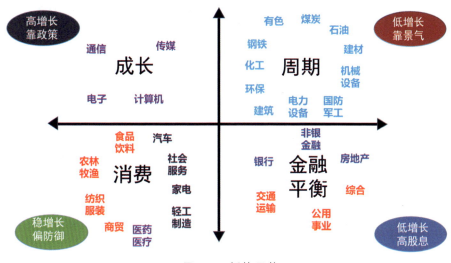

图 P1.3　板块风格

三、投资者的角色与策略

　　吴老师在本书所分享的"周期与龙头"理论，为我们提供了一套详尽的龙头战法实操指南。不同类型的投资者可以根据自己的需求和风格选择适合的策略。例如，激进者可以追求涨停板；勇敢者可以在市场反弹初期抓住最强势的标的；稳健者则可以在情绪低点和拐点明确时投资龙头股；中庸者可关注资金流向；耐心的投资者可以选择一批行业龙头，执行波段投资的策略；对于缺乏信心或经验的投资者，可以在市场热度高涨时关注主流板块，一旦市场出现风险信号，立即撤离。

　　投资者的格局决定了其在股市的生存状态。真正具有大格局思维的投资者深谙道生一、一生二、二生三、三生万物的根本规律，洞悉市场周期轮回的本质。时间、周期、龙头股票对于他们而言，如同管中窥豹、洞若观火。市场中的定位取决于投资者所能洞察的层面，掌握市场全貌的人成为大师，看到长波者为胜者，操作中波者为强者，逐短波者为生存者，而在最热时期才去关注股票的人则是真正具有自知之明的投资者。

推荐序二
探讨市场交易系统的独特之道

剑指龙头

市场上有无数由不同理念构筑的交易系统，每个系统只要掌握其精髓，足可在市场生存。而"周期与龙头战法"无疑是一个完整、自洽、独特、有效的交易系统，在市场上独树一帜。我们学习此战法，不仅因为其简洁、有效，更是因为方法的可及性。

一、周期：洞察市场的深邃规律

周期是世间万物根本规律的体现，它隐藏在事物的交替、循环、轮回和起落之中。强调周期的重要性有助于帮助投资者以平和的心态应对市场的各种看似混乱的情景。在周期的视角下，市场的各种状况将有序展开，让我们更加清晰地把握市场的脉络。

通过掌握周期，投资者能够洞察市场状态的时间序列结构，从而及时捕捉到最佳投资时机。心中有周期的认识，眼中自然能看到市场状态的变化，

周易第1卦：乾为天

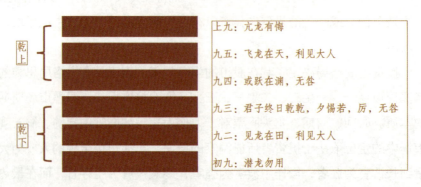

乾上：
- 上九：亢龙有悔
- 九五：飞龙在天，利见大人
- 九四：或跃在渊，无咎

乾下：
- 九三：君子终日乾乾，夕惕若，厉，无咎
- 九二：见龙在田，利见大人
- 初九：潜龙勿用

图 P2.1　乾卦与龙头股

如同春夏秋冬的更迭，一目了然。无论市场当前处于繁荣还是低迷，或者潜伏等待时机，都有迹可循。

然而，如果对周期的把握尚不到位，错过了最佳投资时机，投资者也不必过于悲观。只要保持对周期的关注，新的投资机会总会出现。即便错过了一个完整的周期，由于市场本身具有周期性，投资者依然可以抱着"昔日重来"的信念，再次抓住市场的机遇，实现成功投资。

二、情绪与等待：把握时机的关键所在

周期是个嵌套结构，长中短周期在一个统一的大格局中依次铺展。本书作者吴老师通过大数据分析总结出了各个周期的时长特征，进而提出情绪这一关键因素。学习者应该以情绪为依据，把握投资时机。

对于情绪的表现，本书把其比作春夏秋冬变换带来的温度变化，是投资者的重要参考依据。作者吴老师在书中解释道，在秋冬季节播种并不合适；而春天虽然气温回升，但春寒料峭，气温多变。尽管春天已来临，夏日指日可待，但对于投资者而言，春天并非赢利预期的主战场，当然可以进行小规模尝试。这时，一个许多人不太愿意接受的重要概念——等待，便占据了关键地位。

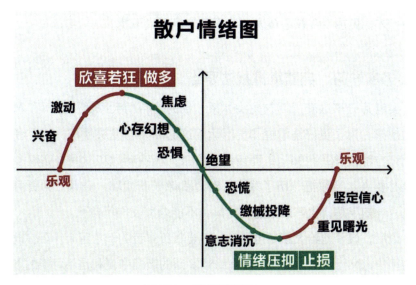

图 P2.2　情绪周期图

吴老师反复强调，要把握好时间、周期、情绪三者之间的关系，确保水到渠成。等待并非可有可无，龙头企业不是人为创造，而是顺势而生。等待的意义在于等待情绪低点的过去和情绪拐点的到来，同时也是等待盈利机会的出现。

三、唯一性：周期与龙头战法的独特之处

唯一性是周期与龙头战法中一个独特且难解的概念。它可能有多重含义和指示，如周期格局的当前定位是唯一的、目前周期的情绪特征是唯一的、四种不同龙头的地位是唯一的、市场参与者的目标是唯一的等。理解战法的唯一性，有助于学习者真正按照战法理念去实践，避免受市场波动和其他技术干扰。

四、摒弃指标与点位：专注核心概念

市场中的有为者都希望为市场生存者留下一些赢利的希望，因此，各种指标应运而生。然而，本书作者吴老师反复强调不迷恋指标，因为指标时灵时不灵。唯一性若能解决问题，那么指标便显得多余。同样，大盘点位、压力、支撑等，在许多技术分析中都是必不可少的，但在周期与龙头战法中却失去了重要地位，而爆量、高量柱、高量不破等周期与龙头战法中的重要概念，吴老师在本书的解读中则没有任何含糊的地方。选择一个有利的视角去把握事物，才能更加专注核心概念，而不受其他因素干扰。

五、务实学习：完整掌握战法要点

吴老师分享这套周期与龙头体系，目的是帮助大家尽快理解和掌握股市波动规律。为了更好地掌握和灵活运用这套周期与龙头战法，学习者不应该仅死记方法的碎片化知识，而应静下心来，花费精力和时间去完整掌握方法的核心要点。当你把一切了然于心时，就像一套武功，一刀一剑皆可致命。反之，一知半解，上阵时只能乱劈风，不能杀敌反伤了自己。

最后，诚挚地给大家一句忠告：不要辜负作者的一片苦心。若你既没有哲学的领悟，又无逻辑的链路，想在纷繁复杂的市场中赢利是不可能的。只有做到心中有周期，操作才能自随心。才能坦然面对市场的波动，才能走得更远。

投资如人生
皆是周期轮回

　　资本市场就是把钱从内心躁动的人的口袋里放到内心安静人的口袋里的一种游戏。在整个交易过程中，只有投资者内心有一套自己信仰的理论体系，心灵才是纯粹的，思想才是单纯的，看到的世界才是简单的，交易思路才会清晰，交易动作才能简洁。所以，我们交易的不是市场，而是一套交易规则，或者说自己的思想。

　　万物皆周期，投资亦轮回。任何事物，任何行业都有其运行的周期，在周期上行阶段把握机会，在周期下行阶段规避风险，看似简单，实则很难。难在哪里？难在知行合一。知易行难，天下大事，必作于细。一场完美的投资，就像一壶陈年老酒，是温度、农作物、时间等合力酝酿的结果，一道工序，一秒时间都不能少。如何在混沌中保持清醒，在动荡时依然坚持，是每一个投资者的必修课。

所以，了解周期就要解决三个问题：第一，大局观。就是清楚市场处于周期的什么位置，是该恐惧、贪婪还是麻木；第二，定位。是价值投资、趋势投机，还是情绪博弈，只有清楚定位，了解市场的同时，也了解自己，选择适合自己的；第三，风险控制。明确自己交易的逻辑和预期，当市场出现不及预期的时候，能及时控制风险，结束交易。

　　周期与龙头这套体系主要以周期为核心，构建择时系统，以龙头为抓点构建选股系统，从而形成一套完整的交易体系。整个内容分为三大周期，长周期解决风格轮动，中周期解决风格内部行业轮动，短周期解决行业内部龙头轮动。

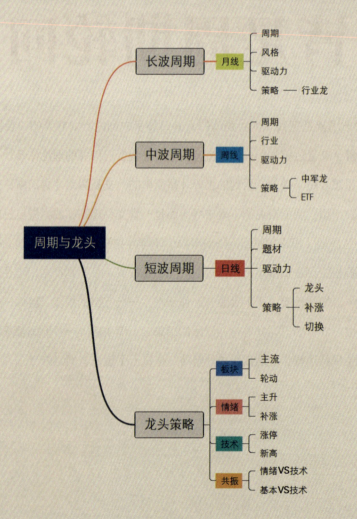

掌握股市周期规律

> 杰西·利弗莫尔曾说："华尔街没有新鲜事，因为投机如同群山一般古老。股市今天所发生的事情，在过去曾发生过，将来也必然再次发生。"这句话揭示了股市周期的普遍性和重要性。本章将深入剖析股市周期现象，从自然规律到市场波动，揭示股市中周期性波动的本质。通过探讨股市的钟摆理论，我们将带您领略上升和下降趋势的奥秘。紧接着，我们将探讨如何定义和识别不同时间尺度的周期，以便更好地把握市场的脉络。最后，我们将分析大周期与小周期之间的关系，揭示共振与不共振现象，帮助您在投资中发现机会与规避风险。通过本章的阅读，您将对股市周期有更深入的理解，为您的投资之路奠定坚实的基础。

股市周期：从自然规律到市场波动

百度百科对周期的解释是，事物在运动、变化过程中，某些特征多次重复出现，其连续两次出现所经过的时间被称为"周期"。周期的核心在于过程。我个人较喜欢《涛动周期论中》对周期的描述，认为其为经典之作。虽然周期终将消逝，但轮回却是永恒的。周期研究的核心在于对过程的描述，若无法珍视过程，对周期的了解将永远停留在表面。

我们从未将周期作为宏观经济的研究对象，因为周期是经济、技术、社会系统及其社会制度的综合产物。在周期大系统面前，几个宏观指标的微小变化并不重要。周期研究的境界在于通过对系统的理解来推断细节的变化，过程与系统才是周期的真正奥义。

作为橡树资本联席董事长及公司核心创始人之一，霍华德·马克斯对周期也有系统的阐述。他结合基本面与心理面详细地阐述了如何认识周期、分析周期及应对周期，核心观点可用四个字概括——逆向投资。他强调要认清周期，并对周期所处的位置进行大致的判断，以此为依据调整资产配置，争取成为投资市场上的少数赢家。

书中总结了三大规律和三大类型，其中对周期的三大规律总结得非常到位。

周期规律一：趋势非直线，而是曲线。前途光明，道路曲折。长期趋势如同大磁铁，具有均值回归的吸引力，因此大涨之后必有大跌，大跌之后必有大涨。然而，一旦向均值运动开始，便会产生偏离均值的惯性，走向贪婪或恐惧。

周期规律二：周期具有相似性，而非相同性。周期中总会有涨跌，但涨跌幅度、时点、速度并不相同，因为世界存在随机性。正如 A 股历史上的牛熊周期一样，它们不会简单地重复，但总是遵循相似的节奏。因此，识别周期的关键在于了解模式，而非细节，重要的是知道我们当前处于何种位置。

周期规律三：趋向极端，而非中间。钟摆或许会摆动至中心点，但其停留时间极短。事实上，股票市场表现符合正常水平的情况反而并非常态，换言之，常态即非常态。

在理解周期的本质和规律后，我们可以更好地把握投资时机，运用周期分析去洞察市场的未来走势。通过对周期的研究，我们能够掌握宏观经济的脉络，从而在投资市场中取得成功。接下来的章节，我们将深入探讨如何运用周期分析来把握市场龙头企业的投资机会。

股市钟摆理论：揭示上升与下降趋势的奥秘

在股票市场中，我们可以运用周期的思维去分析。一个完整的周期包含三个要素：时间（上涨和下跌的时间）、空间（上涨和下跌的幅度），过程（上涨和下跌的结构，如板块轮动和浪形变化）。一个完整的周期就像一个钟摆，不断地来回摆动。钟摆总是围绕着一个中心值在一定范围内做有规律的摆动，这被称为钟摆理论。德国哲学家叔本华曾说："人生实如钟摆，在痛苦与倦怠中徘徊，而幸福则居于二者之间。"股价波动亦如钟摆一般，在泡沫贪婪区、估值中枢区和低估恐慌区之间摆动。

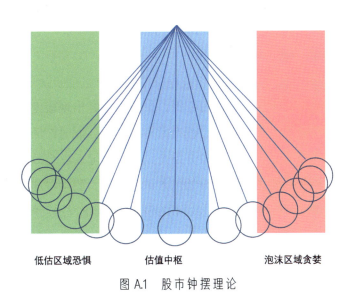

低估区域恐惧　　　　估值中枢　　　　泡沫区域贪婪

图 A.1　股市钟摆理论

一、下跌趋势

下跌趋势，即周期的退潮阶段。在这一阶段，市场情绪从极度乐观转向谨慎。先知先觉的资金开始出货，股价逐渐调整。随后，后知后觉的投资者犹豫不决，股价下跌力度加大，越来越多的资金撤离。此时市场已经进入下跌趋势。然而，不知不觉的散户仍然不以为然。直到股价大幅下跌，市场情绪从恐慌转向绝望，一个下跌周期才算走完。

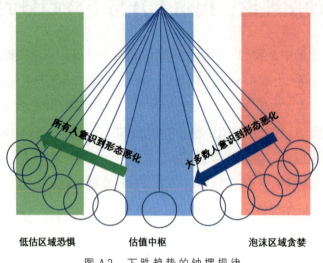

所有人意识到形态恶化

大多数人意识到形态恶化

低估区域恐惧　　　　　估值中枢　　　　　泡沫区域贪婪

图 A.2　下跌趋势的钟摆规律

二、上升趋势

相比下降趋势，上升趋势刚好相反，当价格已经出现极度恐慌之后，市场会伴随着各种利空，投资者内心没有做多的理由，此时市场的政策开始产生变化，先知先觉资金进场，股价开始止跌企稳，随后随着政策持续发酵，量变到质变，后知后觉的资金也开始加入做多行情，股价快速上扬，最后到不知不觉的散户认可行情，市场进入到加速段，直到爆发最后的贪婪。

市场走势反映了一个社会群体的情绪波动。具体来说，每个循环都需经历上升段和下降段，可划分为四个阶段：筑底、主升、筑顶和主跌。

（1）筑底：第一阶段，少数先知先觉的投资者认为股价跌得差不多了，开始进场。而此时大部分人仍在卖出。随着买卖趋于平衡，股价出现区间震荡，形成底部。

（2）主升：第二阶段，大部分后知后觉的投资者发现股价开始上升，出现赚钱效应，也纷纷进场。这些投资者形成合力，使股价稳步上升，并逐渐形成上升趋势。此时场外资金纷纷涌入市场。

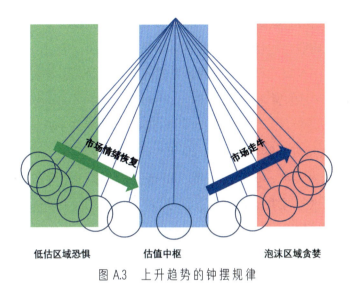

图 A.3　上升趋势的钟摆规律

（3）筑顶：第三阶段，不知不觉中的散户也开始注意到股价的上涨。此时，先知先觉的投资者认为股价涨得差不多了，开始出货。尽管大部分人仍在买入，但买卖再次进入平衡状态，股价形成顶部。

（4）主跌：第四阶段，大部分投资者发现股票无法再赚钱，甚至出现亏损。于是纷纷止盈或止损出货，股价开始大幅下跌，形成下降趋势，直至进入下一个底部。

股市中的钟摆理论表明，通过观察市场中的循环规律，投资者可以在不同阶段做出相应的投资决策，以获得更好的投资回报。理解这一理论有助于投资者把握市场节奏，避免在市场高位追涨或低位抛售。

掌握股市周期：洞悉江恩循环周期理论

江恩循环周期是目前对股市周期有系统描述的理论。江恩提出了时间控制因素的问题，主要研究时间周期与空间波动法则。他认为时间是决定市场走势的最重要因素。通过对大市及个别股票的历史记录进行详细研究，我们可以发现历史确实在重复发生。了解过去，就能预测未来。

江恩理论将股指运行的周期划分为短期循环周期、中期循环周期和长期循环周期。这三种周期循环对应的计算时间各不相同。通常来看，短期循环包括小时、周和月的循环，如1小时、2小时、4小时……18小时、24小时、3周、7周、13周、15周、3个月、7个月等。中期循环主要包括年的循环，如1年、2年、3年、5年、7年、10年、13年、15年等。长期循环则包括20年、30年、45年、49年、60年、82年、90年和100年的循环。

为了简化这些周期分类，我们可以结合A股市场的波动规律，将其分为三类。首先，我们可以用4~5倍的时间差作为一个独立周期的划分标准。例如，一个月有4周，一周有5个交易日，一天有4个小时，一个小时有4个15分钟等。依此类推，我们可以得到季线、月线、周线、日线、小时线、15分钟、5分钟和1分钟这8个周期。大周期较为稳定但滞后，小周期活跃但灵敏。具体如下：

主要趋势：月线或季线，月线3到5年一个轮回，主要以一些新兴行业为主，比如科技板块的半导体产业，平均4到5年一个轮回。季线6到8年一个轮回，主要以一些传统周期风格为主，比如有色、地产等，不同行业的周期属性差异化比较大，基本上我们把轮动周期超过3年以上的叫作长周期。

次要趋势：周线，定义为中波周期，持续3到8个月，注册新规之后这个时间变短了。中周期主要是当前市场主流板块和轮动板块的轮动规律。

短暂趋势：日线，定义为短波周期，持续5到13天，全面注册制之后，轮动加快，基本5到8天一个轮回。短周期主要用于主流板块和轮动板块内龙头的轮动，关注主线龙头和轮动龙头之间的关系。

通过这样的分类和定义，投资者可以更好地把握市场的各种周期趋势，从而做出更为明智的投资决策。

目　录

第一篇

长波风格轮动

长波周期是股票波动的最核心周期，是风格的轮动。主要包括四个方面：周期的四阶段、风格类型、驱动力和行业龙头策略。长周期主要解决操作过程中的方向问题，通过周期轮动规律来判断当前及未来市场趋势的主线风格，并为操作行业龙头提供相应技巧。

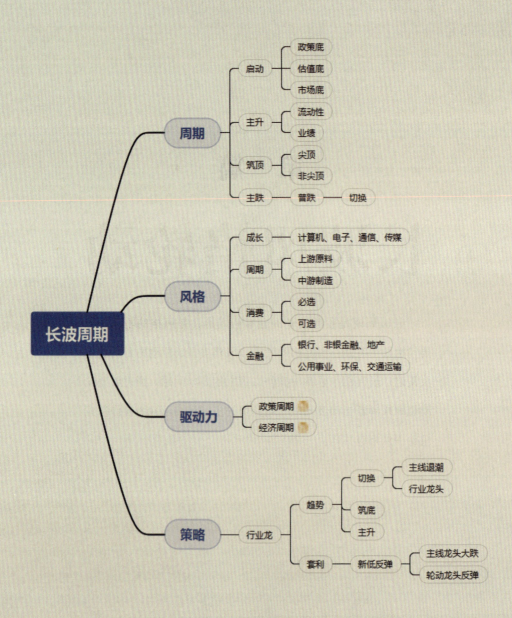

长波周期

周期
- 启动
  - 政策底
  - 估值底
  - 市场底
- 主升
  - 流动性
  - 业绩
- 筑顶
  - 尖顶
  - 非尖顶
- 主跌 —— 普跌 —— 切换

风格
- 成长 —— 计算机、电子、通信、传媒
- 周期
  - 上游原料
  - 中游制造
- 消费
  - 必选
  - 可选
- 金融
  - 银行、非银金融、地产
  - 公用事业、环保、交通运输

驱动力
- 政策周期
- 经济周期

策略
- 行业龙
  - 趋势
    - 切换
      - 主线退潮
      - 行业龙头
    - 筑底
    - 主升
  - 套利 —— 新低反弹
    - 主线龙头大跌
    - 轮动龙头反弹

第一章　长波月线周期的奥秘

> 月线周期，即牛熊周期，其核心驱动力来自政策周期和产业周期。经济与股市的关系就像主人与狗：狗总是跑在主人前面，但当它离开主人一定距离时，又会返回寻找主人。

第一节　月线周期对牛熊市的影响

月线周期通常在 3 到 5 年一个轮回，也就是我们所说的牛熊周期。它主要受政策周期、企业盈利周期以及库存周期的影响。一个完整的周期包括上涨和下跌阶段。在每轮大涨或牛市中，都有相似的环境因素，如宽松的流动性、估值触底、盈利预期拐点以及政策转向。相反，在每轮大跌或熊市中，紧缩的流动性、持续下行的盈利预期，以及可能伴随的金融风险或海外风险事件，都是相似的。

月线周期背后的逻辑虽然复杂，但过程的演绎却相似，体现在不同风格板块的轮动中。驱动力是政策周期和库存周期共同作用的结果，分为政策底、市场底、经济底、盈利底。邱国鹭在其著作《投资中最简单的事》中对周期轮动有一段非常经典的描述。

第一阶段，熊市见底时，经济仍然低迷，但是政策周期先行启动，领先于市场周期，也就是说，货币政策和财政政策首先放松，市场往往在资金面和政策面的推动下进行重新估值。而这个时候因为利率的降低，常常是财务杠杆高的企业见底。

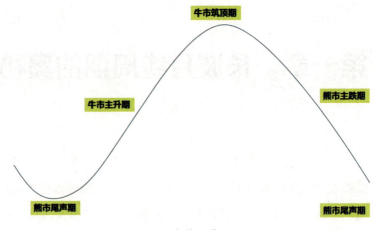

图 1.1　牛熊周期图

第二阶段，牛市主升期，市场周期往往领先于经济周期，也就是说在牛市全面启动之后，经济开始复苏，利率稳定，此时对经济弹性较大、运营杠杆较高的行业开始领涨，也就是重资产行业、强周期行业开始领涨。

第三阶段，牛市筑顶期，微观基本面在宏观基本面向好后也得到了改善，利润快速增长，估值扩张取代了基本面扩张。这个时候领涨的往往是估值杠杆的企业，也就是我们所说的想象空间大的，或者说是会讲故事的，一些绩差、小盘、超跌的题材股爆发，盘面进入到鸡犬升天的态势，投资者的情绪达到高潮状态，这是黑暗前的最后曙光。此时，投资者应该对仓位进行调配，降低股票占比，转向债券或大量持币。

第四阶段，熊市主跌期，政策转向，流动性紧缩、盈利预期开始下行，股市开始进入到下降周期。某知名私募基金经理冯柳把股价的下跌分为三个阶段：杀估值、杀业绩、杀逻辑。

第一阶段杀估值：一个资质优秀的企业，其业绩持续增长的确定性也很高，唯一的缺点就是估值太高，已经提前透支了未来多年的业绩增长，此时需要估值回归。

第二阶段杀业绩：指的是一家公司过去增长很快，市场给到的预期非常高，但某一个季报、半年报或是年报出来显示利润增速大幅放缓，不及市场预期，那么股价就会迎来持续的下跌。

第三阶段杀逻辑：指公司过去表现优秀的背后所凭借的一些核心要素，比如资源独占、牌照限制、技术优势、品牌优势等长期的业绩催化剂，已经遭到破坏，甚至丧失。在这种情况下，若投资者仍然停留在对过去的回忆里，无异于是刻舟求剑。这时候的下跌才是最为可怕的，因为公司利润增长的底层逻辑发生了变化，股价即便跌得再狠也不能碰。

因此，长波周期主要是帮助我们了解当前市场的风格和逻辑，以及运行的阶段，而不是关注指数在多少点位。投资者应关注领涨领跌的板块，以及对应的领涨领跌个股。通过掌握月线周期，投资者可以更好地把握市场机会，实现投资目标。

第二节　A股的月线周期

中国股市成立初期，上交所和深交所在1990年12月19日和1990年12月1日分别开始运营。由于当时上市股票数量有限，交易制度不完善，以及改革开放初期计划经济的影响，早期股票波动较大，短期内出现大幅度涨跌。截至目前，上证指数已经经历了八轮长波周期，2023年开启新一轮长周期。下面以上证指数和沪深300指数为例，系统性地回顾整理这些周期。

一、第一轮长波周期

1991年1月开始，1994年7月结束，共运行44个月，上行时间18月，筑顶时间9个月，下跌时间17个月。早期A股市场交易股票数量少，交易制度也在完善的过程中，A股没有周期波动的特征，基本都是暴涨暴跌。

表 1.1　A 股历史八轮周期划分时间表

长波月线周期								
时间周期					风格指数			
序列	年	阶段	时间（月）	总共	中证全指	沪深 300	中证 500	中证 1000
第九轮	2023	筑底						
第八轮	2022	主跌	10	47 月（3.9 年）	−20.3%	−21.6%	−20.3%	−21.6%
	2021	筑顶	11		6.2%	−5.2%	15.6%	20.5%
	2020	主升	11		24.9%	27.2%	20.87%	19.4%
	2019	筑底	15		31.1%	36.1%	26.38%	25.7%
第七轮	2018	主跌	11	34 月（2.8 年）	−29.9%	−25.3%	−33.32%	−36.9%
	2017	主升	13		2.3%	21.8%	−0.20%	−17.4%
	2016	筑底	10		−14.4%	−11.3%	−17.78%	−20.0%
第六轮	2015	顶/主跌	9	39 月（3.2 年）	32.6%	5.6%	43.12%	76.1%
	2014	主升	11		45.8%	51.7%	39.01%	34.5%
	2013	筑底	19		5.21%	−7.7%	16.89%	31.6%
第五轮	2012	筑底	25	49 月（4.1 年）	4.58%	7.6%	0.28%	−1.4%
	2011	主跌			−28.0%	−25.0%	−33.83%	−33.0%
	2010	筑顶	15		−3.77%	−12.5%	10.07%	17.4%
	2009	主升	9		106.5%	96.7%	131.27%	139.8%
第四轮	2008	主跌	10	40 月（3.3 年）	−64.06%	−66.0%	−60.80%	−59.3%
	2007	主升	3		170.9%	161.6%	186.63%	202.6%
	2006		14		112.2%	121.0%	100.68%	76.2%
	2005	筑底	13		−11.0%	−7.7%	−13.99%	−15.7%
第三轮	2004	主跌	15	74 月（6.1 年）	−15.4%	−11.9%		
	2003	B 浪反	26		10.3%	26.1%		
	2002				−17.5%	−17.0%		
	2001	A 浪跌	7		−20.6%	−30.0%		
	2000	主升	18		51.7%	41.1%		
	1999	筑底	8		19.2%	14.3%		
第二轮	1998	主跌	11	57 月（4.8 年）	−4.0%	−29.5%		
	1997	筑顶	13		30.2%	30.1%		
	1996	主升	15		65.1%	225.6%		
	1995	筑底	18		−14.3%	−22.3%		
第一轮	1994	主跌	17	44 月（3.7 年）	−22.3%	−42.9%		
	1993				6.8%	−3.7%		
	1992	筑顶	9		166.6%	139.7%		
	1991	主升	18		129.4%			
数据来源：根据公开资料整理								

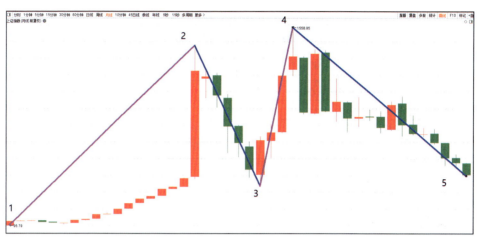

图 1.2　第一轮长波周期图

1. 1991 年，牛市主升期

在 1991 年 A 股市场刚刚起步时，上交所实行了 5% 的涨跌停板制度，但由于市场炒作激烈，不到 10 天涨跌停板就被限制为 1%，直至 1992 年初，期间一度限制为 0.5%。当年上交所 8 只和深交所 6 只，共有 14 只股票。上交所的 8 只股票包括延中实业（600601）、真空电子（600602）、飞乐音响（600651）、爱使股份（600652）、申华电工（600653）、飞乐股份（600654）、豫园股份（600655）和浙江凤凰（600656）。深圳的 6 只股票分别为深发展（000001）、深万科（000002）、深安达（000004）、深金田（000003）、深原野（000005）和深宝安（000009）。

1991 年 1 月至 3 月，沪市运行平稳。4 月 3 日，深交所发布深圳股价指数，4 月至 8 月深市持续暴跌，9 月触底。总体来说，1991 年 A 股市场处于牛市上升期。全年上证指数上涨 129%，深圳综指上涨 10.4%（从 9 月底部起算，上涨超过一倍）。

表 1.2　1991 年沪深两市交易股票基本情况

1991 年沪深两市交易股票基本情况					
股票代码	股票简称	行业	1991 年涨幅（％）	1991 年流通币值（亿）	1991 年底市盈率（倍）
600601	延中实业	信息设备	91	0.18	172
600602	真空电子	电子	80	4.59	75
600651	飞乐音响	电子	124	0.06	116
600652	爱使电子	综合	199	0.01	236
600653	申华电工	交运设备	356	0.75	87
600654	飞乐股份	电子	146	8.08	510
600656	凤凰化工	化工	544	0.09	116
000005	深原野 A	房地产	109	3.55	20
000004	深安达 A	医药生物	−23	0.6	44
000002	深万科 A	房地产	37	3.46	46
000001	深发展 A	金融服务	53	7.78	23
000009	深宝安 A	房地产	174	9.96	35
000003	深金田 A	综合	168	4.6	26
资料来源：wind 资讯、上海证券报、证券市场导报					

2. 1992 年，牛市见顶

1992 年初，邓小平同志在视察深圳时对股市问题发表了看法，肯定了股份制和股市，解决了长期争论的"姓资姓社"问题。随后，上交所逐步放宽了延中实业、飞乐股份、真空电子等股票的涨跌幅。5 月 21 日，上交所全面取消股票交易限制，当日上证指数大涨 105％，指数单日翻倍，牛市主升期结束，开始进入筑顶阶段。1992 年 6 月开始调整，持续至 11 月底，共 6 个月，随后反弹三个月创出新高 1558 点。

全年上证指数大涨 167％，深证成指大涨 140％，在沪深交易的 53 只股票中，31 只收益为正，22 只收益为负，个股之间分化严重。从行情结构来看，排在涨幅榜前列的主要是房地产行业的上市公司，如万科 A、嘉丰股份、兴业房产、联农股份等，涨幅均超过 1 倍。

值得注意的是，在 1992 年邓小平南方谈话之后，中国的房地产业迎来了一个发展高峰。

表 1.3 1992 年沪深两市交易股票基本情况

1992 年沪深两市交易股票基本情况							
股票代码	股票简称	所属行业	1992 年涨幅（%）	股票代码	股票简称	所属行业	1992 年涨幅（%）
600605	轻工机械	机械设备	333	000011	深物业 A	房地产	75
600608	异型钢管	信息设备	314	000016	深康佳 A	家用电器	66
600604	二纺机	机械设备	303	000003	深金田 A	综合	60
600607	联合实业	医药生物	254	600651	飞乐音响	电子	56
000002	深万科 A	房地产	232	000001	深发展 A	金融服务	46
600606	嘉丰股份	房地产	213	600602	真空电子	电子	32
600652	爱使电子	综合	207	000012	深南玻 A	建筑建材	23
600603	兴业房产	房地产	198	600654	飞乐股份	电子	20
600620	联农股份	房地产	170	000005	深原野 A	房地产	19
600618	氢碱化工	化工	155	000078	深中冠 A	纺织服装	12
000004	深安达 A	医药生物	152	000017	深中华 A	交运设备	10
600601	延中实业	信息设备	151	000501	鄂武商 A	商业贸易	9
600619	冰箱压缩	家用电器	150	000015	中厨 A	综合	6
600653	申华实业	交运设备	143	600616	第一食品	商业贸易	5
000009	深宝安 A	房地产	94	000505	琼珠江 A	房地产	3
000008	深锦兴 A	综合	2	600615	丰华圆珠	化工	-18
600656	凤凰化工	化工	-1	600670	中纺机	机械设备	-19
000020	深华发 A	电子	-3	600655	豫园商城	商业贸易	-21
600617	联华合纤	化工	-6	600622	嘉宝实业	综合	-23
000504	琼港澳 A	信息服务	-7	000079	深深宝 A	食品饮料	-23
000503	琼化纤	信息服务	-11	600611	大众出租	交通运输	-23
000007	深达声 A	家用电器	-13	600674	胶带股份	化工	-25
600612	第一铝笔	轻工制造	-14	000013	深石化 A	化工	-29
600621	金陵股份	电子	-14	600609	沈阳金杯	交运设备	-30
000502	琼能源 A	房地产	-15	000006	深振业 A	房地产	-34
000014	深华源 A	房地产	-16	600673	永生制笔	医药生物	-42
资料来源：Wind 资讯							

3. 1993 年，熊市下跌初期

1992 年，A 股市场大扩容，股票总数从前一年的 53 只增至 177 只，筹资额从前一年的 50 亿元上升至 276 亿元，其中 81.5 亿为配股，扩容势头迅猛。全年来，上证指数涨幅 6.84%，深成指涨幅 -3.65%。涨幅最大的股票有 59 只，跌幅最大的股票有 117 只，全部个股全年收益率中位数为 -14.5%。涨幅超过 1

倍的个股包括：爱使股份、延中实业、飞乐音响、嘉宝实业、申华实业、大众出租等。

表1.4 1993年沪深两市涨幅最大前20只股票

1993年沪深两市涨幅最大的20只股票							
股票代码	股票简称	所属行业	1993年涨幅（%）	股票代码	股票简称	所属行业	1993年涨幅%（%）
600652	爱使股份	综合	208	600654	飞乐股份	电子	98
600601	延中实业	信息设备	192	600620	联农股份	房地产	94
600651	飞乐音响	电子	181	600686	厦门汽车	交运设备	81
600622	嘉宝实业	综合	107	600639	浦东金桥	房地产	67
600653	申华实业	交运设备	105	600608	异型钢管	信息设备	63
600611	大众出租	交通运输	101	600656	凤凰化工	化工	62
000502	琼能源A	房地产	60	600621	金陵股份	电子	45
600655	豫园商城	商业贸易	55	600624	复华实业	综合	42
000522	白云山A	医药生物	53	600603	兴业房产	房地产	42
600663	陆家嘴	房地产	49	600634	海鸟电子	房地产	42
资料来源：Wind资讯							

跌幅最大的主要是哈医药、乐山电力、申能股份、龙头股份、第一百货等，跌幅都超过了60%。

表1.5 1993年沪深两市跌幅最大前20只股票

1993年沪深两市跌幅最大的20只股票							
股票代码	股票简称	所属行业	1993年跌幅（%）	股票代码	股票简称	所属行业	1993年跌幅（%）
000507	粤富华A	综合	−38	600650	新锦江	交通运输	−52
000536	闽闽东A	机械设备	−39	600657	天桥百货	信息服务	−53
000020	深华发A	电子	−42	600643	爱建股份	金融服务	−55
000018	深中冠A	纺织服装	−43	000506	川盐化A	有色金属	−55
000027	深能源A	公用事业	−43	600632	华联商厦	商业贸易	−58
600600	青岛啤酒	食品饮料	−44	600631	第一百货	商业贸易	−60
000510	川金路A	化工	−44	600630	龙头股份	纺织服装	−60
600658	北京天龙	信息设备	−50	600642	申能股份	公用事业	−63
000508	琼民源A	农林牧渔	−51	600644	乐山电力	公用事业	−64
000509	川天歌A	综合	−51	600664	哈医药	医药生物	−67
资料来源：Wind资讯							

4.1994 年，熊市主跌，下半年企稳反弹

全年上证指数下跌 22%，深圳指数下跌 43%。1994 年是一个改革年，许多改革在这一年开始，如人民币汇率改革和分税制改革。这些改革长远看对中国经济发展有利，但在 1994 年年初却无法逆转 A 股熊市。持续上市的新股和恶劣的经济基本面仍利空股市。1994 年上半年，一半的国有企业亏损。通胀继续恶化，达到 21%，直至 1994 年 11 月才出现环比回落。

在漫长的熊市中，游资集中力量炒作个股，如界龙实业连涨 32 天，从 12 元涨至 33 元。同时，浦东四大天王——浦东金桥、外高桥、陆家嘴、东方明珠，纷纷走出与大盘独立的上涨行情。然而，个股的操作并未逆转大盘的下跌。

图 1.3　界龙实业周线图

三大政策救市，黎明前的黑暗，政策底出现。1994 年 7 月 30 日，各媒体同时发布新华社通稿《中国证监会与国务院有关部门就稳定和发展股市做出决策》。这篇通稿主要提出"三大政策"：今年内暂停新股发行和上市；严格控制上市公司配股规模；采取措施扩大入市资金范围。政策底出现，周一股指跳空高开，当日大涨 33%。随后一个月内涨了 3 倍，由 325 点涨至 1052 点，政策底确认。1994 年 9 月暴涨后，政策铁拳再次出台。当时还是

T+0 制度，1994 年 10 月 5 日国务院证券委研究决定实行 T+1 制度，当天上证指数跌 10.71%，宣告一轮超级井喷行情结束。此后，指数逐渐平静，国债期货市场则风起云涌。

5. 小结

第一轮牛熊月线周期表明，A 股初期交易制度的频繁变化，股票容量少，没有长期的机构资金，以及缺乏明显的风格，大户炒作时代的市场急涨急跌，这一阶段不具有代表性，没有清晰的周期。经过这一轮牛熊周期，A 股市场逐渐走向成熟，市场监管和交易制度不断完善。

二、第二轮长波周期

以上证指数为例，1994 年 8 月开始，1999 年 4 月结束，筑底 18 个月，主升 15 个月，筑顶 13 个月，主跌 11 个月，共 57 个月。在这一轮长周期中，指数见顶后主板与深成指的表现分化明显：主板经历温和调整，而深成指则持续大幅下跌。

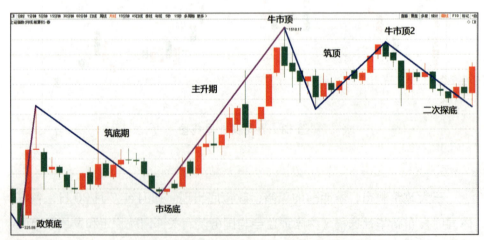

图 1.4　第二轮长波周期上证指数月线图

以深成指为例，差异化程度较大。深成指于 1997 年 5 月见顶，起初缓跌，随后持续下跌，整个下跌时间长达 24 个月。在此期间，主板基本保持横盘，

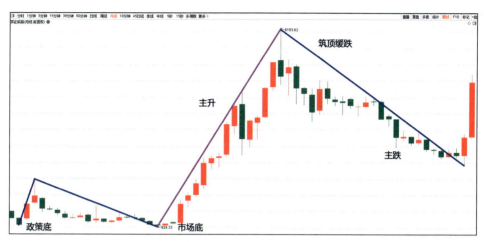

图 1.5　第二轮长波周期深成指月线图

表现出强势调整。

1.1995 年，政策底，新一轮牛市启动

1995 年 2 月，发生了可以载入中国证券史册的 "327" 国债期货事件。1995 年 5 月 18 日，股市受到管理层关闭国债期货消息的影响，开始全面暴涨，短短 3 天时间股指从 582 点上涨至 926 点。然而，政策救市往往是短暂的昙花一现，短暂的暴涨过后，股市重新下跌。从 1995 年 8 月至 1996 年 1 月 19 日，股指跌至阶段低点 512 点，跌幅达到 51.33%，绩优股股价普遍超跌。

全年来看，上证指数收益率 -14%，深成指收益率 -22%。A 股扩容明显减缓，全年新增上市公司仅 24 家，上市公司总数从 287 家增加到 311 家。这期间，全年上涨个股数量占比 20%，下跌个股数量占比 80%，全部个股收益率中位数为 -17.3%。这一年，市场整体表现疲弱，投资者信心受挫。

从行业结构来看，食品饮料表现最好，交通运输、纺织服装、电子、信息设备、轻工制造等跌幅均超过 20%。从个股表现来看，川老窖 A 全年涨幅第一，累计上涨 144%，涨幅超过 50% 的个股有四川广华、北旅汽车、广电股份、西藏明珠、浙江尖峰、苏常柴 A、青海三普、银广夏 A、一汽金杯。

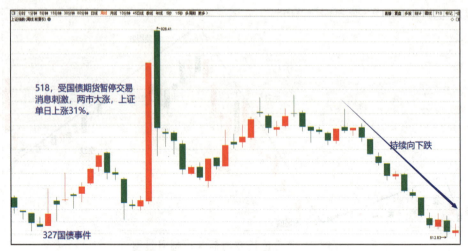

图 1.6　1995 年上证指数走势周线图

2. 1996 年，牛市主升

1996 年年初开始，国家的宏观调控开始完全转向，货币政策从全面收紧转向了宽松和降息，市场行情一路上涨。5 月，央行首次降息，其目的是刺激资金流动，加大市场的活跃性。

9 月以后，监管层开始试图降温，从 9 月下旬到 12 月中旬，监管层连续发布多项政策措施，被称为"十二道金牌"，但依然没有遏制住牛市前进的步伐。12 月下旬，重磅"炸弹"来袭，《人民日报》头版头条发表特约评论员文章《正确认识当前股票市场》，分为四个部分：股市为何暴涨；股市会涨会跌；坚持"八字方针"，进一步加大管控证券投资市场的力度；抑制过度投机的出现。该文认为当前股价暴涨是不正常和非理性的，此后指数连续两天跌停，投资者再次变得理性。

12 月 16 日起，上海、深圳证券交易所分别对上市交易的股票（含 A、B 股）、基金类证券的交易实行价格涨跌幅限制 10%。

最终，上证综指仍以 65.14% 的年度涨幅为 1996 年的大牛市画上句号。

图 1.7　1996 年上证指数周线走势图

3. 1997 年，牛市筑顶，普涨阶段

牛市第一阶段绩优股大涨，如四川长虹。到 1997 年，做多热情迅速传递至二线、三线股，市场进入主升高潮阶段，波动加大。2 月 18 日至 20 日沪深股市剧烈波动，2 月 18 日一度全线跌停，此后企稳回升。5 月 12 日证券交易印花税率从 3‰提高到 5‰，这是中国证券历史上第一次调高印花税率，调整的背景是市场出现严重的投机气氛，上证指数在一年多的时间内涨幅巨大，

图 1.8　1997 年上证指数走势图

提高税率后大盘见顶，随后展开长达两年的调整。

7月1日香港回归，香港的成熟股市将会给A股带来一定的冲击和影响，从长期看，对完善A股市场起推动作用。7月2日，泰国宣布放弃固定汇率制，实行浮动汇率制，引发一场遍及东南亚的金融风暴，当日沪指下跌超4%，A股市场经历两年的震荡调整行情。

4.1998年，沪强深弱，两市分化非常明显

1998年，沪强深弱，主板市场强势横盘调整，深市则是弱势探底，两市分化非常明显。全年市场交投相对平淡，资产重组行情则如火如荼。以沪市主板为例，大致可分为五个波段。

第一波为东南亚金融危机冲击波，时间为1月初到3月下旬，上证指数从1250点跌至1180点。第二波为政策反弹波，时间从3月下旬到6月上旬，上证指数从1180点上升到当年最高位1422点，涨幅为20%，形成1998年的第一次中级行情。第三波为中期业绩和洪水冲击波，时间为6月中旬到8月下旬，上证指数从1400点的高位跌至1043点的最低位，跌幅达25%。第四波为灾后重建和加大基建投资反弹波，时间从8月下旬到11月下旬，上证指数从1080点上升到1300点，涨幅为20%，形成第二次中

图1.9　1998年上证指数日线图

级行情。第五波为《证券法》修改出台和加强券商管理冲击波，时间从 11 月中旬至年底，上证指数从 1300 点下降到 1160 点附近，年 K 线是带有长上下影的十字星。

5. 小结

1996—1997 年的牛市是 A 股历史上第一次真正有基本面支撑的牛市。牛市的启动，起于中央宏观调控的初见成效，经济软着陆，而当时的股票估值普遍处于历史低位。牛市的结束，一方面由于股市不断扩容，大量公司上市；另一方面是因为外部环境也不佳，亚洲金融危机肆虐。

1998 年的市场表现反映了当时的国内外经济环境，以及市场调整和政策影响。在东南亚金融危机的冲击下，中国股市在 1998 年经历了多轮波动。尽管市场在某些时期出现了反弹，但整体而言，1998 年的市场表现相对平淡。

三、第三轮长波周期

第三轮长波周期开始于 1999 年 5 月，结束于 2005 年 6 月，历时 74 个月。这一轮周期包括筑底 8 个月、主升 18 个月、顶部结构尖顶主跌 7 个月、B 浪反弹 26 个月和 C 浪下跌 15 个月。该周期与 2014—2019 年的行情相似。

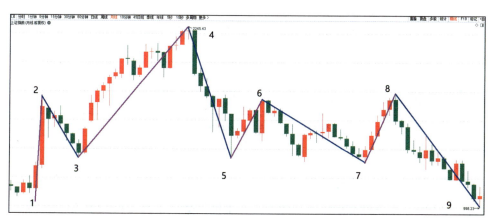

图 1.10　第三轮上证指数长波周期图

1. 1999 年，政策底，牛市启动，"5·19" 行情

从 1 月到 4 月，股市继续下跌，1000 点岌岌可危。5 月 19 日下午，市场突然启动，以综艺股份、上海梅林等科技网络股为首的行情带动市场迅速升温。随后的三天，市场交易量逐步攀升，从 75 亿元增至 145 亿元。市场信心迅速膨胀，场外资金涌入，直至沪市单日成交量达到 445 亿元、指数攀升至 1756.18 点方才告一段落。"5·19" 行情背后，既有货币政策和财政政策刺激中国经济复苏的信号，也有美国纳斯达克市场的网络股大涨的情绪影响，使科技网络股成为领涨板块。

在 "5·19" 行情中，市场经历了科技网络股、高科技股、银行股、除权股、权重股、绩优股等多个热点板块的炒作，95% 以上股票的涨幅超过 50%，呈现出牛市特征。几乎所有股民都在这个行情中获利丰厚。6 月底市场见顶后，指数开始调整，持续至 12 月底。

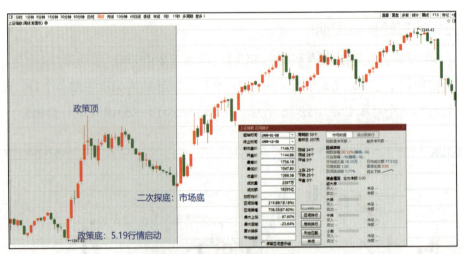

图 1.11　1999 年上证指数日线图

2. 2000 年，牛市主升

2000 年是充满变革和机遇的一年，上证指数从 1 月 4 日的 1368.69 点涨至 12 月 29 日的 2073.48 点，全年涨幅达 51.49%，成为全球涨幅最大的证券市场。这一年，政策面和基本面的双重利好推动了股市行情。国务院和证监

会出台了一系列利好政策，同时中国经济触底反弹，结束了此前七年的下行周期，物价逐步回升。

各行业板块表现不一，建筑材料涨幅最大为 102%，采掘为 99%，农林牧渔为 79%，家用电器涨 20%，国防军工涨 22%，最差的是银行板块下跌至 9%。全年仅银行板块出现下跌。

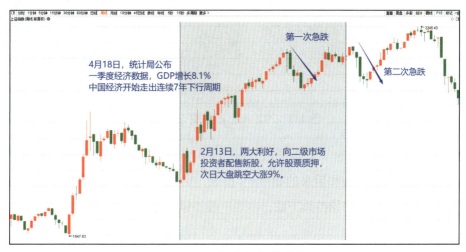

图 1.12　2000 年上证指数走势图

3. 2001 年，牛市见顶，庄股崩溃，漫长熊市开始

2001 年被称为中国股市的"监管年"。上半年，在 B 股对外开放的利好影响下，上证指数震荡上行，创下 2245.44 点的历史最高点，此点位保持了五年半。随后股市见顶暴跌，上证指数从 2245 点一路跌至当年最低的 1514 点。庄股连续大幅下跌，私募基金爆仓，券商全行业亏损，投资者损失惨重。国有股减持，大批上市公司增发新股，管理层清查违规资金，上市公司业绩作假等多重因素困扰市场，出现"推倒重来"的呼声。

2001 年，上证指数下跌 20.62%，深成指下跌 30.03%。个股平均跌幅与指数相当，全部个股收益率平均值为 −23%，全部个股收益率中位数为 −24%。从行业板块来看，全部板块都在下跌，跌幅最小的是银行(−13%)、食品饮料(−14%)和汽车(−15%)；跌幅最大的是农林牧渔(−39%)、计算机(−35%)和电子(−35%)。

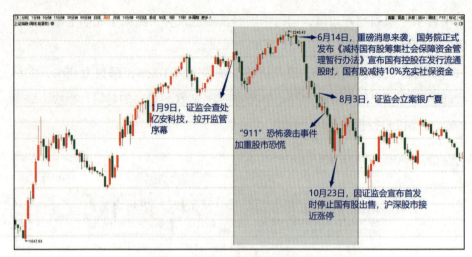

图 1.13　2001 年上证指数走势图

　　熊市的顶部结构和后来的 2015 年很像，见顶之前开始缓涨急跌，经过 2 到 3 次急跌之后，开始持续下跌，出现千股跌停的局面。

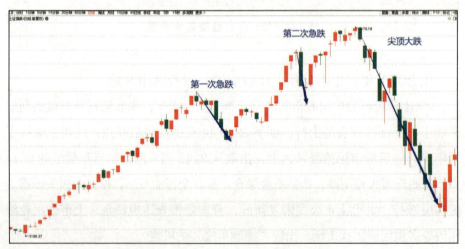

图 1.14　2015 年沪指日线顶部结构

4. 2002 年，政策驱动的 B 浪反弹行情

经历了 2001 年的冰火两重天之后，中国股市在 2002 年继续陷入调整，市场呈现出震荡走弱的格局。最值得一提的是 6 月 24 日的行情，当天上证指数大涨 9.25% 是十分罕见的景观。这主要是由于管理层出手救市，政策底出现，人民币升值，机构全线被套，同时技术面存在超跌反弹需求。然而，在 6 月 24 日行情之后，市场依然继续阴跌，后来才发现当时的上涨只是昙花一现。

2002 年可以看作是挤泡沫的阵痛年，政府高度重视，不断出台政策以维稳股市。但是指数仍旧跌跌不休。在熊市中利好反而成了出逃的机会。

当年，央行宣布降低利率，证监会下调交易佣金，国务院暂停国内上市减持国有股，可谓是煞费苦心。国有股减持依然是股民心中的一个鲠，他们的恐惧是不言而喻的。这个地雷一直悬而未决，导致市场时常陷入焦虑。

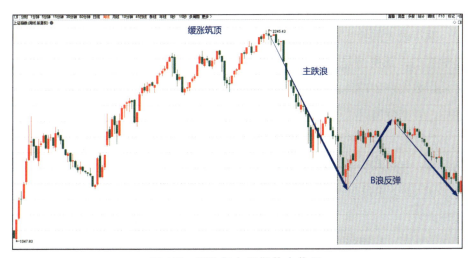

图 1.15　2002 年上证指数走势图

这个 B 浪反弹同样和 2015 年股灾后反弹的结构类似，基本上每一轮牛市结束之后，下跌都是有清晰的结构，多数是跌—反—跌的结构，B 浪反弹高点是最后逃命的机会。

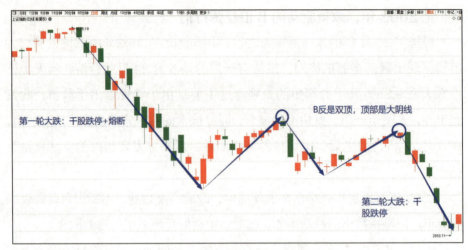

图 1.16　2005 年牛市见顶下跌图

5.2003 年，熊市的 B2 浪反弹

熊市最大的特点就是不断创新低，新低之后会出现一些反弹，但反弹都是短暂的，正所谓是底不反弹，反弹不是底。1 月 2 日，A 股市场开门绿，上证指数大跌 2.73%，跌破 1339 点的投资者心理底线，创两市三年半新低。随后，春季行情启动。

1 月至 4 月中旬，春季行情逐步展开。全年来看，4 月一直都是波动很大的月份，年报和一季报披露时间点，绩差个股容易出现戴帽变成 ST，4 月容易出现大跌。4 月 16 日，上证指数创当年最高点 1649。"非典"疫情暴发，股市大跌。

4 月底，长期资金入市落地（QFII、社保委外、企业年金）引发 B 浪反弹行情。5 月 26 日，证监会批准瑞士银行和野村证券的 QFII 资格。6 月 9 日，社保基金在股票二级市场试水。7 月 9 日，瑞银集团买入宝钢股份、上港集箱、外运发展和中兴通讯，宣告 QFII 第一单诞生。

从 6 月中旬开始，抑制房地产泡沫和控制货币信贷过快增长成为宏观调控的主要基调，持续至年底边际缓和。指数再次进入 C 浪下跌阶段。11 月 13 日，上证指数最低触及 1307.40 点，创下四年新低。市场人士普遍认为 1300 点是政策底、铁底。

总结来看，熊市下跌时的反弹大多发生在恐慌新低之后，反弹结束之后往往伴随着中到大阴线。

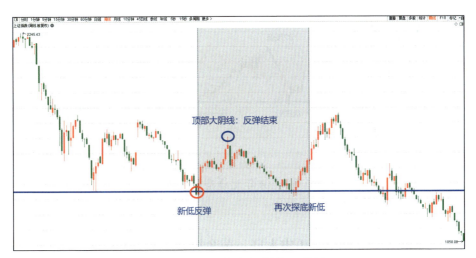

图 1.17　2003 年上证指数日线图

6. 2004 年，熊市第三次探底

在 2003 年 B2 反弹结束之后，股市再次探底创新低，11 月末见底。历史数据显示，每年基本上会有 2 到 3 波行情，这些时间点通常出现在 4 月、7 月、8 月、11 月、12 月，2003 年也不例外。

当然，这一年，A 股市场更重要的是制度建设。国务院的九条意见更多地从市场化和运行机制上重新定义了中国证券市场。

2004 年，上证指数下跌 15.40%，收于 1266.50 点；深证成指下跌 11.85%，收于 3067.57 点。市场进一步回调，1300 点心理点位被突破，股市几乎以最低点收盘。从下跌结构来看，熊市中的机会相对较少，大多数是发生在新低之后的超跌反弹，而 2004 年全年仅在年底出现了一次机会。

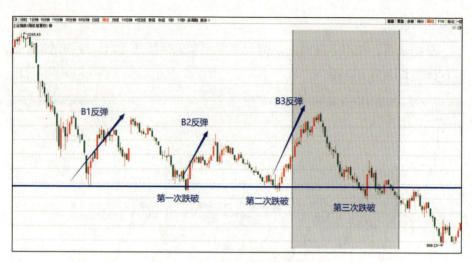

图 1.18 2004 年上证指数走势图

7. 2005 年，998，历史大底，黄金坑

这一轮熊市是迄今为止 A 股市场最长的一段时间，从 2001 年 6 月持续至 2005 年 6 月，共计 4 年。在此期间，上证指数从最高的 2245 点跌至 2005 年的最低点 998 点。然而，周期总是会轮回，跌得越久，涨得就越凶猛。催化剂便是股权改革，它解决了困扰市场 15 年的股权分置问题。历史大底终于出现，强劲的牛市正在酝酿之中。

以往的行情几乎每年都有春季行情，那么为什么 2005 年没有呢？ 2004 年 9 月，指数第三次破位，这一次市场并未出现持续反弹。在短暂企稳之后，市场开始加速探底。5 月时暂停了再融资和新股发行，6 月 17 日指数降至 998 点见底，7 月市场继续筑底，市场情绪逐渐升温。

2005 年全年上证下跌 8.33%。板块方面，国防军工大涨 17%，银行逆势上涨 15%，煤炭大跌 33%，计算机大跌 28%。尽管大多数板块和个股仍在下跌，但提前见底的个股越来越多。

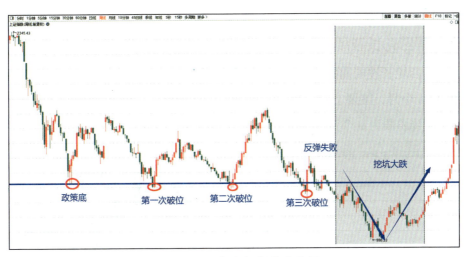

图 1.19　2005 年上证指数走势图

8. 小结

这一轮长波月线退潮是 A 股市场 30 年来最长的一次，持续时间接近 4 年。为什么会如此漫长呢？我认为这与季线周期有很大的关系。通常情况下，月线周期上升约 2 年，下降约 2 年，基本在 3 到 5 年之间。然而，季线周期却有所不同。每一轮季线周期大涨时，都伴随着周期股的暴涨。而周期股的周期时间本身就比科技类板块更长。

图 1.20　上证指数季线走势图

四、第四轮长波周期

第四轮长波周期始于 2005 年 6 月，历时 41 个月。其中，底部形成过程用时 15 个月，主要上升阶段为 14 个月，顶部尖锐，形成顶部用时 3 个月，主要下降阶段为 9 个月。在这一周期中，指数经历了剧烈的上涨和下跌。

图 1.21　第四轮沪深 300 长波周期图

1. 2006 年，牛市启动，蓝筹股盛宴拉开序幕

2005 年的底部结构非常经典，是典型的黄金坑。类似的情况在 2014 年底也出现过，往往预示着大级别行情的酝酿。启动期会出现明显的放量，股价在放量之后能够横盘而不跌，接着再次放量大涨并突破新高，从而确认趋势的形成。

在板块方面，这类底部结构往往出现在周期股大爆发之时，包括券商等大盘股。2006 年，券商板块全年大涨 359%，银行板块涨幅 170%，食品饮料涨幅 165%，有色金属板块涨幅 145%，房地产板块涨幅 131%。最弱的三个板块分别为电子板块（涨幅 35%）、公用事业板块（涨幅 34%）和计算机板块（仅涨幅 8%）。在 1396 只 A 股中，年涨幅超过 100% 的高达 490 只，占比 35%，涨幅超过 200% 的达到 150 只，展现出典型的牛市特征。蓝筹股成为推动股指上涨的主要动力。

据报道，截至 2006 年 12 月 20 日，沪深两市 A 股总市值突破 8 万亿元。工商银行、中国银行、中国石化、招商银行、上港集团、宝钢股份、大秦铁路、民生银行、中国联通和贵州茅台前十大上市公司的总市值占沪深两市 A 股总市值的 43.06%。基金和机构纷纷涌入蓝筹概念股赛道。

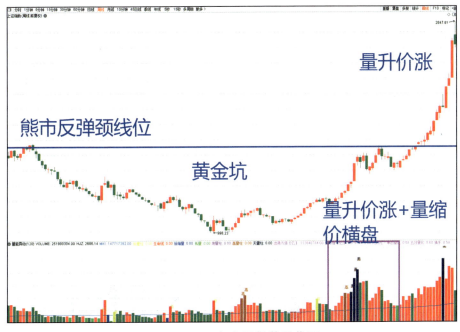

图 1.22　2006 年上证指数周线图

2. 2007 年，牛市主升高潮，最后的疯狂

这一轮牛市呈现出清晰的五浪结构。2006 年经历了一浪启动和二浪调整，每次成交量出现天量（历史最大量）之后，股指开始调整，且调整呈现强势特点，天量保持不破。2007 年恰逢牛市的三浪主升和五浪疯狂阶段，10 月中旬达到顶峰。

从板块来看，先是蓝筹股启动，金融有色等蓝筹股上涨，煤炭板块暴涨292%，有色金属暴涨 290%。下游消费轮动，到牛市中期金融地产成长全线大涨，然后下游消费三线垃圾股鸡犬升天，以及 2006 年垫底的计算机板块迎来疯狂补涨，大涨 237%。回调后又从 6 月的 3400 点上涨至 10 月 16 日的最高 6124 点，银行、保险、券商、钢铁、金融地产等权重蓝筹股推升股指，二线蓝筹股出现分化走势，三线垃圾股超跌反弹后弱势整理，股市开始赶顶的过程，行情结束。连续两年，所有板块都出现了上涨，2007 年比 2006 年涨幅更为恐怖。如果说 2006 年是牛市的启航，那么 2007 年便是牛市的最后疯狂。

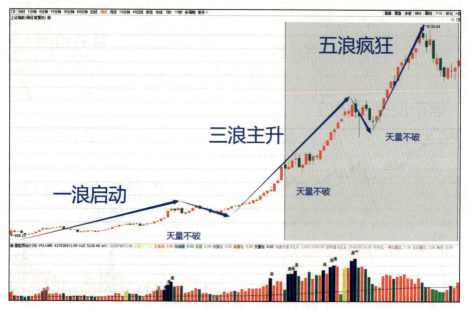

图 1.23　上证指数 2007 年周线走势图

3. 2008 年，周期的轮回，信心比黄金重要

2008 年让我们深刻体会了什么叫作 "A" 股，曾经有多么辉煌，如今就有多么落魄。这一年，我们经受了 "从哪里来，回哪里去" 的折磨。沪深 300 指数和中证 500 指数，遭受了全年的暴击。跌幅均超过 60%。大、中、小市值的股票均未能幸免于这场始于华尔街金融衍生品的全球金融风暴，叠加前两年推高的市场估值，形成几乎是全市场的戴维斯双杀。

板块方面，全数尽墨。跌幅最小的是电力设备板块，下跌 45%，医药板块下跌 46%，建筑板块下跌 48%。跌幅最大的有色金属，下跌 77%，钢铁板

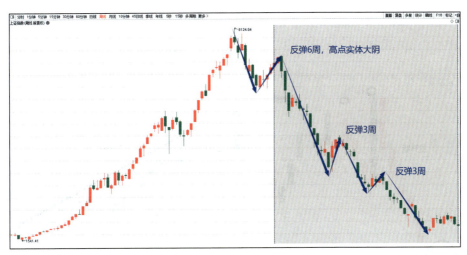

图 1.24　2008 年上证指数周线走势图

块下跌 70%。周期股牛市涨得猛，熊市跌得也猛。

4. 小结

周期包含三个要素：时间、空间和结构。其中，时间决定了空间范围。第三轮和第四轮周期加起来约为 10 年。2005 年正是月线周期与季线周期共振的时间，因此波动规模非常大。下一个拐点预计出现在 2014 年，而接下来的拐点则预计发生在 2023 年或 2024 年。这是一个更大的 8 至 10 年周期，有人将其与朱格拉周期联系起来，也有人将其与金融危机联系起来。大致每 10 年，宏观经济都会出现一次较大的波动，从而产生金融危机。例如，分别在 1998 年、2008 年和 2018 年发生过类似的金融危机。

五、第五轮长波周期

第五轮长波周期始于 2008 年 11 月，终于 2012 年 11 月，共历时 49 个月。周期特点包括筑底 4 个月，主升 5 个月，顶部复杂顶 15 个月，主跌 25 个月。整体呈现大牛市后的超跌反弹行情。从第四轮长周期开始，我们将关注沪深 300 或中证 500 指数，因为这两个指数更能反映市场走势。沪深 300 指数包括沪深 A 股市场市值最大、流动性最佳的 300 家大型公司，而中证 500 指数则由排除沪深 300 成分股后的 500 家中小市值公司组成。

图 1.25　第五轮长波周期沪深 300 走势图

1.2009 年，政策底，V 形反转

自 2008 年全球金融危机爆发以来，全球资本市场遭受重创。外围发达国家经济衰退导致中国外部需求减弱，国内产能过剩现象严重，导致工业企业需进一步去库存化。资本市场低迷也抑制企业融资需求。2008 年第四季度，中国实体经济增速急速下滑。应对经济下行风险，中国政府调整宏观调控政策，实施适度宽松货币政策和积极财政政策，推出 4 万亿投资计划。通过降息、减税、刺激出口和政府投资等手段，力保经济平稳较快发展。在政策刺激下，中国经济迅速复苏，资本市场回暖，2008 年底指数创 1664 点历史大底。

2009 年，A 股出现了典型的超跌反弹，反弹的结构是 ABC，跌—反—跌。沪深 300 全年上涨近 100%，中证 500 大涨超 120%。受政策刺激影响，汽车板块大涨 225%；周期股继续"煤飞色舞"，有色金属板块大涨 181%，煤炭板块大涨 173%。涨幅最小的建筑板块也上涨 39%。至 2009 年底，A 股市场几乎每年都呈现系统性行情，要么是系统性牛市，要么是系统性熊市。同一年内，所有板块全线大涨或大跌。

图 1.26　2009 年沪深 300 日线走势图

2.2010 年，牛市筑顶，结构性分化

在 2009 年"四万亿"及量化宽松政策之后，2010 年监管层开始收紧货币政策，分别六次提高存款准备金率、两次加息，并严格控制信贷和房地产投机。与此同时，欧债危机的加剧对全球股市造成了沉重打击。全年 A 股表现位居全球末位，但一些题材股的炒作如同接力赛，新旧题材不断交替上演。

自该年起，A 股市场的参与者开始体会到结构性分化。中证 500 指数上涨近 10%，而沪深 300 指数下跌超过 10%。这是近年来两者首次出现剪刀差行情。金融地产等大市值公司开始面临估值压力，大市值公司被传难以炒作，中小市值公司则受到投资者追捧。科技股崛起，电子、计算机、医药板块分别上涨 66%、29% 和 29%。与此同时，上一轮牛市的大蓝筹股大跌，银行、钢铁、非银金融和房地产板块分别下跌 28%、26%、25% 和 22%。

图 1.27　2010 年沪深 300 日线走势图

3. 2011 年，政策转向，熊市主跌

2011 年，由于前期信贷投放和长期顺差导致的货币流动性过剩，国内面临严峻的通胀压力。货币政策从宽松逐渐转向稳健（紧缩），央行年内七次上调存款准备金率，三次加息。国际局势也不容乐观，主权信用危机持续发酵，希腊、意大利、西班牙主权评级相继下调，美国失去了近百年的 AAA 评级，引发全球对二次衰退的担忧。

全年沪深 300 指数和中证 500 指数均下跌，沪深 300 跌 25%，中证 500 跌 35%。大市值公司跑赢中小市值公司，表现出在熊市中的抗跌性。

板块方面，所有板块全线下跌。跌幅最小的是银行板块，下跌 4%，其次是食品饮料板块跌 10%。前一年涨幅较大的电子、计算机和有色金属板块在 2011 年分别下跌 39%、37% 和 42%。

个股方面，涨幅状元是新华联，一家借壳资产重组上市的公司，全年上涨 210%。涨幅榜榜眼和探花分别是国海证券（上涨 205%）和华夏幸福（上涨 194%），它们在 2011 年也借壳上市。

图 1.28 2011 年沪深 300 日线走势图

4. 2012 年，熊市主跌，三浪主跌尾声

这一轮周期下行呈现五浪结构。2009 年 8 月至 2010 年 10 月为第一浪下跌，其内部结构表现为 ABC 调整结构。第二浪反弹从 2010 年 7 月持续到 2010 年 10 月。第三浪主跌自 2010 年 11 月开始，一直到 2012 年 11 月，整个主跌过程内部同样呈现一个子五浪下跌结构，2012 年正好处于这个五浪结

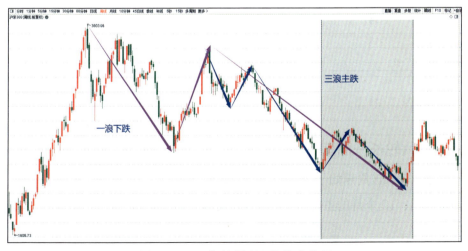

图 1.29 2012 年沪深 300 日线走势图

构的尾声阶段。

在风格方面，蓝筹股表现出明显的超额收益。沪深 300 指数连续第二年跑赢中证 500。而在 2011 年至 2012 年期间，创业板公司迅速受到市场冷落，频繁出现在跌幅榜前列。

5. 小结

这个长波周期相对较弱，上升时间短暂，仅为一年多。筑顶时间也有一年多。造成这种现象的原因还是季线周期。从季线周期来看，上一轮周期是强周期，市场不会立即跟随强周期。一般而言，会出现一个弱周期，基本呈现强—弱—强的轮动方式交替进行。

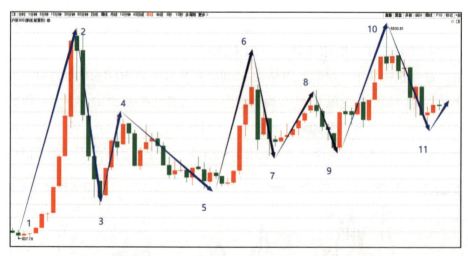

图 1.30　沪深 300 季线图

六、第六轮长波周期

第六轮长波周期始于 2012 年 12 月，于 2016 年 2 月结束，包括 19 个月的筑底期、10 个月的主升期、2 个月的尖顶筑顶期和 8 个月的主跌期，共计39 个月。

图 1.31　第六轮长波周期全图

1.2013 年，牛市启动，成长风格暴涨

2013 年全年上证指数下跌 7%，市场经历了乌龙指、钱荒、债市风暴等多起风险事件。然而，创业板全年大涨 84%，沪深 300 指数下跌 10%，中证 500 指数上涨 15%。

2013 年被誉为互联网金融元年，金融界发生了许多大事，如余额宝、微银行、微信支付、百度金融、众安保险、京保贝和网易理财等产品的推出。股票市场呈现出"一半是海水一半是火焰"的态势，以"互联网 +"概念为代表的科技类公司成为炙手可热的投资对象，而传统行业则陷入了尴尬境地。

手游概念全年大涨，掌趣科技、中青宝等个股表现抢眼。逻辑是手机等移动终端的发展和系统体验的不断完善，移动游戏市场迎来了爆发式增长。

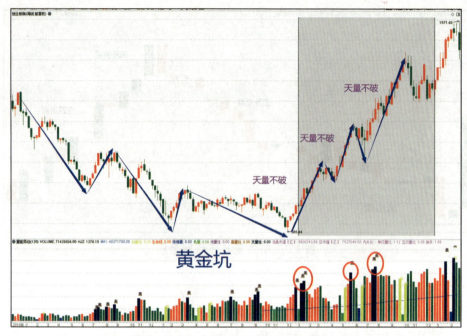

图 1.32 2013 年创业板周线走势图

2. 2014 年，牛市主升，周期风格大涨

上半年，股市表现平淡，仍然是 2013 年中小创企业的延续，中证 500 指数快速上涨，而沪深 300 指数则在低位徘徊。从 7 月开始，周期性股票大涨，煤炭、有色金属、钢铁等行业轮番炒作，10 月底券商股启动，11 月降息后开始暴涨。全年，沪深 300 指数涨幅超过 50%，中证 500 指数涨幅接近 40%，以大市值公司为主的沪深 300 开始启动。

四季度蓝筹股的暴涨与三季度末的政策转向密切相关。5 月 9 日，国务院发布的《关于进一步促进资本市场健康发展的若干意见》（即新国九条），对资本市场的发展环境进行了全面部署。9 月 30 日，央行和银保监会发布通知，对拥有一套住房且已还清贷款的家庭，可以享受首套房贷政策，即首付 3 成、利率 7 折优惠。11 月 21 日降息，这是自 2012 年 7 月以来人民银行首次降息。地产政策的转向，加上年末降息，引爆了资本市场。

从行业角度看，根据统计，2014 年申万 28 个一级行业中，非银金融、建筑装饰和钢铁表现最好，分别上涨 121%、83%、78%；农林牧渔、食品饮料和医药生物表现较差，上涨幅度均为 16%。值得注意的是，2013 年表现较好的传媒、电子行业在 2014 年仅能排名倒数，行业估值水平可能已遭遇天花板；总体来看，新兴行业和非周期性行业表现不佳，金融、基建、钢铁等周期性行业表现较好。

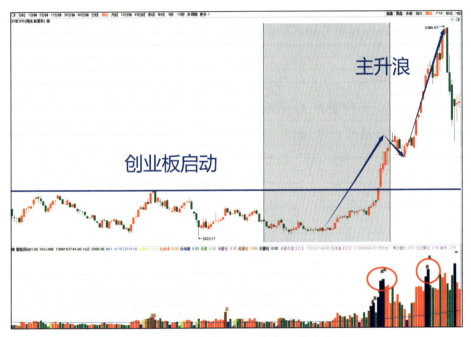

图 1.33　2014 年沪深 300 指数周线走势图

3. 2015 年，牛市尾声，尖顶大跌

2015 年 A 股出现了暴涨暴跌的走势。2014 年 11 月至 2015 年 6 月，股价快速上涨，期间上证指数从 2400 点上涨至 5178 点，涨幅达 115%。中小板从 5500 点上涨至 12084 点，涨幅为 119%。创业板指数从 1500 点上涨至 4037 点，涨幅高达 169%。

然而，暴涨之后暴跌随之而来。2015 年 6 月 15 日至 7 月 9 日的 17 个交易日里，股市持续大跌，上证指数跌幅达 32%，中小板跌幅为 39%，创业板更是跌幅高达 42%。8 月中旬，股市再次出现 1000 点的连续暴跌，并多次出现上千只股票跌停板的现象，这样的快速下跌在过去 20 年里尚无先例。

板块方面，计算机板块涨幅领先，上涨 126%，紧随其后的是消费者服务板块，涨幅达 123%，以及通信板块，涨幅为 115%。相对而言，2014 年的强者，非银金融板块，大跌 19%。

个股方面，尽管经历了泡沫破灭后的大幅下跌，创业板依然表现强劲，2015 年涨幅冠军为暴风集团，暴涨 1951%，亚军为中文在线，涨幅为 1715%。

市场的非理性在 2015 年表现得淋漓尽致。为了追求成长，投资者不惜付出过高的溢价，最终要为这样的行为埋单。一个典型的例子是乐视网，这家公司在 2015 年通过 PPT 喊出"为梦想窒息"的口号，股价大涨 300%，然而后来却面临"为亏损窒息"的结局。

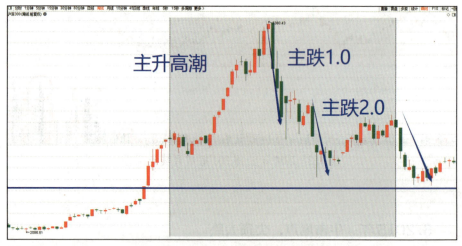

图 1.34　沪深 300 指数周线走势图

4. 小结

2013 年至 2015 年的大牛市主要以创业板为主。第一阶段是 2013 年 1 月至 6 月，传媒、手游、互联网等板块大涨；第二阶段是 2013 年 7 月至 12 月，冷门板块补涨；第三阶段是 2014 年 1 月至 6 月，指数盘整，概念股轮番上演；

表 1.6　2013 年至 2015 年板块轮动表

2013 年——2015 年板块轮动复盘

	时间	主流热点	重要时期	龙头股	权重指数		前三
1	2013.1—2013.6	传媒、互联网	政策监管放松+货币宽松；科技股暴涨	中青宝+掌趣科技、东方财富、华谊兄弟、乐视网	创业板	66.73%	传媒 51%、电子 23%、计算机 22%
					中位数	11.00%	
2	2013.7—2013.12	传媒、计算机、家电	政策监管放松+货币宽松；科技轮动	潜能恒信、网宿科技、天喻信息、奋达科技、上海钢联	创业板	28.94%	传媒 40%、计算机 37%、家电 35%
					中位数	35.00%	
3	2014.1—2014.6	在线教育、网络安全、移动互联网	周期股躁动，题材股涨涨炒作	华泽钴镍、营口港（全通教育、千山药机）	创业板	3.07%	证券 193%、建筑 83%、钢铁 76%、房地产 65%、交通运输 64%；
					中位数	平	
4	2014.7—2014.12	钢铁、煤炭、房地产、券商、基建	降息，货币信号全面放松；确认牛市	抚顺特钢、同花顺、东方财富、杰赛科技、券商暴涨	上证	58%	
5	2015.1—2015.6	次新股	流动性泛滥，疯狂的次新股	暴风科技（34）；次新股（1042%）；乐凯新材、中文在线、全信股份、华鹏飞	创业板	160%	计算机 100%、轻工制造 89%、纺织服装 89%
					主板	43%	

轮动节奏：银行+科技—周期（钢铁、地产）—券商—次新股

数据来源：根据公开资料整理

第四阶段是 2014 年 7 月至 12 月，周期股、金融股大涨，大盘股启动，小盘股休整；第五阶段是全面高潮，最后的疯狂。而熊市下跌期分为 A 浪主跌（6 至 8 月全面下跌，千股跌停），B 浪反弹（2015 年 9 月至 12 月，国企改革大涨，国防军工领涨），C 浪下跌（2016 年 1 月至 2 月，再次恐慌大跌）。

七、第七轮长波周期

第七轮长波周期始于 2016 年 3 月，于 2018 年 12 月结束，共历时 34 个月，包括筑底 14 个月、主升 9 个月、筑顶 4 个月以及主跌 7 个月。

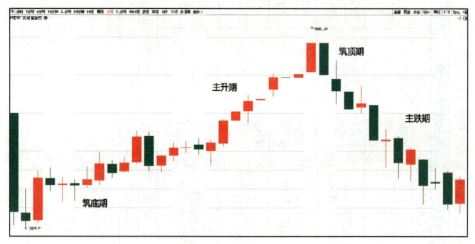

图 1.35　第七轮长波周期沪深 300 月线走势图

1.2016 年，政策底，超跌反弹

2016 年是充满黑天鹅事件的一年，从年初的股市熔断开局，到年末的债市跌停收官，年中还伴随着英国脱欧、特朗普当选、人民币汇率贬值以及意大利公投失败等事件。因此，2016 年注定是股市宽幅震荡的一年。

年初市场连续遭遇熔断与两个月的股灾，随后市场用 10 个月时间修复年初的损失。在这一年里，全国房价连续大涨，与股市的复苏形成鲜明对比。2016 年，沪深 300 指数下跌 12%，中证 500 指数下跌 18%。市场逐渐复苏，以蓝筹白马股为首的领涨股票开始发力。从结构行情来看，上半年中小板走势较强，主板较弱；下半年情况逆转，大盘权重股开始发力。与此同时，国企改革成为全年重要的行情驱动因素，相关概念股票表现抢眼。

在板块方面，涨幅最高的是食品饮料板块，上涨8%；家电板块涨2%；银行板块涨1%。跌幅榜前列的是前几年的热门板块，如影视传媒板块下跌38%，计算机板块下跌36%，消费者服务板块下跌28%。

在个股方面，新股受益于20PE发行价IPO的打新红利，位居涨幅榜前列。如海天精工涨1069%，名家汇涨879%，上海亚虹涨712%等。这一年共有超过200家上市新股，截至年末涨幅超过100%，成为打新股的大年。

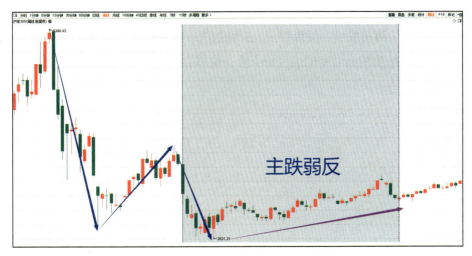

图 1.36 2016 年沪深 300 周线走势图

2. 2017 年，牛市主升，核心资产大涨

回顾2017年，最引人关注的是大白马股票的持续上涨，与此同时，小市值公司股票普遍下跌。市场结构分化明显，大蓝筹股和大白马股表现出慢牛行情的气势。许多中小市值公司仍在为之前泡沫造成的高估值买单。截至年末，沪深300指数上涨超过20%，中证500略有下跌。沪深300连续两年跑赢中证500。

2017年，贵州茅台股价从300元涨至700元，涨幅高达113%。沪深300指数中涨幅排名前50的公司被拿来与美国20世纪60—70年代的漂亮

50 相提并论，被称为中国版漂亮 50。

在板块表现上，食品饮料和家电板块分别上涨 55% 和 45%，成为连续两年表现最好的板块。而纺织服装、影视传媒和计算机板块跌幅最大，分别下跌 23%、22% 和 19%。

在个股方面，2017 年 A 股涨幅前十名的股票中，鸿特精密以 329.69% 的涨幅位居榜首。该公司主要从事汽车精密零部件生产，但 2017 年业绩暴增主要源于新展开的现金贷业务。360 借壳江南嘉捷公告后江南嘉捷曾斩获 18 个"一"字涨停板，年涨幅达到 294.20%，涨幅排名第二。排名第三的方大炭素，同样也是业绩暴涨驱动的，是年中周期行情的真正龙头。排名 4~10 位的鲁西化工、隆基股份、赣锋锂业、新城控股、海康威视、士兰微和水井坊，基本上也都是业绩大增驱动的股价上涨，这与 2017 年市场重视业绩和基本面的风格相契合。

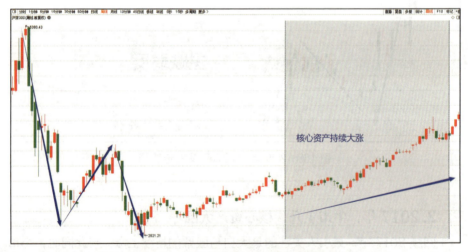

图 1.37　2017 年沪深 300 周线走势图

3. 2018 年，熊市主跌，全面下跌

2018 年 1 月，银行地产市场高潮，两市成交量急剧放大，随后迅速下跌。2 月 9 日，沪深 300 暴跌 4.29%。春节后市场呈弱势反弹，春季行情黯然失色。

3 月起，随着中美贸易摩擦的拉锯，市场持续下跌。全年沪深 300 指数大

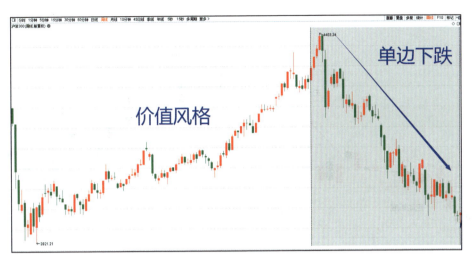

图 1.38　2018 年沪深 300 周线走势图

跌 25%，中证 500 指数大跌 33%。这是一个明显的熊市，所有板块全线下跌。28 个申万一级行业无一上涨，仅银行、计算机、通信、食品饮料四个行业跑赢大盘。超过一半的行业跌幅超过 30%，其中电子、传媒、有色金属、采掘表现最差。值得注意的是，沪深 300 的跌幅较中证 500 更小，已连续 3 年跑赢中证 500。在个股方面，市场依靠新股收益维持。有 20 家新股年内涨幅超过 100%。

4. 小结

月线周期牛熊的本质在于风格轮动。2014 年至 2015 年，周期风格大幅上涨。2015 年主跌之后，风格开始转换，2016 至 2017 年价值风格大幅上涨。月线的大阴线是风格转换的重要择时信号。在大阴线之后，风格要么切换，要么加强。那么在这次大跌之后，风格是转换还是加强呢？请关注下文的解读。

八、第八轮长波周期

第八轮长波周期始于 2019 年 1 月，于 2022 年 10 月结束，共 46 个月。其中包括筑底 15 个月，主升 10 个月，筑顶 11 个月，和主跌 10 个月。

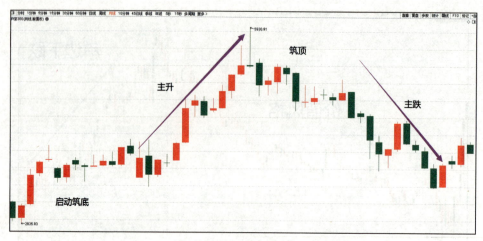

图 1.39　第八轮长波周期沪深 300 月线图

1. 2019 年，绝地反击，牛市重燃

在政府的大力支持下，A 股在 2018 年底极低估值的基础上重新走出牛市行情。全年沪深 300 指数上涨 36%，中证 500 指数上涨 26%。沪深 300 连续四年跑赢中证 500。与此同时，2019 年见证了科创板开市、新三板深化改革、创业板试点注册制等重大资本市场改革，A 股市场在金融业对外开放的浪潮中勇立潮头，吸引了外资不断"增配中国"。

市场风格方面，消费和科技成为全年行情的双轮驱动。一方面，消费白马龙头得益于外资流入；另一方面，在科技自主可控的大背景下，集成电路和芯片概念新股卓胜微大涨 710%，位居榜首。涨幅排名前 10 家公司中有 7 家创业板公司，预示着科技股浪潮的回归。

在 28 个申万一级行业中，食品饮料、电子、建筑材料涨幅领先，分别达到 77%、74%、58%；仅采掘和建筑装饰两个行业出现下跌。整体来看，股市造富效应显著。

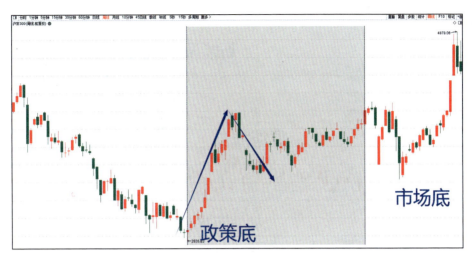

图 1.40　2019 年沪深 300 周线走势图

2. 2020 年，新冠疫情暴发，牛市主升

2020 年注定是不平凡的一年。百年一遇的新冠疫情席卷全球，对全球市场造成了极大冲击。先是美股带领全球股市进入崩盘熔断模式，随后国际油价暴跌，WTI 油价一度跌成负值，投资不断见证新的历史时刻。

疫情暴发后，美国、日本、欧洲等国史无前例的货币大放水和财政刺激，市场开始 V 形反转。A 股同样精彩，得益于中国出色的疫情防控能力，经济快速复苏，资本市场改革不断推进，使得投资者对于中国经济以及市场的信心不断增强。

风格上，中证 500 在 2016—2019 年连续四年跑输沪深 300 后，终于暂时领先一回，沪深 300 涨 27%，中证 500 涨 44%。

板块上，30 个申万一级行业中，有 24 个行业均实现股价上涨。其中食品饮料行业涨幅突破 69.46%，国防军工、电气设备、医药生物、农林牧渔，分别上涨 62.18%、44.24%、34.85%、34.07%，跻身 2020 年涨幅最高的前五大行业。

据 Wind 数据统计，在申万细分行业中，白酒、光伏、半导体、风电、医疗、航天、汽车、锂、粮食种植等板块 2020 年整体涨幅居前。其中，白酒、光伏

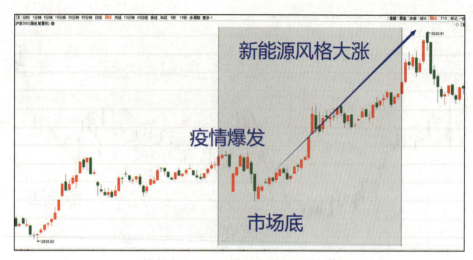

图 1.41　2020 年沪深 300 周线走势图

板块涨幅已超 100%。石油开采、影视动漫、通信、银行板块录得负收益。

3. 2021 年，新能源暴发，牛市筑顶

2021 年，A 股市场整体运行平稳，结构性行情突出。全年上证指数涨 4.8%，深成指涨 2.67%，创业板指涨 12.02%，均连涨三年。其中，上证指数收获年线 3 连阳，打破了 A 股市场尘封 28 年的纪录。

风格方面，沪深 300、上证 50 指数分别下跌 5.20%、10.06%，科创 50 指数微涨 0.37%，而中证 500 涨 15.58%，中证 1000 涨幅 20.52%，小盘股强于大盘股。

从行业板块来看，2021 年 A 股市场风格轮动加剧。"双碳"目标下的新能源产业链以及面临供给侧改革的部分传统行业表现突出，而食品饮料、医药生物、家用电器等此前的热门行业均于高位出现阶段回撤。Wind 数据显示，在 28 个申万一级行业中，电力设备、有色金属和煤炭年涨幅位列前三，行业指数涨幅分别达到 47.86%、40.47% 和 39.60%。此外，基础化工、钢铁和公共事业行业年涨幅也超过了 30%。家用电器、非银金融和房地产行业年内跌幅居前，分别下跌 19.54%、17.55% 和 11.89%。社会服务、食品饮料、医药

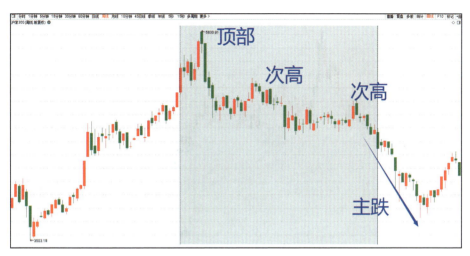

图 1.42　2021 年沪深 300 周线走势图

生物年内跌超 5%。

4. 2022 年，熊市主跌，题材活跃

2022 年，受俄乌冲突、美联储持续加息、疫情反复以及房地产风险释放等多重因素的冲击，市场经历了一轮漫长筑底过程。全年沪指大跌 15.13%，深成指大跌 25.85%，创业板暴跌 29.37%，科创 50 下跌 31.35%。

在申万一级行业中，煤炭和综合成为全年上涨的唯一行业，分别上涨 10.95% 和 10.57%。社会服务下跌 2.23%。跌幅榜前列的有电子（下跌 36.54%）、建筑材料（下跌 26.13%）和传媒（下跌 26.07%）。风格上，沪深 300 下跌 21.63%，中证 500 下跌 20.31%，中证 1000 下跌 21.58%。

从个股来看，全年共 1105 只个股实现上涨，3532 只个股股价下跌，上涨个股比例不足三成。然而，仍有 49 只股在今年股价实现翻倍，包括浙江建投、天鹅股份、ST 实达、新华制药等。其中，绿康生化成为全年表现最佳股票，全年累计涨幅达到 381%。

图 1.43　2022 年沪深 300 周线走势图

5. 小结

2019 年股市大跌之后，以消费板块为代表的价值风格出现补跌。2020 年开启新一轮长周期，这一年筑底期市场相对混沌。一方面，成长风格的半导体板块大幅上涨，这是可以预见的；另一方面，消费板块为代表的食品饮料继续强者恒强，尤其是贵州茅台持续大涨，成为 A 股股王，形成双主线。消费和半导体结束之后，新能源风格开始爆发。因此，我们会发现月线周期的本质就是不同风格的轮动。在此，我们要特别注意大阴线之后市场的切换方向：要么强者更强，要么弱者转强。这部分内容将在后续解读中继续展开。

第二章　长波风格轮动

> 不同类型的股票，对应的是不同的投资策略。对股票进行正确分类，是投资的第一步。投资不是选择最好的，而是选择最适合自己的。做不合适的事，结果只能是事与愿违。

第一节　分类方法探讨

一、完整分类

对股票进行彻底的分类是一项重要工作。投资大师彼得·林奇将股票分为六大类别：缓慢增长型、稳定增长型、快速增长型、周期型、资产隐蔽型和困境反转型，不同的股票对应不同的操作策略。因此，完整分类非常必要且重要。只有清晰的分类，我们才能明确定位，从而简化操作。我将股票大致划分为四大类别：价值防御、成长进攻、周期爆发和金融稳定。结合 A 股板块，我们进行大致划分。需要注意的是，一些较大的板块可能会跨越多个周期，如医药板块。这个板块的上游原料药和维生素属于典型的周期性行业，生物制药和医疗服务则偏向成长，而中药板块则偏向价值防御。例如券商板块，尽管其行业属性属于多元金融板块，但从波动属性来看，它更像是周期性板块，回撤巨大，急涨急跌。当然，这样的分类并非绝对，站在更大的周期，一些板块会随着时间的推移发生属性变化。

二、分类方法

按照申万30个一级行业，结合板块轮动属性来看，主要分成四类：成长、周期、消费、金融平衡。具体来看，消费分为必选消费（主要是食品饮料和农林牧渔）和可选消费〔主要是家用电器、纺织服饰、轻工制造、商业贸易、汽车、社会服务、医药医疗（特殊消费）〕；成长主要是 TMT（计算机、电子、通信、传媒）；周期分为上游资源（煤炭、石油、有色）、中游材料（化工、建筑材料、钢铁）和下游制造（机械设备、电力设备、国防军工）；金融主要是银行、保险、地产，平衡主要是公用事业、交通运输、综合。

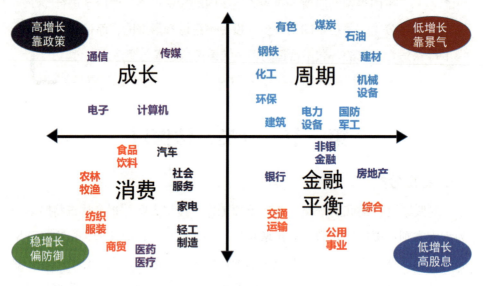

图 2.1　四类风格象限图

第二节　四大主线

一、成长主线

成长主线是对成长性行业的统称。成长型产业是指一些新兴的产业，受经济周期影响较小，具有良好的发展前景。随着经济社会的快速发展，这些行业不断壮大。大部分成长性行业得到国家政策扶持，目前创业板和科创板主要服务于这类行业的企业上市。

1. 重点行业

2019 年 3 月 3 日，上交所发布《上海证券交易所科创板企业上市推荐指引》。科创板《推荐指引》要求保荐机构准确把握科技创新的发展趋势，重点推荐以下领域的科技创新成长企业：

（1）新一代信息技术领域，主要包括半导体和集成电路、电子信息、下一代信息网络、人工智能、大数据、云计算、新兴软件、互联网、物联网和智能硬件等；

（2）高端装备领域，主要包括智能制造、航空航天、先进轨道交通、海洋工程装备及相关技术服务等；

（3）新材料领域，主要包括先进钢铁材料、先进有色金属材料、先进石化化工新材料、先进无机非金属材料、高性能复合材料、前沿新材料及相关技术服务等；

（4）新能源领域，主要包括先进核电、大型风电、高效光电光热、高效储能及相关技术服务等；

（5）节能环保领域，主要包括高效节能产品及设备、先进环保技术装备、先进环保品、资源循环利用、新能源汽车整车、新能源汽车关键零部件、动力电池及相关技术服务等；

（6）生物医药领域，主要包括生物制品、高端化学药、高端医疗设备与器械及相关技术服务等；

（7）符合科创板定位的其他领域。需注意，国家七大战略性新兴产业还包括新能源汽车。

2. 重点指数

主要分为宽基指数和行业主题指数。宽基指数包括中证科技 50、中证科技 100、恒生科技指数、创业板 50 指数等。行业主题成长风格指数主要有泛科技指数、新能源系列指数、电子指数、互联网指数、人工智能物联网及 VR 指数、国防军工指数、高端装备制造指数和其他科技主题指数。从行业板块来看，主要是以 TMT 为主，申万一级行业包括传媒、电子、计算机、通信等。

代表性指数如下：

（1）中证科技 50 指数（931380）：从沪深市场科技相关行业中选取 50 只市值靠前、流动性好的上市公司证券作为指数样本，成分个股权重上限 10%。

（2）中证科技 100 指数（931187）：从沪深市场的科技主题样本空间中选取 100 只研发强度较高、盈利能力较强且兼具成长特征的科技龙头上市公司证券作为指数样本，成分个股权重上限为 5%。

（3）恒生科技指数（HSTECH）：从香港市场选取最大的 30 家科技企业作为样本，个股最大权重 8%。

（4）创业板 50：前三大行业分别是电力设备与新能源 45.69%、医药生物 23.06% 和电子 9.65%。将温氏股份、金龙鱼等与科技创新相关性不大的成分股剔除，"科技创业"的属性更为纯正。过去十年累计回报 310.48%，过去五年累计回报 77.56%，都优于创业板指数。

3. 案例一：创业板 50 指数

2019 年 2 月开启，2021 年 7 月见顶，上升 29 个月；2021 年 12 月次高见顶，主跌 5 个月，目前处于主跌反弹筑底阶段。

图 2.2　创业板 50 指数月线图

4. 案例二：电子元器件板块

这个板块的权重主要集中在芯片和半导体等细分领域。自21世纪初以来，该板块一直保持上升趋势。2020年2月，它创下历史新高，成为首个突破2015年高点的成长板块。经过约两个月的回调后，2020年7月再度创出新高。2021年12月，板块出现大跌，2022年经历急速下跌后，在下半年低位盘整。截至2023年1月，仍处于盘整区域。

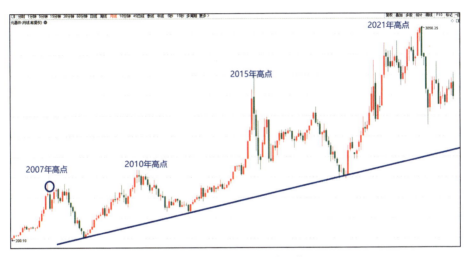

图2.3　元器件月线长波周期图

二、周期主线

1. 定义

周期型行业公司的经营状态具有明显的"周期"特征，公司经营会出现波峰和波谷。业绩往往随着经济周期而波动，无法体现长期经营的稳定性。经济周期和企业盈利周期是影响公司的重要因素。根据行业划分，可以分为上游原材料、中游原材料和中游工业品。从企业经营或行业特性的角度看，周期股大致具备以下特征：第一，大多处于产业链上游；第二，产品同质化明显；第三，资本密集型和劳动密集型。周期风格里的行业板块相对来说波动率很大，涨起来很猛，跌起来也很猛，最大的特点是波动率大。

例如：

A. 上游原材料：有色金属、煤炭、石油石化；

B. 中游原材料：钢铁、基础化工、建材等；

C. 中游工业品：电力设备、机械、国防军工、轻工制造、建筑等。

2. 案例一：有色金属板块

自 2005 年以来，总共经历了 5 轮长周期。其中，最强的一波发生在 2005 年。随后的四轮基本处于区间震荡状态。最近这一轮始于 2019 年 2 月，高点出现在 2021 年 9 月，持续上升了 32 个月。目前，该板块正处于下降期，从 2021 年 10 月至 2022 年 12 月，已经经历了 14 个月。

图 2.4　有色金属月线图

3. 案例二：化工板块

这是上一轮长波周期的强势板块之一，突破了 2015 年牛市高点。2021 年 9 月见顶后，目前正处于下跌过程的 B 浪反弹阶段。从 2012 年开始，化工板块共经历了三轮长波周期。第一轮周期为 2012 年 12 月至 2016 年 1 月，共计 38 个月；第二轮周期为 2016 年 2 月至 2019 年 1 月，共计 35 个月；第

图 2.5　化工板块月线图

三轮周期为 2022 年 12 月，共计 47 个月。目前化工板块正处于横向整理阶段。

三、消费主线

相较于其他风格，消费风格的最大特点是 ROE 水平相对较高、稳定且波动率较低。国海证券胡国鹏在研报中对消费行业进行了详细划分，总共有九大一级行业，按照申万一级行业划分，分别为食品饮料、医药、汽车、家电、农林牧渔、商贸零售、轻工制造、纺织服装。根据市值划分，这 8 个行业可分为四个梯队：第一梯队为医药和食品饮料，市值占比最大，位于 25%~30% 区间，是消费风格的核心行业；第二梯队为汽车，市值占比在 10%~20% 之间浮动，是可选消费中最重要的行业；第三梯队为农林牧渔与家电，市值占比在 5%~10% 之间；第四梯队为商贸零售、纺织服装、轻工制造，占比 5% 以下。

总体来看，医药和食品饮料是消费风格中最重要的两个行业，为众多牛股所在的行业。尤其是 2015 年以来，以茅台为代表的核心资产持续大涨。汽车则是最重要的可选消费细分行业，市值占比波动较大。在双碳政策背景下，新能源汽车的发展推动了一些大牛股的涌现，如比亚迪和宁德时代。

1. 案例一：食品饮料板块

食品饮料板块主要包括酿酒、食品加工、饮料乳品、休闲食品、调味发酵品等。目前市值前十位主要为贵州茅台、五粮液、海天味业、泸州老窖、山西汾酒、洋河股份、伊利股份、古井贡酒、双汇发展和东鹏饮料，其中6个为白酒板块，可见白酒是食品饮料中最大的板块。从2014年开始，该板块一直处于上升趋势，2015年股灾后率先创新高，2018年大跌之后，同样率先创新高，也是唯一一个能够穿越周期的板块。

图 2.6　食品饮料月线走势图

2. 案例二：医药医疗板块

相较于食品饮料，医药医疗的周期性较为明显。自2014年以来，共经历了三个周期。第一轮周期，自2012年2月至2016年2月，上升40个月，下降9个月，共49个月。第二轮周期，自2016年3月至2019年1月，上升27个月，下降8个月，共35个月。第三轮周期，自2019年2月至2022年9月，上升29个月，下降15个月，共44月。目前处于新一轮月线周期的初始位置。

图 2.7　医药医疗月线图

四、稳定平衡

　　主要分为两大类：第一类是公共服务板块，按照申万一级行业划分为公用事业、交通运输、环保。第二类是金融板块，主要包括银行、非银金融，以及金融属性的房地产板块。

1. 案例一：银行板块

　　银行板块的最大特点是波动率小。然而，回顾 2005 年，银行板块曾作为成长炒作，出现大起大落。自 2015 年以来，银行板块进入相对平衡状态，近年波动率逐渐减小，使得上证指数长期徘徊在 3000 点附近。

图 2.8　银行板块月线图

2. 案例二：房地产板块

房地产属于典型的周期性行业，自 2005 年开始，大约经历了五轮月线周期，2015 年的高点已成为记忆。近年来，受政策打压影响，房地产板块的月线一直处于下跌趋势，在行业轮动中表现始终不佳。

图 2.9　房地产板块月线图

五、小结:

指数反映了整体市场表现，而指数背后则是行业轮动和风格轮动，特别是在大周期、月线和季线背后的驱动力即为行业风格轮动。因此，这里的分类旨在更好地了解大周期轮动规律。

第三节 风格轮动规律

月线长波周期大致可以分为四个阶段，分别为熊市尾声期、牛市主升期、牛市筑顶期、熊市主跌期。在不同阶段，风格轮动的表现各有不同。

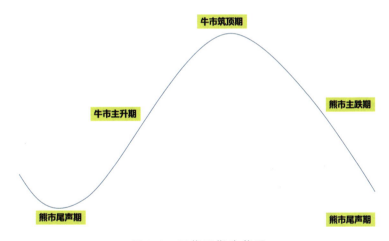

图 2.10 月线周期牛熊图

一、牛市筑底期

熊市主跌期通常各板块都大幅下跌，例如 2018 年和 2022 年，几乎所有风格板块都大跌。尾声筑底期开始出现分化，此时机构投资者讨论的主要问题有两个：第一，估值底，每轮下跌后估值率先触底；第二，新政策周期开启，尽管经济环境仍然较差，但宽松政策已经开启，市场预期发生变化，左侧资金开始布局。盘面特征如下：

（1）估值底：大金融板块是代表性板块。2012年底是银行，2018年底是券商。不同低点可能有不同的板块，但大金融通常会出现异动。银行板块代表估值底，券商板块反映预期。例如2012年12月银行板块大涨14%，随后月线新周期开启；2019年2月券商大涨30.73%，随后月线新周期开启。

（2）消费补跌：熊市下跌期市场呈现防御心理，消费类板块相对强势。此时，食品饮料、酒类、家电等防御板块通常会率先补跌。例如，2018年10月茅台出现单月大跌25.93%，随后指数在2018年12月见底；2022年10月底消费板块带领指数持续创新低，随后消费板块V形反转。

（3）成长上升：防御结束，进攻开始。市场开始放量，以计算机、电子、通信和传媒等科技板块为代表的成长板块开始上升。例如，2012年那轮行情，创业板当年大涨17.65%，随后持续上升，而主板直到2013年6月创出新低1849点才见底。2019年那轮行情，1月电子板块率先启动，2020年2月创历史新高。

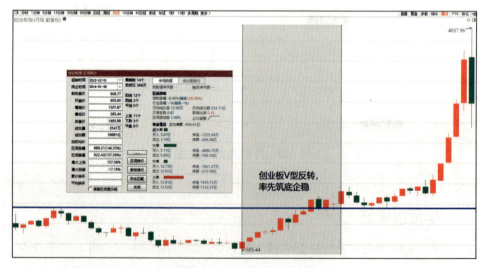

图2.11　电子板块月线图

（4）低价股活跃：由于政策宽松预期，题材股开始受到资金炒作。这些题材股主要包括小盘、超跌和低价股，无明显行业特征。此时盘面会开始消灭低价股。

二、牛市主升期

牛市主升期，政策宽松预期已打开。随着时间的累积，量变逐渐转变为质变，经济周期和企业盈利周期相继见底，周期股开始大涨。盘面特点如下：

（1）货币政策宽松：央行实行降息降准，金融周期进入宽松预期阶段。

（2）券商大涨：一旦牛市主升期启动，券商通常是首批受益板块，且能容纳大资金，因此券商和多元金融容易大涨。例如，2012年1月券商板块调整至新低，随后股价一直处于底部横盘，直到2014年6月，共30个月，从低点到启动经历30个月。2014年7月出现倍量柱大涨15.58%启动，成交量连续放大，10月逼近箱体上轨，11月大涨42%突破箱体上轨，12月份暴涨57%，调整一个月后反包完成筑顶，随后持续大跌，进入下跌周期。

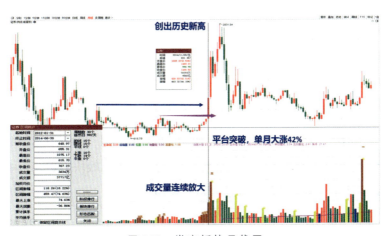

图2.12 券商板块月线图

（3）周期风格大涨：上游原料的有色、煤炭、石油；中游原料的钢铁、化工化纤、电力及公用事业、建材；以及其他的电力设备、机械设备、造纸、建筑、交通运输、电气仪表等传统行业开始爆发。2014年这轮牛市最先启动的是科技股，创业板在2012年12月见底，随后持续大涨，2014年1月见顶，共14周，随后产生调整，这个调整是强势的，股价是横盘整理的，第一波调整类似一个ABC的结构，产生两个低点，共6个月，随后股价再次启动，围绕着前期高点横盘整理5个月，突破新高进入主升，如图2.13。

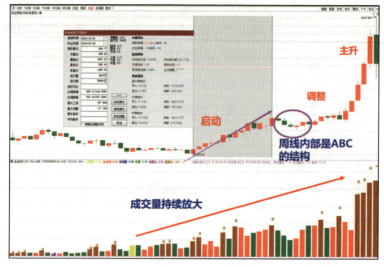

图 2.13　创业板月线图

与创业板调整结束的时候，周期股刚好启动。当时周期股启动的板块主要是煤炭、钢铁、化工、有色、券商等几个板块。这几个板块在2014年7月同时出现上涨，且成交量相比6月明显放大。以化工板块为例，7月明显放量上涨，9月放量突破下降趋势线。如图2.14。

图 2.14 化工板块月线图

2019 年这一轮行情，周期股的启动时间也基本在 7 月。当时券商、化工、钢铁等板块都出现了明显的放量，产生了联动效应。经过三个月的调整后，11 月股价再次启动，化工板块进入上升趋势，随后持续大涨。

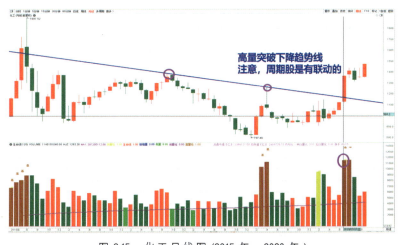

图 2.15 化工月线图 (2015 年—2020 年)

三、牛市筑顶期

牛市筑顶尾声时，市场情绪达到高潮，补涨效应开始扩散，低位股轮动补涨，前期强势板块加速冲顶，情绪亢奋。顶部结构通常有两种：尖顶和复杂顶。例如，2001 年和 2021 年的高点是复杂顶，而 2007 年和 2015 年的高点是尖顶。主要特征如下：

（1）垃圾股、次新股和小盘题材股爆炒。2015 年最后一批新股上市后，由于流通市值较小，连续大幅涨停，最终带动次新股和低流通市值个股连续涨停。代表性个股是暴风集团，最后退市。

（2）波动加大，成交量增加但股价滞涨。两市交易量急剧放大，交投活跃，但只赚指数不赚钱，盘面频繁出现大阴线和大阳线。

（3）股民情绪高涨，开户数量增加，身边大部分人都在谈论炒股。

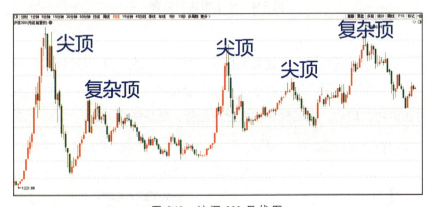

图 2.16　沪深 300 月线图

四、熊市主跌期

熊市主跌期，主跌阶段是亏损效应最大的周期。几乎所有板块都在下跌，而每次大跌之后，往往伴随着风格切换。例如，2015 年股灾大跌之后，消费价值主线开始上升；2014 年周期股大涨，2018 年大跌之后，电子半导体板块大涨；2016—2017 年价值股大涨。主跌期最大的机会在题材股。指数单边下跌时，每次恐慌都容易出现题材炒作，产生强势股。

例如，2018 年 3 月独角兽回归 A 股，中美贸易战等事件，代表性强势股如"万兴科技""盘龙药业"和"创业黑马"持续大涨。下半年重组政策放宽，10 月底壳资源炒作，恒立实业和绿庭投资持续大涨。11 月初推出科创板，市北高新和鲁信创投等个股出现大幅炒作。

2022年，1月新冠医药概念股九安医疗持续大涨。2月货币翠微股份二波，数字货币概念股大涨，同时启动基建板块，浙江建投成为2022年最牛强势股。3月的美利云，新冠医药概念股中国医药；4月的新华制药、天保基建；6月的中通客车、集泰股份；7月的中大力德；8月的大港股份；9月的新华联；10月的竞业达、国脉科技、南天信息；11月的天鹅股份；12月的西安饮食、麦趣尔等，几乎每个月都出现一个强势股。

图 2.17　沪深 300 月线图

五、小结

一个完整的月线周期分为四个阶段。牛市启动阶段主要由估值底和政策底驱动；牛市主升期有两种情况：一是单纯的流动性驱动，二是流动性和业绩双重驱动，后者往往会产生大幅波动。主升期主要以周期风格为主，其他板块也会轮动上涨。牛市筑顶期是补涨高潮阶段，没有明显的风格偏好，多数以小盘题材为主。熊市主跌期一般是普跌，几乎所有板块都会下跌，消费风格相对回撤较小。

第三章 行业龙头模型

> 数月亮，不数星星，在好行业中挑选好公司，然后等待好价格时买入。最重要的是有勇气在低谷的时候仰望星空，同时对主流观点保持质疑和求证的精神，不要去抄别人的作业，适合他的股票，不一定适合你，同股不同利。
>
> 《投资中不简单的事》

第一节 行业龙头

一、龙头股定义

某一时期在股票市场中，对同行业板块的其他股票具有影响力和号召力的股票称为龙头股。它的涨跌往往对其他同行业板块股票的涨跌起引导和示范作用。龙头股的地位可能只维持一段时间，因为题材炒作中它并不是一成不变的。那么，什么样的股票具备龙头的特征呢？

1. 行业板块

龙头股票与行业板块密切相关，主流热点需要主流龙头，而轮动热点则需要轮动龙头。龙头股票是推动行业板块发展的引擎。

2. 市场情绪

龙头股票受市场情绪影响较大。主流热点通常产生两种模式：连板模式和趋势模式，这些将在后续章节详细解读。轮动热点则表现为轮动模式。

3. 技术面分析

从技术面来看，龙头股票主要具有两个特征：创新高和涨停板。创新高通常在底部形态之后出现，而涨停板通常有四个关键位置，形成四个重要买点。轮动龙头的一买黄金坑和二买龙反包，主线热点的三买主升龙和四买趋势龙。

4. 共振效应

龙头股票的形成往往源于共振效应。在以上三个条件中，至少有两个共振的情况下，共振效应越强，股票表现越好。根据共振效应的结果，最终可分为两种类型：一是超跌反弹情绪龙，主要发生在市场环境单边下跌时，如2022年的浙江建投、天保基建、新华制药等；二是趋势主升资金龙，主要发

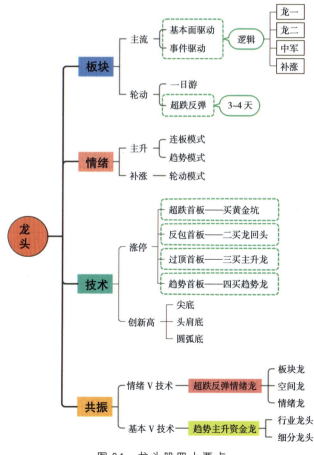

图 3.1　龙头股四大要点

生在长周期筑底或上升阶段，通常是行业龙头或者景气行业的细分龙头，如2021年光伏行业的阳光电源，电池行业的宁德时代等。

二、行业龙头定义

2021版申万行业分类，一级行业共有31个、二级行业有134个、三级子行业有346个。其中一级行业根据行业属性可以归类为大消费、大周期、大金融、大科技四大主流板块。我们关注的行业龙头通常可以推算到代表性的二级行业，大约有100多个。比如，常用的通达信软件就有行业龙头风格指数，主要包含77只成分股。

表 3.1　一级行业龙头分类

一级行业龙头							
代码	名称	一级行业	二级行业	代码	名称	一级行业	二级行业
601899	紫金矿业	有色	铜	600690	海尔智家	家用电器	白电
002460	赣锋锂业	有色	锂	000651	格力电器	家用电器	白电
603799	华友钴业	有色	钴	002230	科大讯飞	计算机	
600111	北方稀土	有色	稀土	002415	海康威视	计算机	
600036	招商银行	银行		688111	金山办公	计算机	
601398	工商银行	银行		600845	宝信软件	计算机	
603259	药明康德	医药医疗	CXO	300124	汇川技术	机械设备	机器人
600276	恒瑞医药	医药医疗	创新药	600031	三一重工	机械设备	工程机械
300760	迈瑞医疗	医药医疗	医疗器械	601766	中国中车	机械设备	
300015	爱尔眼科	医药医疗	眼科	601158	重庆水务	环保	
600436	片仔癀	医药医疗	中药	603568	伟明环保	环保	
000063	中兴通讯	通信		002493	荣盛石化	化工	PTA
601728	中国电信	通信		000792	盐湖股份	化工	盐湖
000858	五粮液	食品饮料	白酒	600309	万华化学	化工	
600519	贵州茅台	食品饮料	白酒	600760	中航沈飞	国防军工	大飞机
603288	海天味业	食品饮料	调味品	600893	航发动力	国防军工	发动机
600028	中国石化	石油		600905	三峡能源	公用事业	电力
601857	中国石油	石油		600900	长江电力	公用事业	电力

续表

一级行业龙头						
601888	中国中免	社会服务		600019	宝钢股份	钢铁	
603833	欧派家居	轻工制造	家居	000708	中信特钢	钢铁	
603899	晨光股份	轻工制造		600030	中信证券	非银金融	券商
002594	比亚迪	汽车	整车	601318	中国平安	非银金融	保险
601633	长城汽车	汽车	整车	300059	东方财富	非银金融	券商
600104	上汽集团	汽车		601628	中国人寿	非银金融	
300999	金龙鱼	农林牧渔	农业	000617	中油资本	非银金融	信托
002714	牧原股份	农林牧渔	畜牧业	600177	雅戈尔	纺织服饰	服装
002311	海大集团	农林牧渔		600048	保利发展	房地产	房产开发
601088	中国神华	煤炭	煤炭开采	000002	万科A	房地产	房产开发
600188	兖矿能源	煤炭	煤炭开采	601138	工业富联	电子	消费电子
002352	顺丰控股	交通运输	快递	002475	立讯精密	电子	连接器
601919	中远海控	交通运输	航运	000725	京东方A	电子	面板
601816	京沪高铁	交通运输	高铁	688981	中芯国际	电子	芯片
601390	中国中铁	建筑		002371	北方华创	电子	半导体
601668	中国建筑	建筑		300750	宁德时代	电力设备	电池
601800	中国交建	建筑		600438	通威股份	电力设备	硅
002271	东方雨虹	建材		601012	隆基绿能	电力设备	
600585	海螺水泥	建材	水泥	600406	国电南瑞	电力设备	
000333	美的集团	家用电器	白电	002739	万达电影	传媒	影院
				002027	分众传媒	传媒	

依据这77只个股，通达信软件构建了一个行业龙头风格指数。自2013年6月以来，该指数共经历了三轮长周期。第一轮周期长达34个月，第二轮为32个月，而第三轮周期则为46个月。目前，我们正处于第四轮周期的上升初期，2022年10月可视为这一周期的低点。

行业龙头短期内基本面产生变化的概率不大，这类个股更注重选时：什么时候投资，哪一段时间哪种风格更好。对所有行业进行归类，具体划分如下：

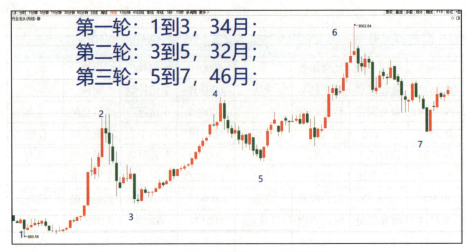

第一轮：1到3，34月；
第二轮：3到5，32月；
第三轮：5到7，46月；

图 3.2　通达信行业龙头风格指数

1. 消费风格行业

　　大消费行业主要包括食品饮料、医药生物、家用电器和休闲服务。从国外市场来看，消费股是最容易出大牛股的地方，也是机构资金喜欢配置的行业。主要原因是消费股本身具有以下特点：

　　（1）周期属性不强，消费品属于生活必需品，受经济周期的影响较小。

　　（2）受新技术革新的影响较小，大消费类企业竞争的是品牌和服务，而非技术。

　　（3）一旦品牌形成，容易形成垄断。消费类企业经过长期经营和资金投入形成较强的品牌和规模优势，获得行业垄断。一旦形成垄断，消费类企业的护城河比其他行业龙头更宽、更深，更有利于抵御新进入者的威胁，使竞争优势持续时间更长。如白酒行业和调味料行业等都可以看出这种效应。因此，大家一想到白酒就是茅台、五粮液，想到调味品就是海天味业。从长期投资的角度来看，消费类特别是具有品牌优势的消费类个股值得我们长期关注。

表 3.2　消费板块代表性龙头

行业	A股龙头公司	海外对标龙头
家用电器	格力电器 + 美的集团	大金工业 + 惠而浦 + 伊莱克斯
酿酒	贵州茅台、五粮液	帝亚吉欧、保乐力加、星座公司、布朗福曼
食品调味品	海天味业	味好美、泰森食品
乳制品	伊利股份	雀巢、达能
啤酒	青岛啤酒 + 燕京啤酒	喜力、百威英博
汽车	上汽、广汽	通用汽车、丰田汽车、大众
家具	索菲亚、欧派家具	敏化控股 (H)
商贸贸易	永辉超市、苏宁云商	沃尔玛、家乐福、百思买
服饰服装	海澜之家 / 安踏体育	阿迪达斯、耐克
创新药	恒瑞医药、复兴医药	罗氏、默克、BMS
仿制药	华海药业	
医疗保健	华大基因 + 爱尔眼科	诺华、迈兰、强生
中药	云南白药	
房地产	万科 A、保利地产	恒大、碧桂园、新鸿基、西蒙
农林牧渔	温氏股份、牧原股份	泰森食品 (220 亿美元)
休闲服务	中国国旅	普利斯林 / 美国航空

数据来源：海通证券研报

2. 周期风格行业

大周期行业主要包括采掘(石油煤炭)、钢铁、化工、建筑装饰和建筑材料，以及中游制造的电力设备、机械设备等板块。周期性股票的魅力在于短中期内可能获得高收益率, 例如 2006—2007 年的有色金属, 2010—2011 年的基建, 2015—2017 年的新能源, 2018—2019 年的猪周期等。一旦行业涨价、业绩出现反转趋势，短时间内很可能获得 2~5 倍以上的涨幅。例如 2017 年方大炭素短短半年上涨超过 5 倍，新希望从 2018 年底到 2019 年中期上涨超过 5 倍等。然而，周期性股票的波动较大，涨跌幅度大。一旦预期兑现，股价可能持续下跌。对于价值股来说，时间是玫瑰，对于周期性股票来说时间是毒药，经不起时间的考验。因此，在选择周期性股票龙头时，行业景气程度至关重要。用一句话来总结，应在炮火声中买入，烟花绽放时卖出，在最差的时候买入，在最好的时候卖出。

表 3.3　周期行业代表性龙头

行业	A股龙头公司	海外龙头
石油化工	中国石油、中国石化	埃克森美孚、荷兰皇家壳牌、雪佛龙；力拓
煤炭	中国神华、中煤能源	
有色	洛阳钼业、中国铝业	美铝公司、印度铝业公司
黄金	资金矿业	巴里克黄金
基础化工	万华化学、沙隆达A	孟山都、新正达、巴斯夫
钢铁	宝钢股份	淡水河谷、新日铁住金
电力	长江电力	通用电气
电气设备	上海电气 + 正泰电器	艾默生电气
机械设备	中国中车	阿尔斯通
造纸	太阳纸业 + 晨鸣纸业	
环保	碧水源 + 三聚环保	
建材玻璃	东方雨虹、中国巨石	拉法基、CRH 公共服务公司、海德堡水泥股份有限公司
水泥	海螺水泥	
工程机械	三一重工 + 恒立液压	卡特彼勒、小松
工程建筑	中国建筑	布依格集团
军工制造	中航沈飞、中国船舶；	波音、洛克希德马丁、雷神、通用动力、诺斯罗普格鲁曼
交通运输	大秦铁路 + 上海机场 + 中国国航	联合太平洋、加拿大国家铁路、美国航空、达美航空

数据来源：海通证券研报

3. 金融行业

大金融行业涵盖银行、证券、保险、信托和房地产。房地产行业本质上也属于金融行业，或者说是高度依赖金融行业的行业。在国际上，房地产行业通常归类为大金融行业。金融板块由于权重比例大，流动性至关重要。在市场炒作时期，大金融通常作为最后的补涨板块，此时水涨船高，情绪高涨，成交量急剧放大，场外资金加速流入。然而，一旦大金融股票大涨之后，也意味着行情进入尾声阶段。

表 3.4 大金融代表性龙头

行业	A股龙头公司	海外龙头
银行	工行 + 建行 + 农行	摩根大通、富国银行、美国银行
保险	中国平安 + 中国人寿	安联保险、友邦、安盛集团
券商	中信证券 + 国泰君安	高盛、摩根士丹利、花旗、美林
多元金融	中油资本、安信信托	
房地产	万科 A、保利地产	恒大、碧桂园、新鸿基、西蒙

数据来源：海通证券研报

4. TMT 行业

TMT 行业实际上是成长股，包括传媒、计算机、通信、电子等板块。成长股的投资逻辑主要关注技术创新。例如近年来，电子行业成为 TMT 中的一个亮点，这主要归功于苹果产业链和安防产业链的景气程度，催生了大量的优秀股票，如海康威视、大族激光等，都是机构资金的重仓股。

表 3.5 TMT 代表性行业龙头

行业	A股龙头公司	海外龙头
安防	海康 + 大华	SECOM、鸿海、霍尼韦尔
电子元器件	京东方 A、三安光电	
电影院线	万达电影、中国电影	AMC 娱乐
影视传媒	分众传媒、光线传媒	奥姆尼康
游戏动漫	三七互娱（手游）	任天堂、EA
互联网服务	巨人网络、360	Alphabet、脸书、BAT、eaby
互联网零售	京东、携程、唯品会	亚马逊
软件服务	科大讯飞	谷歌、微软
硬件设备	紫光股份	微软
电信行业	中国联通	美国电话电报、西班牙电话公司

数据来源：海通证券研报

第二节 行业龙头模型

行业龙头主要有两种交易模式：套利模式和趋势模式。套利模式指的是当市场中主线行业龙头出现分歧时，其他风格的龙头股票轮动走强，形成短期的套利模式。趋势模式则是当市场中新的主线风格龙头持续走强，形成趋势，形成强者恒强的交易模式。这两种模式既矛盾又统一：矛盾在于一个走强通常伴随着另一个走弱，而统一在于两者共同构成一个完整的周期。

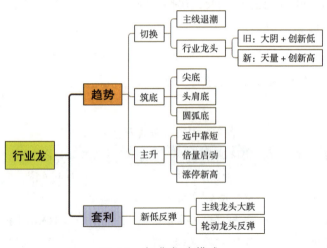

图 3.3　行业龙头模式

1. 案例一：中国联通趋势反转模式

2022 年处于熊市主跌阶段，消费风格的核心龙头股票贵州茅台相对抗跌，一直处于高位盘整。直到 2022 年 10 月出现放量大阴线，这根 K 线与 2018 年 10 月底相似。当时贵州茅台大跌之后，电子半导体板块大涨。这一次大跌之后，计算机传媒板块大涨。

图 3.4　贵州茅台月线图

贵州茅台代表消费风格，而宁德时代则代表上一轮长周期的新能源龙头。宁德时代同样出现大跌，月线四连阴，2022 年 9 月大跌 –17%，10 月大跌 –7%，这显然是新能源板块炒作结束的退潮信号。

图 3.5　宁德时代月线图

在前两大风格主线龙头大跌之后，此时谁将崛起？答案是科技股，是中特估（中国特色估值体系的简称）。主要有两个方向：一个是以成长股为代表的 TMT，主要是中字头的联通、电信、移动等概念股；另一个是以基建为代表的中字头概念，如中国交建、中国铁建等。例如，中国联通在前风格主线龙头大跌之后开始出现放量异动，2022 年 11 月大涨 34%。技术形态上，中国联通刚好处于月线底部结构，这根大阳线的出现正是时机，随后中国联通带领科技板块持续进攻。

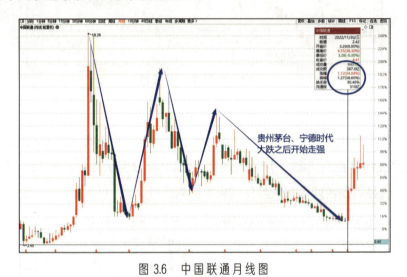

图 3.6　中国联通月线图

中国交建情况类似。我们统计市值在 700 亿以上，且涨幅处于前 200 名的个股中，除了中国联通之外，还有中油资本、中国交建、中国人寿等个股。

中国交建月线图同样处于底部结构。月线走完大的 ABC 调整浪之后，2021 年 7 月底见第一个低点，反弹 8 个月后二次探底，2022 年 10 月再次见底。随后，在 2022 年 11 月大涨 35%。这就是切换，风格的切换往往伴随着龙头的切换。前主线龙头出现大阴线或者创新低，新主线风格龙头则创新高或者大阳线。

	代码	名称	涨跌幅度 ↓	前收盘	最高	最低	收盘	振荡幅度
1	000617	中油资本 R	2.45 54.44%	4.50	6.95	4.47	6.95	2.48 55.48%
2	000002	万科A R	5.13 37.94%	13.52	19.69	13.28	18.65	6.41 48.27%
3	601628	中国人寿 R	9.55 35.90%	26.60	36.36	26.64	36.15	9.72 36.49%
4	601800	中国交建 R	2.37 35.43%	6.69	9.30	6.69	9.06	2.61 39.01%
5	002142	宁波银行 R	8.35 35.14%	23.76	33.00	23.78	32.11	9.22 38.77%
6	002027	分众传媒 R	1.51 34.79%	4.34	5.96	4.27	5.85	1.69 39.58%
7	002271	东方雨虹 R	8.39 34.24%	24.50	34.75	24.50	32.89	10.25 41.84%
8	600050	中国联通 R	1.12 34.04%	3.29	4.55	3.28	4.41	1.27 38.72%
9	603833	欧派家居	27.58 33.87%	81.42	115.00	81.00	109.00	34.00 41.98%
10	600036	招商银行 R	8.14 30.35%	26.82	35.44	27.01	34.96	8.43 31.21%

图 3.7　2022 年 11 月 700 亿以上市值涨幅排名前 10

图 3.8　中国交建月线图

随后，这两只个股都开始进入到上升趋势，而宁德时代和贵州茅台则处于低位震荡。

2. 案例二：宁德时代套利模式

前主线龙头弱势探底，新主线龙头走趋势。那么套利模式如何理解呢？同样需要大阴线。月线大阴线容易产生风格切换，周线大阴线容易伴随主线风格内的行业切换，日线大阴线则往往伴随着短期轮动。例如，2023 年 3 月 20 日，三大运营商纷纷跌停，中国联通跌停炸板 -9.59%。此时主线龙头开始进入调整期。截至 2023 年 4 月底，中国联通走了一个非常典型的 ABC 调整结构。

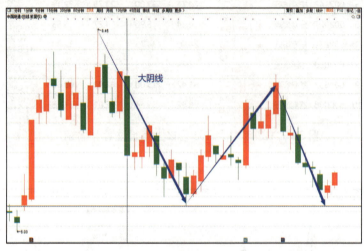

图 3.9　中国联通大阴线

相反，在这期间，宁德时代见底反弹，从 3 月 21 日开始走了 ABC 反弹结构。主线风格龙头出现了明显的此消彼长特征，起到穿针引线作用的就是大阴线。

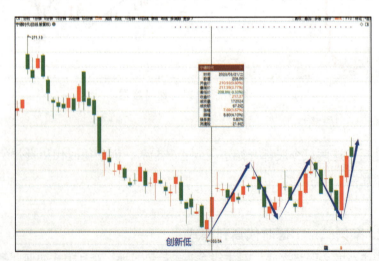

图 3.10　宁德时代日线图

3. 小结

　　行业龙头的切换往往伴随着更大规模的下跌，特别是月线。每一轮长波周期大跌之后，在新一轮周期开始之初，行业龙头会率先异动。退潮行业龙头大跌，新主线龙头大涨。

第二篇

中波行业轮动

中波周期是长波周期的次级运动，是风格内部的行业轮动，涵盖了四个主要方面的内容：周期的四个阶段、行业板块分类、驱动力以及趋势龙策略。例如，在成长风格上涨时，成长风格内部包括计算机、传媒、电子和通信这四个板块。这四个板块会经历先后领涨和轮动补涨的过程。因此，中波周期旨在解决风格内部轮动规律和节奏问题。

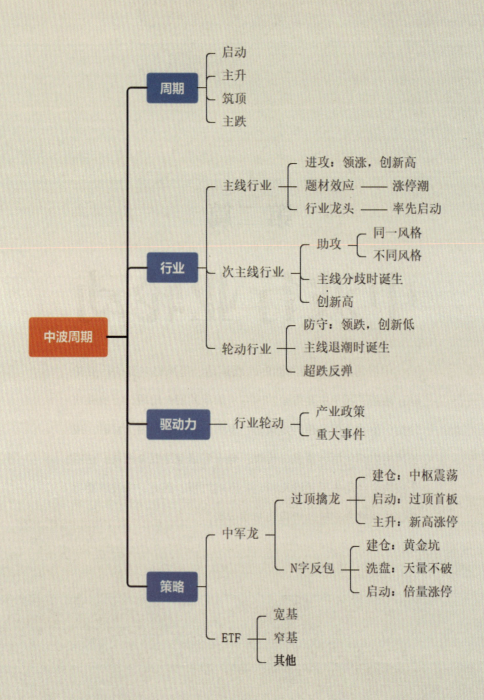

中波周期

周期
- 启动
- 主升
- 筑顶
- 主跌

行业
- 主线行业
  - 进攻：领涨，创新高
  - 题材效应 —— 涨停潮
  - 行业龙头 —— 率先启动
- 次主线行业
  - 助攻
    - 同一风格
    - 不同风格
  - 主线分歧时诞生
  - 创新高
- 轮动行业
  - 防守：领跌，创新低
  - 主线退潮时诞生
  - 超跌反弹

驱动力
- 行业轮动
  - 产业政策
  - 重大事件

策略
- 中军龙
  - 过顶擒龙
    - 建仓：中枢震荡
    - 启动：过顶首板
    - 主升：新高涨停
  - N字反包
    - 建仓：黄金坑
    - 洗盘：天量不破
    - 启动：倍量涨停
- ETF
  - 宽基
  - 窄基
  - 其他

第四章 中波行业轮动

行业轮动是 A 股重要的规律，分为行业内部轮动和行业之间的轮动。内部轮动指同一个风格，TMT，计算机可能先涨，传媒后涨，随后计算机调整时传媒接替领涨。外部轮动指不同风格之间的此消彼长，比如过去 2 年涨的好的新能源，随着今年中特估大涨时，板块持续探底，每次中特估分歧时出现轮动反弹，那具体如何轮动呢？

第一节 中波概述

一、中波周期的定义

长波周期代表主要趋势，涉及风格的轮动；而中波周期是次要趋势，主要涉及风格内部板块的轮动，是一个主线题材炒作的时间周期。长波周期以月线为主，中波周期以周线为主，它是长波周期中的一种次级运动。一个主线题材炒作的时间周期包括上升 5 至 13 周，下降 5 至 13 周，波动区间在 10 至 26 周之间，平均 3 至 4 个月一个轮回。根据强弱程度，中波周期可以分为强波和弱波。在长周期向上的阶段，基本面驱动的趋势行情炒作周期较长，一般在 4 至 5 个月；而在长周期向下的阶段，事件驱动的超跌反弹持续时间较短，基本在 2 至 3 个月。

二、中波周期的四个阶段

（1）启动筑底：在筑底期，指数出现中到大阴线或创新低，继续探底，部分龙头板块开始企稳。

（2）主升高潮：在上升期，指数出现中到大阳线或创新高，市场情绪回暖，龙头板块大幅上涨，并开始扩散，同风格板块轮动补涨。

（3）衰退筑顶：在筑顶期，指数放量滞涨，高位筑顶，龙头板块出现实体中到大阴线，亏钱效应显现，通常伴随跌停潮，龙头板块内部高低切换，同时其他风格板块轮动，盘面陷入混沌状态。

（4）主跌退潮：在下降期，龙头板块补涨结束，开始退潮，轮动热点过渡，等待新周期。或者，主线分歧充分之后强者更强，开启新的上升周期。

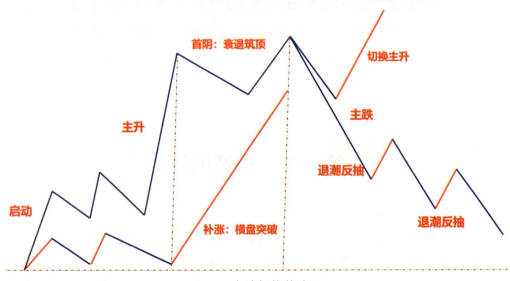

图 4.1　中波板块轮动图

三、中周期的板块类型

目前 A 股市场大概 31 个一级行业，根据这 31 个行业的领涨属性，主要可以分为三类：主线行业、次主线行业、轮动行业。

1. 主线行业

在长周期的不同阶段，市场会有某些风格板块领涨。特别是每次月线大跌之后，市场都会出现新的风格走强，或者原来的风格加强。主线就是当前盘面领涨的行业，主要特征是创新高、率先突破一些重要新高，或者板块大阳线且出现板块效应。通常，大市值的行业龙头会率先启动大涨，一般由产业政策或重大事件的逻辑驱动。主线行业一旦确立，其他行业地位自动下降。

2. 次主线行业

仅次于主线的行业，通常在主线行业分歧时诞生。往往与主线穿插配合，相对于主线来说，次主线行业板块效应较弱。它可以是同一风格，也可以是新风格的行业板块，主要起助攻作用。比如，2023 年 TMT 持续走强，且板块效应好，中字头的建筑和石油板块效应则很弱，主要是少数行业龙头大涨，我们可以把 TMT 当作炒作主线，中特估当作次主线，这个分类是基于盘面的赚钱效应。

3. 轮动行业

除了主线和次主线之外的其他行业，走势比较弱，盘面主要特征是创新低。每次主线大分歧时，容易出现轮动，但持续性非常差，比如 2023 年中特估走强后，汽车、电力设备、社会服务、房地产就是典型的轮动行业，不断反弹新低。

四、中波周期的走势类型

长波周期有四个阶段，筑底、主升、筑顶、主跌。长周期所处不同阶段，中周期之间的波动差异化也很大，主要分为两种。

1. 基本面驱动

在长周期启动或主升阶段，板块的持续性较好。例如 2019 年的半导体和医药，2020 年的汽车和光伏，都属于这种类型。这类板块的炒作模式往往是行业龙头走趋势，然后题材股不断轮动。

2. 题材超跌反弹

在长周期筑顶或主跌阶段，板块持续性较差。例如2022年，指数单边向下时，3月中旬出现了房地产，5月的汽车和光伏，10月的数字经济和医药，12月的消费，几乎每1到2个月就会出现新的题材炒作。

基本面驱动的行情持续性较好，一般4到6个月一个轮回，主要受政策和基本面驱动；单纯的题材炒作基本2到3个月一个轮回，主要受消息事件驱动。

以2022年为例，出现了三个具有代表性的中周期，大致划分如下：

1. 第一个中周期

长周期处于主跌阶段，指数单边下行，题材炒作接连不断，情绪非常好，基建、新冠医药、房地产等板块轮番炒作，强势股层出不穷，如浙江建投、美利云、中国医药、天保基建等。时间为2022年2月8日至4月27日，近11周，近3个月。

2. 第二个中周期

长周期主跌反弹阶段，指数周线反弹，赛道股引领反弹，汽车和光伏大涨。个股方面，比亚迪创历史新高，小康股份、长安汽车等大涨；题材方面，中通客车、集泰股份、浙江世宝等走出10板。强势股炒作依然火热，时间为2022年4月28日至10月31日，共26周，6个月。

3. 第三个中周期

长周期企稳筑底短期，指数周线反弹，价值和成长风格领涨。价值主线以食品饮料和社会服务大涨为主，成长风格则以计算机、传媒、通信等板块大涨为主。

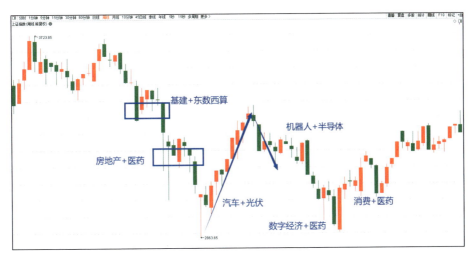

图 4.2　2022 年沪深 300 中波周期图

第二节　探究题材轮动的逻辑与特征

市场每天都有诸多热点，如何判断哪些热点值得关注呢? 具有持续性的热点通常具备以下五个特征:

1. 题材宏大，想象空间广阔，富有想象力

通过判断题材空间的大小，我们可以了解到题材的重要性，从而决定是否需要花时间研究和跟踪板块。历史上的重大题材包括股权分置改革、上海自贸区、一带一路、雄安新区、科创板等。近期的例子有新能源改革、汽车和光伏、后疫情时代的医药和消费等。

2. 题材具有新颖性，因为人们总是喜新厌旧

A 股市场向来有炒新不炒旧的倾向，新题材和新概念更容易吸引资金。新周期、新气象，只有新题材才能迎来新周期，而补涨仅是旧周期的延续。例如，2022 年上半年炒基建，4 月底新能源启动，随后基建退潮，光伏和汽

车炒作延续至8月。

3. 题材效应显著

新题材出现后，该板块内的标的走势必须强劲，最好伴随众多涨停板，以吸引市场关注和更多资金参与。形成板块梯队有助于提升板块地位，确保其持续性和高度。市场总有流动性，资金需要有板块和标的来承接。例如，4月底汽车板块启动时出现大面积涨停潮，9月中旬医药和信创启动同样是大面积涨停潮，板块出现实体中到大阳线。

4. 题材具有较长的持续性

这意味着短期内很难被证伪或具有持续的催化因素，短时间内题材逻辑无法被破解。昙花一现的题材往往是因为逻辑过快兑现，而无法演绎出新故事。具有较好持续性的题材，在短期内无法被证伪，只有这样的题材才能创造更大的市值和更高的高度。此外，大资金进出相对于小资金来说不够灵活，如果题材炒作时间无法持续较长，大资金就难以参与。没有大资金参与的题材，机会相对较小。

5. 题材出现的时机恰当

准确的时间意味着题材出现的时间节点要适时，因为市场资金总体来说是相对有限的。在某段时间内，无法同时共存几个大题材，题材之间也存在轮动和相互挤占。同一个题材，推出时机不对，高度和持续性都会受到较大影响。通常，市场主跌退潮后启动的题材持续性较好；在退潮中期出现的题材，基本上都是轮动。例如，2022年房地产和医药持续性较好，因为它们在市场恐慌大跌后启动，成为当时盘面领涨的板块。

总之，要从题材的宏大、新颖性、效应显著、持续性和时机恰当五个方面去判断一个热点是否值得关注。这些因素综合起来，有助于我们在市场中找到具有持续性的投资机会，从而在股市中取得更好的收益。

第三节　中周期题材炒作及龙头的特征

每一个中级别炒作都伴随着重要题材的出现，所谓的周期就是题材炒作的周期。

一、启动筑底阶段

市场新热点出现，刚开始众人觉得该题材具有吸引力，领涨龙头具有想象空间，股价位置较低。这些基本属于逻辑性炒作。随着澄清公告、利空消息的出现，多数个股开始被淘汰，题材出现炸板潮或跌停板，分歧逐步加大。连板个股所剩无几，伴随爆量，高度基本在 3 到 6 板，极少数在 6 板以上。弱势板块，龙头见顶后大跌，板块炒作结束。强势板块，龙头扛住分歧，形态横盘不跌，在一段时间调整后二波开始。分歧的时间一般不能太久，基本在两周之内，大部分为 3 到 8 天。

启动阶段的涨停板主要以套利为主，热点持续性较差，轮动为主，时间为 2 到 4 天。连板龙头高度基本止步于 4 到 5 板。确认龙头时，板块炒作可能已经经历大分歧，甚至结束。因此经常出现好股票买不到，买到的被套，

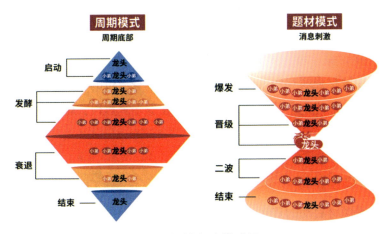

图 4.3　题材启动模式图

做错就是大面。主要原因还是题材地位。此时，大部分题材都是轮动地位，极少部分是主线热点。

启动方式可分为冷启动和热启动。冷启动先产生空间龙头或趋势龙头，随着龙头超预期，扩散带动板块效应。整个炒作周期类似菱形图形，从无到有，再从有到无。热启动往往伴随重要消息，先出现板块效应，然后产生龙头，随后龙头走二波或结束。整个炒作周期类似漏斗图形，从有到无，再从无到有。

1. 冷启动

前周期经历亏钱效应结束，新周期尚未产生。新旧周期交替初期，盘面先出现抗跌的连板强势股。随着强势股空间不断打开，三四板加速时带动板块效应。板块发酵后开始分歧，最后龙头分歧结束。整个过程以出现板块效应开始计算，时间约为2到3天，连板龙头高度为4到6板。

2. 热启动

这种启动方式情绪周期不一定处于低点，往往伴随突发事件或重大消息。启动当日涨停潮，日内直接成为盘面最强板块。如果伴随旧题材的大跌或情绪处于低点，新周期基本就开启了。若旧题材没有出现大跌，新启动的题材先作为轮动处理。次日题材开始进入淘汰赛，三进四、四进五容易出现大分歧，然后产生龙头，龙头空间高度基本为3到5板，极少部分在6板及以上。

3. 小结

启动期题材强弱有两个方面，一方面是本身逻辑的大小，另一方面是启动的时间。一般能走主升的热点多数诞生在退潮尾声段，轮动热点则贯穿整个周期。

二、分歧筑顶阶段

分歧是题材启动的首次调整，通过分歧产生龙头。此时板块效应已经没有了，龙头的走势很关键。一般有三种顶部结构：

（1）尖顶大跌。龙头爆量后持续大跌，或初期缓跌后期加速下跌，出现的概率非常高。

（2）反包筑顶。龙头爆量后分歧补跌，反包首板出现试图走二波，有无板块效应很重要。没有板块效应，反包筑顶概率大。

（3）反包主升。龙头反包初期时有板块效应，二波开启，板块地位上升，主升概率大。

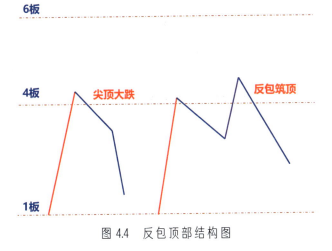

图 4.4 反包顶部结构图

三、主升穿越阶段

经过启动、分歧阶段的竞争，优胜劣汰，龙头要么反包筑顶结束，要么无视利空消息，长腿涨停，地天板，爆量不跌，出现弱转强，开启二波预期。逻辑驱动上升到情绪炒作阶段，情绪拐点诞生，题材地位上升，主流热点确立，板块炒作进入高潮。当然，少部分热点在启动期也可以确认为主流热点，比如2022年2月的基建，启动初期前三板承接力非常强，就可以确认为当下盘面主流热点。

主升期是赚钱效应最强的阶段，板块会不断扩散出分支热点。相较于轮动热点，主流热点会展现出清晰的情绪周期，基本可分为四个阶段：逻辑启动、主升高潮、首阴筑顶和退潮主跌。在整个周期中，会出现2至3个情绪拐点。其中一个是在4到6板的首次分歧，弱转强走出第二波，预期高度达到7至9板。另一个拐点是在9、10板的二次分歧，弱转强之后的高度为11至14板。

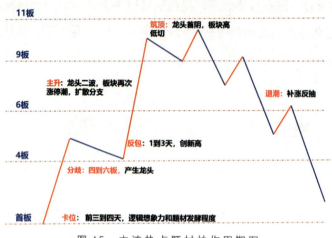

图 4.5　主流热点题材炒作周期图

四、首阴筑顶阶段

　　如何判断主升高潮何时进入筑顶衰退期？最关键的信号是板块的跌停潮。这个跌停潮并非一蹴而就，而是在高潮过后的分歧高潮时产生。整个分歧将经历三个阶段：第一阶段，先跌的弱者，主要集中在补涨跟风个股；第二阶段，中位大跌，主要涉及四五六板接力个股，此时容易出现跌停潮；第三阶段，龙头爆量后补跌，分歧结束，板块开始修复。首阴出现后，主流板块炒作并不会立即终止，而是进入板块内部高低切换阶段，即低位补涨轮动阶段，同时板块指数处于高位横盘筑顶阶段。

　　在首阴补涨阶段，如何选股？从技术面来看，主要有两种图形：一种是底部缓涨，前期没有大涨过，启动首板后持续大涨；另一种是前期曾有异动过，启动2至4天后，构筑了一个平台，首阴后开始大涨，平台突破进入主升阶段。这两类个股的顶部结构基本都是尖顶。

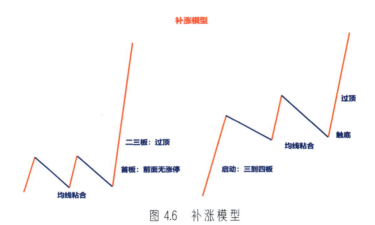

图 4.6 补涨模型

五、退潮反抽阶段

在补涨阶段结束后，主流板块会再次出现跌停潮和二次大分歧，逐渐进入退潮阶段。此时，主流热点将出现持续的亏钱效应，市场将涌现出新的题材。在这个阶段，盘面上有两个重要现象：首先，退潮分歧后，前主流热点滞后企稳，而切换的新热点会提前稳定；其次，前主流热点通常会提前反弹结束，见顶后持续大幅下跌。在这个阶段，前主流热点的地位将下降，成为轮动热点，而新的切换热点地位将上升。

图 4.7 退潮时题材的持续亏钱效应

此外，在退潮阶段，题材会出现一段持续的亏钱效应，这可能发生在阶段初期，也可能发生在中期或尾声。这取决于当时的市场环境，因此，在大的亏钱效应出现前，投资者需要特别关注这一风险。

第五章　基本面驱动之汽车中周期

以 2022 年 5 月的这一轮中波为例，我们将详细解读中波轮动规律。这一轮中波的主线是汽车和电力设备，其中半导体、房地产等也参与了轮动。

第一节　指数周期

时间范围为 2022 年 4 月 28 日至 2022 年 10 月 31 日，共计约 25 周。在长周期月线向下的背景下，年初指数破位，进入主跌段。2 月底俄乌冲突爆发，3 月中旬美联储开启加息周期，人民币持续贬值，美元升值，外资大幅流出。同时，上海疫情封控，内外因素共振，指数加速下跌。直到 4 月底出现千股跌停，恐慌情绪得到充分释放，新一轮反弹周期即将展开。

图 5.1　沪深 300 日线走势图

此轮中周期运行分为筑底（5月）、主升（6月、7月）、筑顶（8月、9月）和主跌（9月、10月）共7个月。放大到日线图，可以清晰地看到完整的周期运行图，下降时间明显比上升时间长。

图 5.2　电力设备日线图

第二节　板块轮动规律

一个完整的周期分为四个阶段：筑底、主升、筑顶和主跌。不同阶段的运行特征各有不同。

1. 筑底阶段

上一轮中周期结束后，指数出现创新低或破位的中到大阴线。情绪特征表现为百股跌停或千股跌停。一般来说，出现这两者中的一个就需要特别关注。4月底这两个特征都出现了，符合中周期的情绪低点。

爆发力大阳线：指数底部的本质是由不同板块轮动造成的。龙头板块通常是最先企稳或与指数共振企稳的板块。此时，板块容易出现放量的中到大阳线，以及板块内的涨停潮。此时涨停潮未必具有持续性。经历千股跌停后，

4月27日指数出现大阳线。当时领涨的板块主要是电力设备（8%）、有色（6.97%）和国防军工（6.19%）等。板块效应最强的是汽车，但在启动初期，这两个板块的持续性都不佳。当时题材效应最强的是基建和医药。

表 5.1　2022 年 4 月 27 日一级行业涨幅榜

一级行业涨幅 (0427—0708)			
代码	名称	涨跌幅度	4 月 27 号涨
881260	电力设备	56.21	8.06%
881211	汽车	50.09	3.20%
881070	有色	39.01	6.97%
881286	国防军工	37.43	6.19%
881292	机械设备	34.07	4.51%
881015	化工	29.33	4.47%
881318	电子	26.38	5.47%
881469	环保	23.88	2.70%
881183	家电	21.74	2.11%
881001	煤炭	21.31	3.72%

　　启动阶段主要发生在4月27日至5月16日。市场主要围绕旧主线的医药和基建板块展开炒作。这两个板块在上半年得到了反复炒作。在大幅下跌后，若没有新的主线出现，资金仍会继续围绕旧题材展开炒作，直至新的主线诞生。具体来看，旧主线龙头浙江建投率先弱转强，连续涨停8天，带动基建板块再次崛起。医药板块中，新华制药走出11连板，也带动整个板块强势修复。每经历一轮大跌，人们都会问是否会发生切换。要在盘面上发生切换，需要满足两个条件：首先，新主线需要有逻辑驱动和累积的赚钱效应；其次，旧主线结束，代表信号是龙头出现连续跌停，否则资金仍会围绕旧主线进行反复炒作。

　　切换的确认信号是湖南发展和浙江建投的一字跌停。5月11日，浙江建投率先跳水；5月13日跌停，板块分歧加大。5月17日，湖南发展和浙江建投联动跌停；5月18日，两者一字跌停，确认基建周期炒作结束。短周期进入退潮阶段，新旧周期即将交替。

表 5.2 2022 年第一个短波周期

2022 年情绪周期（第一个短波）

时间	空间	空间板	次高	次高板	创空间	创空间板	情绪	量总	涨停	跌停	连板	炸板率
5 月 17 日	6	中设股份	5	索菱股份	1		切换	7897	65	26	12	20%
5 月 16 日	6	福星股份	6	棕榈股份	1	利利跌停	分歧 3	7859	91	12	30	27%
5 月 13 日	11	新华制药	5	福星股份	2	利和兴	分歧 2	7569	97	15	26	25%
5 月 12 日	10	新华制药	9	建艺集团	1	艾布跌停	分歧 1	8211	74	6	16	40%
5 月 11 日	9	新华制药	8	建艺集团	3	金浦 / 艾布	加速 2	10778	84	4	33	37%
5 月 10 日	8	新华制药	8	浙江建投	2	金浦 / 艾布	加速 1	8466	99	1	37	25%
5 月 9 日	7	新华制药	7	浙江建投	4	凯淳股份	弱转强	6712	129	0	24	31%
5 月 6 日	6	新华制药	6	浙江建投	3	凯淳股份	分歧 1	7595	78	13	30	30%
5 月 5 日	7	湖南发展	5	三个	3	宏德股份	加速 2	9005	141	9	40	21%
4 月 29 日	6	湖南发展	4	五个	2	宏德股份	加速 1	9584	203	2	28	12%
4 月 28 日	5	湖南发展	3	六个	1		混沌	8407	66	35	19	34%
4 月 27 日	4	湖南发展	4	新华百货	1		切换 1	9174	128	29	13	28%

小结：启动阶段从 4 月 27 日至 5 月 16 日，主线板块为基建和医药，轮动板块为汽车和电力设备。这个阶段是新旧交替的关键时期。盘面特征通常包括两点：首先，新题材轮动，启动初期新题材往往较多，大部分属于轮动性质，而具有持续性的题材需要重点关注，为后期切换做好准备；其次，旧主线的修复，因为这个阶段主线再次走强已经具有穿越性质，所以一旦龙头走势结束，很容易发生切换。

这次成功切换的关键在于汽车板块出现了一些具有持续性的个股，例如整车制造商比亚迪和锂矿企业天齐锂业的持续表现都非常出色。

图 5.3　汽车板块启动阶段日线走势图

2. 轮动过渡阶段

从 5 月 13 日至 16 日，基建医药板块进入退潮阶段，亏损效应逐步放大。5 月 17 日，情绪降至冰点，基建龙头一字跌停，医药和基建板块均出现大面积跌停潮。当天，基建板块仍有 15 个涨停板，同时盘面启动多个首板题材，如锂电池、光伏、白酒等。

表 5.3　2022 年 5 月 17 日热点复盘

热点复盘 2022.5.17（周二）中波（12）短波（2，1）（涨停 66、跌停 26）					
概念	细分	时间	空间龙头	补涨助攻	首板
房产基建 15	基建 8	第 13 天	中设股份 6 板		7
	房地产 7		湖南投资 4 板	中迪投资 2 板	5
新能源车 10	第 5 天		索菱股份 5 板	中通客车 3 板	日上集团 2 板	7
锂电池 9		首板	贤丰控股 3 板	柘中股份 2 板	7
光伏 7		首板	京泉华 2 板		6
白酒 7		首板	盘江股份 2 板		6
油气 4		首板			4
消费电子 4		首板			4
兽药 2			贤丰控股 3 板	绿康生化	
摘帽 4	第 3 天		索菱股份 5 板	中迪投资 2 板	中迪投资 2 板
基建地产 11	中州控股、浙江建投、湖南发展、中交地产、东易日盛、三和管桩、国统股份、建艺集团、亿利达、三木集团、福星股份				
新冠医药 7	河化股份、众生药业、通达电气、双成药业、罗欣药业、大理药业、海王生物				
零售百货 4	步步高、新华百货、上海九百、中兴商业				
纺织 2	华纺股份、上海三毛				
其他 2	汽车：登云股份 4 板；白酒：会稽山				

　　5 月 18 日，基建板块修复，板块一进二，华控赛格、绿茵生态、甘咨询、郑中设计、宋都股份 2 板。汽车成为次强板块，中通客车 4 板，索菱股份摘帽 6 板。同时，盘面出现多个首板题材，如数字经济、外贸服饰、央企改革等，盘面陷入混沌阶段。

表 5.4　2022 年 5 月 18 日热点复盘

热点复盘 2022.5.18（周三）中波（12）短波（2，2）（涨停 94、跌停 5）					
概念	细分	时间	空间龙头	补涨助攻	首板
基建 14		第 14 天	华控赛格 2 板	绿茵生态 2 板	甘咨询 2 板	11
房地产 5		第 14 天	宋都股份 2 板	郑中设计 2 板	3
新冠疫情 2		第 12 天	新华医药炸板	中通客车 4 板	1
零售 5		第 14 天	徐家汇反包		4
新能源车 14		第 6 天	中通客车 4 板	中马传动 2 板	12
锂电池 6		第 2 天	宋都股份 2 板		5
绿电 5		第 2 天	京泉华 3 板炸	中利集团 2 板	清源股份 2 板	3

白酒 4		第 2 天	怡亚通跳水	鸿博股份 2 板		3
消费电子 2		第 2 天	数源科技 2 板			1
数字经济 8		首板				8
外贸服饰 9		首板	浙文影业			9
央企改革 6		首板	祁连山反包	宝钢包装 2 板	大庆华科 2 板	6
军工 5		首板	湖南天雁反包			4
户外露营 4		首板				4
摘帽 4	第 4 天		索菱股份 6 板	中迪投资 3 板		2
炭黑 2			黑猫股份			1
教育 2						2
跌停板		5				

5月19日，基建板块再度出现补涨小高潮，郑中设计、绿茵生态、甘咨询3板，文科园林、南国置业、中国海城2板。汽车、光伏继续跟随，央企改革一进二，盘面涨停潮，新主线还未确认。一方面是基建地产补涨周期，另一方面是新启动的首板不断轮动。

表 5.5　2022 年 5 月 19 日热点复盘

热点复盘 2022.5.19（周四）中波（12）短波（2，3）（涨停 73、跌停 5）						
概念	细分	时间	空间龙头	补涨助攻		首板
基建 8		第 15 天	郑中设计 3 板	绿茵生态 3 板	文科园林 2 板	5
房地产 9			南国置业 2 板	甘咨询 3 板	中国海城 2	6
新冠疫情 2		第 13 天	新华医药反包			1
上海本地		第 15 天	徐家汇反包			
新能源车 5		第 7 天	中通客车 5 板	中马传动 3 板		3
光伏 12		第 3 天	清源股份 3 板	中利集团 3 板	宇晶股份 2 板	9
风电 3		扩散				3
储能 3		扩散				3
央企改革 6		第 2 天	大庆华科 3 板	中成股份 2 板	英力特 2 板	2
				中国海城 2	动力新科 2 板	
林业 3		卡位				3
辅助生殖 2		卡位				2
摘帽 4		第 5 天	索菱股份 7 板	中迪投资 4 板		2
跌停板 5		湖南投资、棕榈股份、祁连山跌停				

5月20日，盘面逐渐明朗化，主线开始显现，汽车和光伏板块独占鳌头。当天，中通客车连续涨停6日，索菱股份涨停8日，丽岛新材、福达股份各连续涨停2日。光伏板块出现连续涨停潮，清源股份和中利集团涨停4日，漳州发展、罗普斯金、海源复材、横店东磁均涨停2日。基建板块出现明显分歧，补涨高峰的郑中设计跌停，甘肃咨询连续涨停4日，伟隆股份涨停3日。

表5.6　2022年5月20日热点复盘

热点复盘2022.5.20（周五）中波（12）短波（2，4）（涨停78、跌停4）						
概念	细分	时间	空间龙头	补涨助攻		首板
基建5		第16天	中设股份6+1	绿茵生态4板		3
新冠疫情2		第14天	新华医药大跌	海正药业	华海药业	
新能源车10		第8天	中通客车6板	丽岛新材2板	福达股份2板	6
锂电池3			和胜股份3天2板			
光伏11		第4天	清源股份4板	中利集团4板	漳州发展2板	
			罗普斯金2板	海源复材2板	横店东磁2板	
央企改革4		第3天	中国海城2板	中成股份3板	云南能投2板	
户外露营3			中通客车6板	绿茵生态4板		
摘帽4		第6天	索菱股份8板	超讯通信反包		
物流3		首板				3
消费7		首板				7
铝7		首板				7
电子烟3		首板				3
跌停板4	郑中设计、金科股份、奥翔药业、同和药业					

5月23日，汽车板块确立为市场主线。基建板块再次出现跌停潮，补涨逐步收尾。新旧周期交替，新能源汽车涨停潮，中通客车连续涨停达7日，丽岛新材、上海亚虹、福达股份各连续涨停3日，板块有3个连续涨停2日，19个首次涨停。

表 5.7　2022 年 5 月 23 日热点复盘

热点复盘 2022.5.23（周一）中波（12）短波（2，5）（涨停 93、跌停 10）						
概念	细分	时间	空间龙头	补涨助攻		首板
新冠疫情 9		第 15 天	新华医药反包	亚泰集团 2 板		7
基建 7		第 16 天	中成股份 4 板	漳州发展 3 板	亚泰集团 2 板	4
新能源车 29	整车 4	第 9 天	中通客车 7 板	安凯客车 2 板		2
	汽配 14		丽岛新材 3 板	上海亚虹 3 板	闽发铝业 2 板	19
	比亚迪 11	首板	福达股份 3 板	盾安环境 2 板	长城科技 2 板	
光伏 9		第 5 天	中利集团 5 板	漳州发展 3 板	中旗新材 2 板	5
		小分歧		海源复材 3 板		
文化数字 12		首板	奥飞娱乐 2 板			11
猴痘 4		首板	亚泰集团 2 板			3
农林牧渔 6		首板	农发种业 2 板			4
钢铁煤炭 5		首板				5
基建 6	郑中设计、中设股份、甘咨询、中迪投资、福星股份、伟隆股份					
其他 3	中药：江苏吴中；汽车：中马传动；油气：大庆华科					

　　5 月 24 日，市场情绪触底，混沌阶段结束，基建板块跌停潮，补涨基本告一段落。当天，基建板块尽管仍有零星涨停，但整体趋势已经减弱。新能源汽车板块出现小分歧，中通客车直接涨停至第 8 天，福达股份、丽岛新材连续涨停至第 4 天。注意新能源汽车即将成为市场焦点。在混沌阶段，市场出现多个分支热点，但最终新能源汽车成为领头羊，其中中通客车功不可没。此外，当天新华制药连续涨停 2 天，这种走势与当时的浙江建投相似，跌停潮时出现穿越。

表 5.8　2022 年 5 月 24 日热点复盘

热点复盘 2022.5.24（周二）中波（12）短波（2，6）（涨停 40、跌停 29）						
概念	细分	时间	空间龙头	补涨助攻		首板
基建 6	房地产 2	第 17 天				2
	水利园林 4					4
新冠疫情 4	第 16 天		新华医药 2 板	康辰药业 2 板		2
新能源车 9		第 10 天	中通客车 8 板	宇通重工 2 板		3
	比亚迪 2	第 3 天	福达股份 4 板	通达动力 2 板		
	锂电池 2		丽岛新材 4 板			1

续表

光伏 4	第 6 天		海源复材 4 板	德力股份 2 板	星帅尔 2 板	
摘帽 2			大连圣亚 3 板	辉丰股份 2 板		
食品饮料 4		首板				4
基建 11	三木集团、绿茵生态、甘咨询、棕榈股份、湖南发展、建艺集团、浙江建投、福星股份、中迪投资、申华控股、华建集团					
物流 / 光伏 5	物流：瑞茂通、丽人丽妆、怡亚通；光伏：中利集团、综艺股份					
次新 / 家电 4	次新：泰慕士、永泰运；家电：金莱特、春兰股份					
医药 4	君实生物、大理药业、海正药业、赛力医疗					
汽车 3	长城科技、上海亚虹、恒久科技					

5月25日，龙头股分歧，中通客车成为本周期主要上涨龙头，新华制药成为上一周期的穿越龙头。穿越龙头一般在筑顶时连续涨停3天，尤其是第三天容易出现大波动，天地板时有发生。新华制药当天也出现了大波动，早盘低开触及跌停，随后翻红，尾盘涨停后跳水大跌，全天剧烈换手，预期中的下跌却没有发生。

另一个代表性个股是中通客车，连续涨停至第7天的中通客车盘中出现

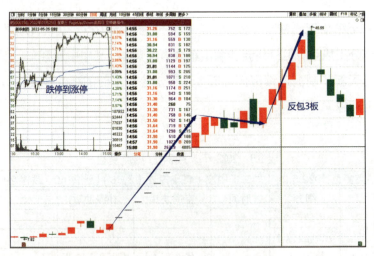

图 5.4　新华制药日线走势图

小分歧，5月25日早盘小幅高开后交投活跃，充分换手后再度涨停，成功晋级9连板。24日市场出现跌停潮，25日龙头股分歧是正常现象，分歧后可能走弱或走强。

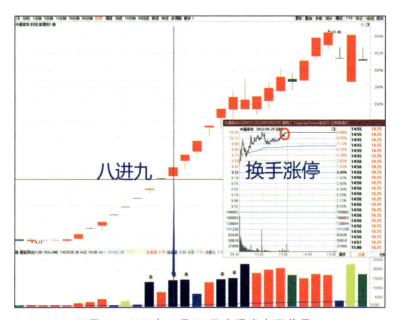

图 5.5　2022 年 5 月 25 日中通客车日线图

小结：在混沌阶段，每次主线龙头结束后，市场不会立即开启新一轮主升，往往会陷入混沌阶段，酝酿新主线，这个时间可长可短。5月17日至5月27日，汽车板块持续缓慢攀升。5连阳后出现大分歧，5月24日出现天量柱，成交量越大，分歧越明显，随后市场横盘4个交易日。主要有三个特点：

（1）主线内部轮动补涨，低位个股成为热点。启动阶段主线是基建和医药，此时资金会流向低位医药和基建股炒作。

（2）新题材尝试，市场启动多个题材首板，为下个主升周期做准备，也可能仅仅只是补涨轮动。5月17日至25日间，市场启动多个题材首板，其中新能源汽车表现最为强势。

（3）空间龙头交替，直至新龙头诞生。5月17日，基建补涨中的中设股份连续涨停6日，次日跌停；5月18日，摘帽叠加汽车概念的索菱股份连涨6日，次日涨停至第7天；5月23日，汽车板块中的中通客车连涨7日，成为新的空间龙头，次日弱转强至第8天。空间龙头从基建转向汽车。

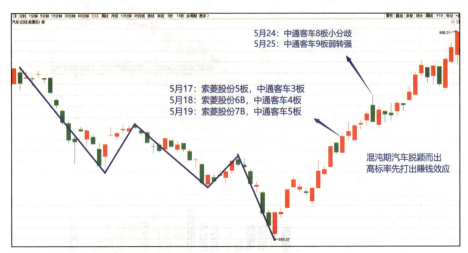

图 5.6　汽车板块混沌期日线走势图

3. 主升第一阶段

随着中通客车打出新的高度，汽车板块接替基建成为新的主线，盘面进入到主升阶段。主升阶段是赚钱效应最为明显的时期，资金会源源不断地围绕主流热点进行炒作，直至亏钱效应出现，周期结束。需要关注两种不同的走势：一种是以题材为主导的炒作，小盘股带动大盘股。例如2022年上半年的基建、房地产，基建主要靠浙江建投，房地产主要靠天保基建，小盘股炒出情绪高潮后，随后行业龙头股补涨。结束信号出现在情绪龙头股见顶时，如房地产和天保基建反包形成顶部，板块炒作退潮。另一种是基本面驱动，大盘股带动小盘股，小盘股龙头可以不断更替，但中军趋势龙头没有结束信号，则板块炒作仍在进行。汽车和光伏就属于这种情况。两者节奏不同，例如汽车进入主升阶段后，也是持续轮动，通过小周期轮动交替上升。整个主升阶段分为三个小周期，具体如下：

第一阶段，从 5 月 30 日至 6 月 9 日，共 8 天，主线为汽车和国企改革。汽车板块的代表个股为中通客车和特力 A，国企改革的代表个股为中成股份和宝塔实业。

第二阶段，从 6 月 10 日至 6 月 28 日，共 13 天，新能源汽车成为绝对主线，光伏为次主线。6 月 22 日开始，机器人板块启动。

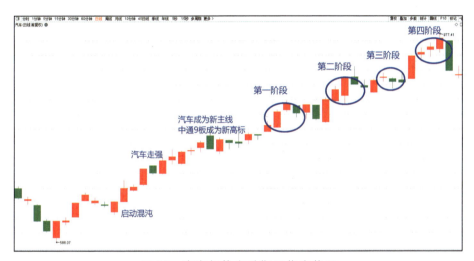

图 5.7　汽车板块主升期日线走势图

5 月 26 日，市场龙头股由弱转强，新的上升周期开始。中通客车弱转强后连续涨停 10 个交易日，汽车板块整体涨停潮。新华制药弱转强 4 天涨停 3 个交易日，预期继续走强。情绪低点附近，新周期开启通常是龙头股率先弱转强，随后出现板块效应。当天，除了龙头股弱转强外，还有两个信号：一是跌停潮尚未结束，两市共有 8 只个股跌停；二是首板潮，盘面启动多个首板个股。

表 5.9　2022 年 5 月 26 日热点复盘

热点复盘 2022.5.26（周四）中波（12）短波（2，8）（涨停 65、跌停 8）						
概念	细分	时间	空间龙头	补涨助攻		首板
新能源车 10		第 11 天	中通客车 10 板	毅昌科技 2 板	东风科技 2 板	4
			宇通重工 4 板	金龙汽车 2 板	特力 A2 板	
锂电池 2						2
光伏 4		第 8 天	茂硕电源 2 板	中电电机 2 板		2
基建 7		第 3 天	钱江水利 3 板	中国海诚 2 板	浙江建投	4
元宇宙 3		第 2 天	视觉中国 2 板	天地在线 2 板		1
军工 6		第 2 天	宝塔实业 3 板	新型装备 2 板		4
家电 4		首板	长虹华意 2 板			3
深圳 4		首板				4
5G 3		首板				3
煤炭 3		首板				4
石油 2		首板				2
农机 2		首板				2
纺织 2		首板				2
医药 2	反包	新华制药 4 天 3 板				
跌停 8	索菱股份、福达股份、万泰生物、数源科技、江苏华辰、铭科精技、隆基机械、兴民智通					

在中通客车超预期的阶段，汽车板块整体仍处于盘整阶段。基本面驱动的行情与单纯题材事件驱动之间有很大差异，不能单纯从涨幅来看板块的炒作节奏，而要关注趋势票。当时汽车板块炒作的核心个股有两个：比亚迪和小康股份。尤其是比亚迪，第一阶段启动期为 5 月 10 日至 5 月 23 日；第二阶段调整期为 5 月 24 日至 6 月 1 日；第三阶段主升期为 6 月 2 日至 6 月 13 日，6 月 10 日比亚迪创历史新高。

在汽车板块强势盘整阶段，中通客车连续涨停 13 个交易日，于 6 月 1 日结束涨停。这个阶段，汽车板块持续轮动，最强势的板块是国企改革。5 月 18 日国企改革启动首板，5 月 19 日一进二，大庆华科连涨 3 个交易日，中成

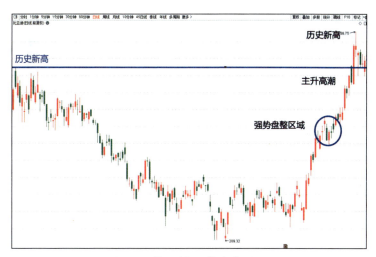

图 5.8　比亚迪日线走势图

股份、英力特、中国海城、动力新科连涨两个交易日；5月20日，中成股份连涨3个交易日，中国海城、云南能投连涨两个交易日；5月23日，中成股份连涨4个交易日，板块分歧退潮；5月24日，中成股份连涨5个交易日，没有板块效应；5月25日，中成股份连涨6个交易日，没有板块效应。5月26日，中成股份跌停后分歧，5月27日中成股份弱转强反包首板。消息面上，2022年是国企改革三年行动收官之年，日前，国资委召开"深化国有控股上市公司改革争做国企改革三年行动表率专题推进会"，会议要求，要把深化国有控股上市公司改革作为三年行动重要领域来抓，强化指导监督，加大统筹协调，推动上市公司争做深入实施国企改革三年行动的表率、依法依规规范运作的表率和推动资本市场健康稳定发展的表率。随着中成股份超预期，板块第二波启动。

5月30日，中通客车涨停12个交易日，龙头中成股份一字板加速，央企、国企改革概念发酵。当天央企改革一进二连板潮，首板涨停潮，成为短期盘面主流热点。相较于新能源汽车，央企改革属于主线分歧时产生的轮动热点，新能源汽车逻辑更大。在此阶段，汽车板块继续处于强势盘整区域，等待央企改革结束。

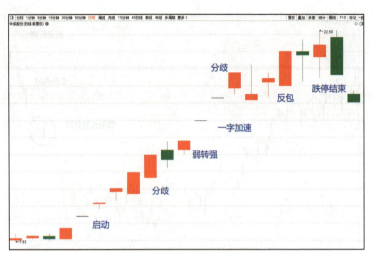

图 5.9　中成股份日线图

表 5.10　2022 年 5 月 30 日热点复盘

热点复盘 2022.5.30（周一）中波（12）短波（2，10）（涨停 95、跌停 9）						
概念	细分	时间	空间龙头	补涨助攻		首板
新能源车 10		第 13 天	中通客车 12 板	东风科技 4 板	特力 A4 板	7
央企改革 19		第 9 天	中成股份 6+2	钱江水利 5 板	东风科技 4 板	10
			国投中鲁 2 板	瑞泰科技 2 板	英力特 2 板	
			大庆华科 2 板	林海股份 2 板	国新文化 2 板	
地方国资 33		第 2 天	中通客车 11 板	宝塔实业 5 板	特力 A4 板	21
			茂硕电源 4 板	粤传媒 2 板	潍柴重机 2 板	
			凯文教育 2 板	通宝能源 2 板	亚星客车 2 板	
			浙江建投 3 板	青岛双星 2 板	浦东建设 2 板	
军工 8		第 4 天	宝塔实业 4 板	中天火箭 3 板	飞亚达 / 晋西 28	4
化工涨价 6		第 2 天	宏柏新材 3 板	晨光新材 2 板		4
储能 3		首板补				3
食品饮料 2		首板	阳光乳业 2 板			1
科创次新 3		首板				3
医药			翱翔药业、华润双鹤、拓新药业 12%、新华药业 7.8%			
其他			数字：实益达；锂电：丽岛新材；基建：中设股份；光伏：中电电机			
			毅昌科技、金龙汽车、海南高速			

5月31日，总龙头中通客车涨停13个交易日，中成股份反包涨停3个交易日，央企改革小分歧。这个阶段市场主线在央企改革，30日情绪高潮之后，31日后排开始分歧，一大批连板个股炸板，特别是连板股中。随着主线国企改革分歧预期，盘面出现新的题材首板，AR/VR、食品饮料最强。另外，新能源汽车也基本剩下几个代表性连板个股，次高是特力A的5个涨停板，它也具有国企改革概念。

表 5.11　2022 年 5 月 31 日热点复盘

热点复盘 2022.5.31（周二）中波（12）短波（2，11）（涨停 90、跌停 15）					
概念	时间	周期	空间龙头	补涨助攻	首板
新能源车 7	第 11 天	主升	中通客车 13 板	福达股份 4 板　宇通重工 4 板	3
				特力 A5 板	
国企改革 16	第 6+3 天	主升	中成股份 6+3	宝塔实业 6 板　粤传媒 4 板	5
			瑞泰科技 3 板	英力特 3 板　大庆华科 3 板	
			中远海科 2 板	广州浪奇 2 板　五矿发展 2 板	
			保变电气 2 板	国电南自 2 板	
风光储 9	第 11 天		海源复材 4+1	天沃科技 2 板　晋控电力 2 板	6
农业 7	第 7 天	趋势	农发种业 3 天 2 板	金健米业 2 板　星光农机 4 天 3 板	5
科创板 5	第 2 天	加强	莱特光电 2 板	倍轻松 2 板　华兴源创、高	3
AR/VR 11	首板		中光学 2 板		10
食品饮料 8	首板		阳光乳业 3 板		7
创投 4	首板		九鼎投资 3 天 2 板		3
林业纸业 3	首板				3
医药医疗 3	补涨首板				3
新型烟草 2	首板				2
高铁 2	首板				2
基建 6	建艺集团、湖南发展、中交地产、浙江建投、中设股份、联翔股份				
汽车 2	金龙汽车、亚星客车				
国企改革 2	茂硕电源、中国海城				
医药 2	奥翔药业、华润双鹤				
其他 3	物流：广汇物流；煤炭：大有能源；重组：凤凰光学				

6月1日，龙头中通客车首次出现阴线，新能源汽车板块内部出现高低分化。中通客车连续涨停13次后止步，尾盘涨停未能维持，但亏损效应不大。特力A连涨6次，并叠加国企改革概念，汽车板块低位出现首批涨停个股。国企改革概念作为另一条主线，中成股份连涨10次，宝塔实业连涨7次，分歧逐渐加大，其他题材则不断轮动。

表5.12　2022年6月1日热点复盘

热点复盘2022.6.1（周三）中波（12）短波（2，12天）（涨停80、跌停10）					
概念	情绪周期		空间龙头	助攻	首板
新能源车16	第12天	主升	中通客车断板	特力A6板 渤海汽车2板	14
国企改革10	第16+4天	主升	中成股份6+4	宝塔实业7板 粤传媒5板	4
			广州浪奇3板	国电南自3板 数源科技2板	
风光储5	第12天		科陆电子5+1	国电南自3板 宏柏新材3+1	2
军工4	第6天		宝塔实业7板		3
科创板5	第3天		莱特光电3板		4
AR/VR 11	第2天		中光学2板		
食品饮料3	第2天		阳光乳业4板	黑芝麻2板	1
彩票5	首板		粤传媒5板	鸿博股份2板	3
消费6	首板		广州浪奇3板		5
房地产4	首板				4
物流3	首板				3
新型烟草2	首板		科锐技术2板		1
基建4	湖南发展、浙江建投、浦东建设、广田集团				
国企改革4	茂硕电源、国投中鲁、钱江水利、英力特				
其他3	医药：华润双鹤；零售：徐家汇；重组：凤凰光学；风光储：茂硕电源				

6月2日，龙头中通客车暂停交易，补涨个股竞相上位，市场情绪稍显分歧。中通客车暂停交易后，特力A连续涨停7次成为新龙头，汽车板块出现一波连续涨停潮，高低分化明显。国企改革板块继续分歧，龙头中成股份连涨中断，宝塔实业连涨8次。从整个盘面来看，汽车板块的力度开始上升，国企改革板块力度开始下降。

表5.13 2022年6月2日热点复盘

热点复盘2022.6.2（周四）中波（12）短波（2，13）（涨停87、跌停8）					
概念	情绪周期		空间龙头	助攻	首板
新能源车21	第13天	特停/高潮	特力A7板	小康股份2板	亚星客车2板	9
			海汽集团4板	安凯客车2板	哈工智能2板	
			渤海汽车3板	渤海汽车3板	东风汽车3板	
体化压铸5	第2天	扩散	银河电子2板	闽发铝业2板	广东鸿图2板	2
国企改革11	第12天		中成股份首阴	瑞泰科技5板	东方中科2板	5
				宝塔实业8板	西仪股份2板	
风光储6	第13天	衰退	爱旭股份6+2	华西能源2板	辉煌科技2板	4
科创板7	第4天		莱特光电4板	卓易信息2板		5
农业7	第8天	趋势	敦煌种业3板			6
彩票3	第3天					3
食品饮料2	第3天		黑芝麻3板			1
5G 7	首板		数源科技6+3			6
有色8	首板		五矿发展2+1			7
基建3	首板					3
国企改革2	湘邮科技、钱江水利					
食品饮料2	鸿博股份、龙韵股份					
其他6	阳光乳业、徐家汇、龙韵股份、华资实业、凤凰光学、丰华股份					

　　6月6日，市场高标出现大分歧，盘面涌现新的首板题材，高低切换继续加强。随着中通客车暂停交易，次高个股纷纷大跌，特力A连涨8次后跌幅加大，国企改革板块宝塔实业连涨8次后次日跌停。两个板块均出现小规模跌停潮，主升势暂告一段落，进入分歧阶段。当天，新能源汽车产业链出现首板，锂电池、无人驾驶等首板涨停潮，风光储能首板涨停潮，主线内高低轮动，资金继续挖掘低位热点，这往往是强势市场的特征。

表 5.14　2022 年 6 月 6 日热点复盘

热点复盘 2022.6.6（周一）中波（12）短波（3，1）（涨停 84、跌停 11）						
概念	细分	周期	空间龙头	助攻		首板
新能源车（26）	配件 / 整车		特力 A 天地	安凯客车 3 板	上海沿浦 2 板	6
					湘油泵 2 板	
	CTC3	第 3 天	银河电子天地		三祥新材 2 板	2
	锂电池 9	首板	山东章鼓 2 板			8
	无人驾驶 5	首板	华锋股份 2 板			4
国企改革 5		第 13 天		西仪股份 3 板	青岛双星 2 板	3
风光储 17		第 14 天	中旗新材反包	鹿山新材 2 板	雅博股份 2 板	13
					海螺新材 2 板	
科创板 5	第 5 天		莱特光电 5 板炸	精进电动 2 板		4
股权 7	第 5 天		海汽集团 5 板	东风科技 4 板	高新发展 3 板	4
医药 6	首板		康惠制药 2 板			5
摘帽 2			雅博股份 2 板			1
软件 2						2
石化 2						2
基建 2						2
跌停 3	酿酒：怡亚通；次新：阳光乳业；环保：德创环保；风光储：天永智能					
汽车 4	金杯汽车、特力 A、索菱股份、渤海汽车					
国企改革 3	宝塔实业、瑞泰科技天地、粤传媒一字					

　　6 月 7 日，汽车与国企改革板块继续分歧，光伏板块地位上升。汽车板块分歧加大，特力 A 因叠加国企改革概念大幅回调，当天板块一度大跌 3%，安凯客车、东风科技、渤海汽车跌停。如果说汽车板块是趋势主线，国企改革则是事件驱动的纯题材炒作，这个小周期力度要比汽车强，所以分歧的节奏会慢一点。总体龙头中成股份反包，特力 A 大幅回调，青岛双星连涨 3 次，但宝塔实业一字跌停，加速下跌，板块分歧加大。

　　主线分歧，新的题材首板自然出现，医药、超临界、有色等，包括前一天启动的光伏板块。从盘面力度来看，光伏的承接力最好，连板小高潮，但国企改革不结束，新主线很难产生。而汽车和光伏属于趋势行情，一旦高潮就会分歧，分歧完又继续向上，通过小周期轮动前行，只要板块没有出现跌停潮，炒作就未结束。

表 5.15　2022 年 6 月 7 日热点复盘

热点复盘 2022.6.7（周二）中波（12）短波（3，2）（涨停 60、跌停 14）						
概念	情绪周期		空间龙头	助攻		首板
新能源车 4			特力 A 地天板			3
光伏 11	第 3 天		海螺新材 3 板	金辰股份 2 板		4
			雅博股份 3 板	江河集团 2 板	拓日新能 2 板	
			鹿山新材 3 板	意华股份 2 板		
国企改革 8			青岛双星 3 板	特力 A 地天板	中成股份反包	5
医药 10		首板	河化股份 2 板			9
超超临界 7		首板	华西能源 4 板	天沃科技反包		5
油气 / 有色 5		首板	招商南油			4
房产基建 6		首板	扬子新材 2 板	江河集团 2 板		4
食品消费 2		首板				2
蚂蚁金服 3		首板				3
汽车 3	安凯客车、东风科技、渤海汽车					
国企改革 4	宝塔实业、国投中鲁、黑芝麻、粤传媒					
其他 5	农业：农发种业；新材料：晶华新材；环保：德创环保 2 板 绿色照明：金莱特					

6 月 8 日，特力 A 反包连涨两次超预期，汽车板块出现新的首板。前一天光伏连板潮后马上分歧，雅博股份、海螺新材跌停，只剩下鹿山新材 4 板，板块大分歧。国企改革则继续分歧，瑞泰科技、山东章鼓、黑芝麻跌停，板块只剩下特力 A 和青岛双星。一般来说，主线补涨结束的信号是补涨龙头跌停。随着特力 A 超预期，汽车板块再度出现首板，汽车配件、锂电池、整车、滴滴概念出现首板潮。另外，昨天启动的超临界板块，随着华西能源顶一字，开始发酵。整体盘面处于主线分歧时的混沌阶段。

表 5.16　2022 年 6 月 8 日热点复盘

热点复盘 2022.6.8（周三）中波（12）短波（3，3）（涨停 60、跌停 8）					
概念	情绪周期		空间龙头	助攻	首板
新能源车 19	锂电池 4	第 3 天			4
	汽车配件 8	首板	特力 A2 板	亚太股份 2 板	6
	整车 4	首板			4
	滴滴 3	首板			3
风光储 3		第 3 天	鹿山新材 4 板		2
国企改革 5			特力 A7+2	青岛双星 4 板	3
超超临界 10		第 2 天	华西能源 5 板	常宝股份 2 板	赣能股份 2 板	4
			争光股份 2 板	科院智慧 2 板	豫能控股 2 板	
油气 3		第 2 天	新潮能源 2 板		2
煤炭 5		第 1 天			5
华为 4		反包	数源科技反包	中国软件	2
医药医疗 2		第 3 天	大理药业 2 板		2
光伏 2			雅博股份、海螺型材		
国企改革 3			黑芝麻、瑞泰科技、山东章鼓		
其他 4			莱特光电、华资实业、海螺新材、德创环保		

6 月 9 日，补涨周期结束，新旧周期交替。特力 A 反包连涨 3 次失败后跌停，汽车板块大分歧，板块大跌 3.22%，板块只剩下国机汽车和申华控股 2 板，板块未出现跌停潮。国企改革大分歧，补涨龙头青岛双星跌停，前期核心标的瑞泰科技、宝塔实业持续大跌，板块炒作结束。主线大分歧，轮动热点小高潮，油气、煤炭、券商等板块大涨。

表 5.17　2022 年 6 月 9 日热点复盘

热点复盘 2022.6.9（周四）中波（12）短波（3，4）（涨停 41、跌停 13）					
概念	情绪周期		空间龙头	助攻	首板
光伏 3	第 4 天	大分歧	广田股份 2 板		
超临界 4	第 3 天	小分歧	华西能源 6 板	科远智慧 3 板	江苏国信 2 板	1

续表

油气 8	第 3 天	发酵	常宝股份 3 板	贵州燃气 2 板		6
煤炭 5	第 2 天		安源煤业 2 板	郑州煤电		1
磷化工 3	第 1 天					3
有色 2	第 1 天					2
基建 4	第 1 天		广田股份 2 板			3
证券 3	第 1 天		光大证券 2 板			2
农业 5	第 1 天					5
汽车 3			国机汽车 2 板	申华控股 2 板		1
国企 3	特力 A、瑞泰科技、青岛双星					
其他 4	麦迪科技、德创环保、锦江在线、扬子新材					
光伏 2	海螺新材、华能国际					
汽车 2	东风汽车、安凯客车					

　　小结：在这段时间里，汽车板块和国企改革板块发生了明显的分歧，而新能源汽车产业链等新的题材首板不断涌现。市场从高潮到分歧，再到新旧周期交替，整个过程中板块间的轮动和资金不断挖掘低位热点都体现了市场的活跃度和强势特征。

4. 主升第二阶段

　　在这一阶段，新能源汽车板块进入主升期，时间跨度为 6 月 10 日至 6 月 29 日。新能源汽车成为绝对主线，光伏为次主线，同时券商、直播教育轮动，机器人在下半场表现不错。

　　6 月 10 日，汽车板块首板涨停潮开启新的上升周期，板块整体上涨 4.5%。汽车配件、CTC 电池、比亚迪等出现首板潮，空间板中申华控股、国机汽车 3 板。其他概念分歧，轮动阶段超临界发酵，只剩下华西能源 7 板，科远智慧、常宝连续 4 板。

表 5.18　2022 年 6 月 10 日热点复盘

概念	情绪周期		空间龙头	助攻		首板
热点复盘 2022.6.10（周五）中波（12）短波（3，5）（涨停 93、跌停 3）						
新能源车 43	整车配件	第 5 天	申华控股 3 板	国机汽车 3 板		10
	锂电池	第 5 天				4
	CTC 电池	首板	哈工智能 2 板			12
	比亚迪	首板				7
	充电桩	首板	积成电子 2 板			4
光伏 2		第 5 天	鹿山新材 4+1			12
超临界 4		第 4 天	华西能源 7 板	科远智慧 4 板	常宝股份 4 板	1
油气 8		第 4 天	常宝股份 4 板	广聚能源 2 板		1
券商 2		第 3 天	光大证券 3 板			1
军工 3		首板				3
五矿集团 2		首板				2
盐雪储气 2						2
5G 2						2
农药化肥 2						2
跌停 3			中成股份、凯瑞德、华资实业			

　　6 月 13 日，资金围绕新能源汽车主线继续炒作。华西能源七板后空间竞价直接跌停，超临界大分歧，板块轮动结束。新能源汽车维持盘面主线地位，整车最强，特力 A 不断超预期，低位轮动补涨。同时前一天启动新的分支一进二，5 个 2 连板。光伏在此阶段基本跟随，但没有汽车板块强势，资金围绕三氯氢硅和高纯石英砂炒作。另外，新东方股价大涨，带动 A 股概念反弹。

表 5.19　2022 年 6 月 13 日热点复盘

概念	情绪周期		空间龙头	助攻		首板
热点复盘 2022.6.13（周一）中波（12）短波（3，6）（涨停 68、跌停 1）						
新能源车 30	整车 14	第 6 天	申华控股 4 板	特力 A 反包	国机汽车 4 板炸	11
	锂电池 4	第 6 天				4
	CTC4	第 2 天	哈工智能 3 板	常铝股份 2 板	合力科技 2 板	
	比亚迪 5	第 2 天	中京电子 2 板	集泰股份 2 板	万安科技 2 板	2
	充电桩	第 2 天				3

续表

光伏 5	三氯氢硅	第 6 天	三孚股份 2 板			1
	石英		中旗新材 2 板			2
华为 3		首板	瑞斯康达 2 板			2
新东方 8		首板				8
医药 3		首板				3
智能电网						2
稀土 2			广晟有色 2 板			1
电子烟 2						2
股权 4			海汽集团 10 板	郑州煤电 3 板		2
跌停板 1			中成股份			

6 月 14 日，新能源汽车继续高潮分歧。主线依然在新能源汽车板块，前一天汽车高潮，当天连板炸板潮，盘面再现首板。随着主线分歧预期开启，大金融涨停潮，金融板块大涨，主要是光大证券弱转强。

表 5.20　2022 年 6 月 14 日连板数据

热点复盘 2022.6.14（周二）中波（12）短波（3，7）（涨停 61、跌停 4）						
概念	情绪周期		空间龙头	助攻		首板
	整车 2	第 7 天				2
	零部件 6	第 7 天	浙江世宝 2 板	兴业科技 2 板		4
新能源车 22	锂电池 4	第 7 天			光洋股份 3 板	4
	比亚迪 7	第 3 天	常铝股份 3 板	集泰股份 3 板	广东鸿图 3 板	4
	氢能源 2		一汽解放 2 板			1
光伏 6	三氯氢硅	第 6 天	和远气体 2 板			3
	石英		中旗新材 3 板			
金融 9		首板	光大证券 3+1	中科金财 2 板		7
油气 5		首板				6
煤炭 4			郑州煤电 4 板	东方银星 2 板		2
消费 4						4
电力 2						2
跌停板 4			积成电子、中航电子、盛洋科技、道森股份			

6月15日，主线分歧加大，汽车板块跳水，出现第二根天量柱，轮动热点大金融高潮。汽车虽为主线，上升过程中始终交替轮动，短暂高潮后出现分歧，分歧结束后继续上升。这波上涨从10日开始，至今已是第4天，往常汽车板块基本上涨4天后便出现分歧。当天，汽车大分歧，常铝股份4板天地，广东鸿图炸板大跌，空间板剩下光洋股份和集泰股份4板。同时，由于主线分歧加大，金融板块高潮，光大证券竞价直接顶一字，长城和红塔晋级2板，市场也出现一批首板题材，盘面再度进入轮动阶段。

表 5.21　2022 年 6 月 15 日热点复盘

热点复盘 2022.6.15（周三）中波（12）短波（3，8）（涨停 56、跌停 9）						
概念	情绪周期		空间龙头	助攻		首板
新能源车 14	零部件 4	第 8 天	中通客车反包	恒立实业 2 板		2
	整车 1	第 8 天				1
	比亚迪 7	第 4 天	光洋股份 4 板	德联集团 2 板	明新旭腾 2 板	4
	智能驾驶 2		浙江世宝 3 板			1
光伏 2	大分歧	第 7 天	集泰股份 4 板			1
金融 13	小分歧	第 2 天	光大证券 3+2	长城证券 2 板	红塔证券 2 板	1
				大智慧 2 板		8
房地产 4		第 1 天				4
基建 4		第 1 天				4
科技股 5		第 1 天				5
南沙新区 3		第 1 天				3
关税豁免 2		第 1 天				2
教育 2		第 1 天				2
资源股 3			郑州煤电 5 板	神开股份 2 板		1
汽车 2	申华控股、国机汽车					
绿色电力 5	鹿山新材、华西能源、科远智慧、科陆电子、华西能源					
其他 3	粤桂股份、数源科技、盛洋科技					

6月16日，汽车板块强势分歧，盘面继续轮动。特力 A 继续反包，四天 3 板，汽车板块高位仅剩浙江世宝 4 板，集泰股份 5 板，板块并未出现跌停潮，

只是分歧。大金融板块大分歧，尾盘光大证券跳水大跌，券商属于典型的轮动热点，两到三天。同时，直播教育、元宇宙、医药爆发首板，又出现新的题材首板，继续轮动。

表 5.22　2022 年 6 月 16 日热点复盘

概念	情绪周期		空间龙头	助攻		首板
热点复盘 2022.6.16（周四）中波（12）短波（4，1）（涨停65、跌停4）						
新能源车 10		第 9 天	特力 A7+3	集泰股份 5 板	浙江世宝 4 板	5
			中通客车横盘	常铝股份反包	继峰股份反包	
光伏 5	反包	第 8 天	中旗新材反包			3
芯片 4		第 2 天	中晶科技 2 板	上海贝岭 2 板		2
新东方 18	教育 12	首板/切换	豆神教育 2 板	昂立教育 2 板		5
	直播带货 6		青岛金王 3 板			
元宇宙 6		首板				6
医药 4		首板	大理药业 2 板			2
造纸 3		首板				3
游戏 2		首板				2
农业 2		首板				2
跌停板 4		粤桂股份、数源科技、华西能源、海量数据				

6 月 17 日，汽车板块再次出现新的轮动首板，分歧结束。短暂分歧之后，浙江世宝晋级 5 板，集泰股份晋级 6 板，这两只个股分别带动光伏和汽车大涨。汽车板块锂电池、水冷板首板涨停潮，绿色电力风电、特高压、储能首板，其它轮动热点全部结束，资金继续回归主线。

表 5.23　2022 年 6 月 17 日热点复盘

概念	情绪周期		空间龙头	助攻		首板
热点复盘 2022.6.17（周五）中波（12）短波（4，2）（涨停64、跌停0）						
新能源车 33	汽车配件 9	第 2 天	浙江世宝 5 板	泰永长征 2 板	和胜股份 2 板	6
	锂电池 10	第 1 天	深中华 A3 板			9
	水冷板 11	第 1 天	常铝股份 2 板			10
	整车/轮胎 2		中通客车反包			1

续表

风光储 18	光伏 6	第 2 天		宝馨科技 2 板	京山轻机 2 板	2
	风电 6	第 1 天				6
	特高压 4	第 1 天				5
	储能 2	第 1 天				2
	有机硅 3		集泰股份 6 板			3
医药 2						2
证券 2						2
跌停板	无，特力 A 尾盘跳水					

从 6 月 20 日到 6 月 29 日，这个阶段主线始终在新能源车，并不断推向高潮。期间盘口有几个关键：

首先，空间板不断提高，随着空间板的不断打开，汽车和光伏板块情绪炒作一波接一波高潮，最终在 6 月 29 日结束主升。汽车板块浙江世宝 12 天 11 板，6 月 29 日特停，7 月 6 日复牌一字跌停。集泰股份 13 天 12 板，光伏和汽车双重概念，6 月 29 日炸板大分歧，6 月 30 日跌停，7 月 1 日一字跌停。

其次，趋势中军加速高潮，汽车龙头长安汽车顶替小康股份接力炒作，

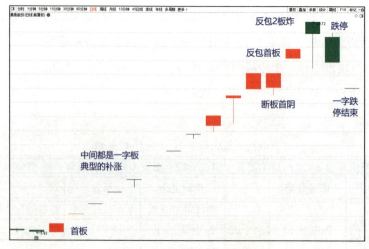

图 5.10　集泰股份日线图

长安汽车 6 月 27 日、28 日百亿涨停，6 月 29 日跳水大跌，成交 164 亿见顶。光伏钙钛矿趋势龙头京山轻机、宝馨科技持续加速，6 月 29 日宝鑫科技跌停，光伏出现大分歧，不过光伏板块后半场开始发力，分歧时率先企稳。

再次，轮动热点持续性都不好。首板热点非常多，代表性的主要有几个，

图 5.11　长安汽车日线走势图

6 月 14 日大金融首板涨停潮，龙头光大证券。6 月 16 日直播教育新东方首板涨停潮，次日结束；6 月 21 日汽车光伏主线分歧时，机器人启动首板，次日一进二发酵，龙头是巨轮智能。除了这几个，其他的轮动更快了，几乎都是一日游。

主升结束的时间是 6 月 29 日，光伏和新能源汽车出现第一次大规模跌停潮，同时板块出现中到大阴线，主升行情结束。但是赛道驱动的行情和题材驱动的行情明显有差异，赛道驱动的行情结束过程更缓慢，题材驱动的则更快。主升结束之后，板块内部高低切换，前期一直处于次主线地位的光伏赛道开始接力补涨。

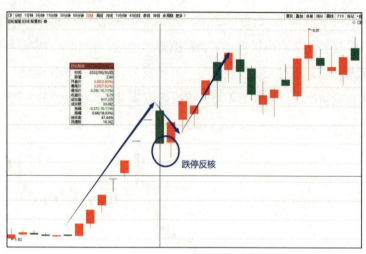

图 5.12　巨轮智能日线走势图

表 5.24　2022 年 6 月 29 日热点复盘

热点复盘 2022.6.29（周三）中波（12）短波（4，10）（涨停 55、跌停 46）					
概念	情绪周期	空间龙头	助攻		首板
新能源车 9	大分歧	集泰股份炸	秦安股份 6 板	传艺科技 5 板	1
		松芝股份 9 板	日丰股份 4 板	兴民智通 5 板	
		春兴精工 2 板	晶方科技 2 板	恒立实业 2 板	
机器人	大分歧	第 7 天	巨轮智能 7 板	远大智能 3 板	赛象科技 3 板	3
		惠程科技 2 板	泰禾智能 3 板	冀东装备 2 板	
旅游 2	第 4 天	丽江股份 4 天 3 板	华天酒店 2 板		
食品 2		祖名股份 3 板			1
医美 3	首板	哈三联、国药现代、鲁商发展			
基建 4	首板				4
地产 6	首板				6
5G3	首板	特发信息 2 板			2
超临界 2		赣能股份 2 板			1
软件 2					2
汽车 25	北汽蓝谷、东风汽车、泉峰汽车、广东鸿图、小康股份、爱柯迪、广汽集团、长安汽车、国机汽车、英利汽车、安凯客车、金龙汽车、海马汽车、云海金属、豪美新材、顺博合金、亚太科技、威尔泰、道恩股份、深中华A、精达股份、银宝山新、爱科迪、神马电力、达意隆				
光伏 17	爱康科技、海源复材、意华股份、望变电气、中旗新材、盾安环境、京泉华、金辰股份、石英股份、振邦智能、爱旭股份、京山轻机、天通股份、可立克、金刚玻璃、科陆电子、天顺风能				
机器人 2	弘讯科技、鸣志机器				

5. 高位筑顶阶段

龙头板块于 6 月 29 日首现阴跌，随后市场进入高位筑顶阶段。在此阶段，市场题材炒作依然活跃，但高度开始降低，赣能股份在连续 9 板后，市场最高高度基本停留在 7 板。需关注两个转折点：7 月 19 日，中通客车出现天地板，题材亏损效应逐渐加大；8 月 19 日，电力设备反包筑顶后大跌，筑顶结束，整个筑顶过程持续约一个半月。此阶段市场主线为绿色电力与机器人。

在筑顶期间，市场开始分化。此阶段后排跟风个股逐渐呈现明显的亏损效应，盘面时常出现跌停潮。然而，部分空间板块及核心个股基本在反包筑顶结束后表现较好。以下是一些典型个股的走势：

赣能股份：9 板，7 月 11 日断板，7 月 12 日特停，7 月 19 日复牌，7 月 22 日反包新高，7 月 25 日跌停结束，反包筑顶。

金智科技：7 板，7 月 13 日跌停断板，7 月 15 日反包首板，7 月 19 日反包 3 板天地板，7 月 20 日一字跌停结束，反包筑顶。

山西路桥：7 板，7 月 15 日跌停反核断板，随后高位盘整，8 月 2 日跌停结束，反包筑顶。

恒大高新：7 板，7 月 20 日跌停分歧断板，7 月 21 日、7 月 25 日、7 月 27 日三天反包涨停，7 月 28 日反包筑顶，7 月 29 日一字跌停结束，反包筑顶结束。

春兴精工：5 板，7 月 22 日断板，7 月 27 日反包首板，8 月 1 日反包结束，2 日和 3 日连续跌停，反包筑顶结束。

惠城科技：5 板，7 月 25 日天地板，7 月 26 日和 27 日反包筑顶，8 月 1 日和 2 日连续跌停。

佛燃能源：6 板，7 月 29 日断板，高位盘整 2 天，8 月 3 日反包新高跳水跌停，4 日低开秒跌停。

襄阳轴承：7 板，8 月 2 日断板，8 月 3 日跌停，4 日一字跌停，尖顶结束，注意高标开始加速见顶。

表 5.25 2022 年 7 月 8 日到 7 月 25 日情绪周期数据

时间	空间	空间板	次高	次高板	创空间	创空间板	情绪	量总	涨停	跌停	连板	炸板率
7月25日	3	四选一	3	四选一	1		分歧3	8619	37	19	9	47%
7月22日	5	惠程科技	3	二选一	1		分歧2	9411	49	6	11	39%
7月21日	5	春兴精工	4	三选一	1	新特电气	分歧1	10180	60	2	16	47%
7月20日	4	春兴精工	3	七选一	1		加速2	9522	81	6	22	31%
7月19日	7	恒大高新	6	世嘉科技	1		加速1	9965	78	7	21	34%
7月18日	6	恒大高新	5	世嘉科技	2	永清环保	弱转强	10211	105	2	24	22%
7月15日	5	恒大高新	4		3	新特电气	分歧2	10876	49	35	14	33%
7月14日	7	山西路桥	4	恒大高新	2	新特电气	分歧1	10275	61	16	14	39%
7月13日	6	山西路桥	5	宝馨科技	1		加速1	9421	86	6	22	12%
7月12日	7	金智科技	5	二选一	0		弱转强	9765	45	15	15	25%
7月11日	6	金智科技	4	三选一	1		分歧1	10085	56	16	15	46%
7月8日	9	赣能股份	6	大连重工	1		加速2	10291	64	10	19	20%

2022 年情绪周期

龙头板块首阴后，盘面进入补涨阶段，整体补涨主要分为三个阶段，主线为绿色电力、机器人和半导体。7月上半月，补涨主要集中在绿色电力；7月下半月开始切换至新的板块。整个补涨过程基本可分为三轮：第一轮是板块内的补涨。

电力：从盘面来看，电力是第一个出现补涨的，最高标为赣能股份。6月29日，赛道出现第一次跌停潮，电力板块启动。7月8日，赣能股份走到9板。7月12日，赣能股份特停，7月13日电力见阶段性高点。

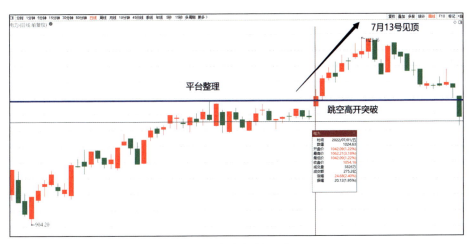

图 5.13　电力板块日线图

储能／轻量化：7月13日电力见顶后持续大跌，资金开始向储能方向转移，同时汽车轻量化也出现轮动补涨。7月15日，储能方向，创业板新特电气3板，金智科技7+2反包，钠电池攀钢钒钛反包。7月21日，轻量化春兴精工5板，广东鸿图、文灿股份创历史新高。

补涨的第一个结束信号是中通客车。7月19日，中通客车天地板；7月20日，直接一字跌停板，这是一个非常重要的信号。中通客车天地板后，汽车方向力度逐渐减弱，但光伏方向尚未完全结束，主要原因是前期主升时汽车较强，光伏力度相对较弱。

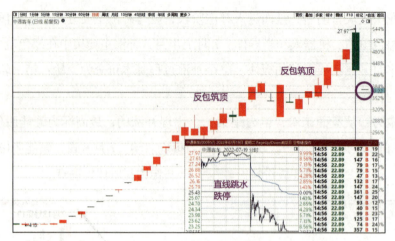

图 5.14　中通客车日线图

　　中通客车作为总龙头，在天地板结束后，资金开始进入第二轮补涨，即板块外的补涨。此时的补涨属于新板块，主要方向为机器人和半导体。

　　机器人：代表性个股有巨轮智能和中大力德。上半场由巨轮智能带节奏，下半场由中大力德带节奏。也就是说，在中通客车天地板之后，中大力德开始进入主升，一直持续至8月初。

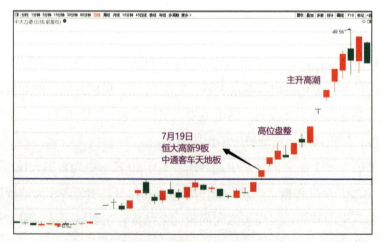

图 5.15　中大力德日线图

半导体：8月2日盘面再度出现跌停潮，绿色电力和新能源汽车领跌，两市共有29个跌停。8月3日，机器人龙头中大力德出现断板大分歧，市场再度出现跌停潮。新能源汽车、绿色电力和机器人领跌，特别是机器人，高潮后的跌停潮意味着主升结束，市场再度陷入混沌。随着大港股份持续超预期，半导体开始接力炒作，成为8月上半月最具代表性的板块。大港股份二波首板时间为8月2日。

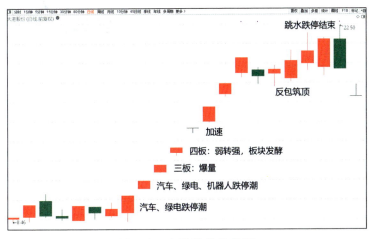

图5.16　大港股份日线图

在机器人和半导体补涨过程中，赛道一直处于调整阶段。随着半导体结束，资金继续回流赛道，进入第三轮补涨。这一轮补涨可以理解为龙回头，电力设备板块低点时间为8月5日。

小结：补涨基本从7月开始，补涨方向由内向外，大致经历三个阶段：板块内的补涨、板块外的补涨以及龙回头。最终随着板块上升力量衰竭，进入第四个阶段，情绪主跌。

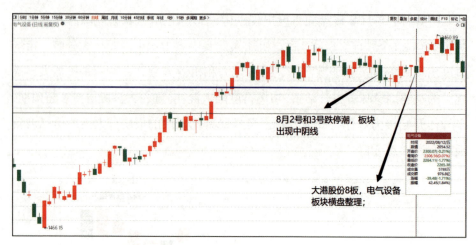

图 5.17　电力设备日线图

6. 主跌退潮阶段

中波周期主要由行业板块轮动组成，因此中波节奏便是主流板块的节奏。这一波炒作主流为新能源汽车和光伏，以及其他一些轮动板块。那么主跌何时开始呢？主要以主流板块见顶时间计算。电力设备第一次见顶是 7 月 8 日，第二次是 8 月 18 日；汽车则分别在 6 月 28 日和 8 月 1 日见顶，时间明显早于电力设备。将上证指数与电力设备叠加，可以发现电力设备第一次见高点时，

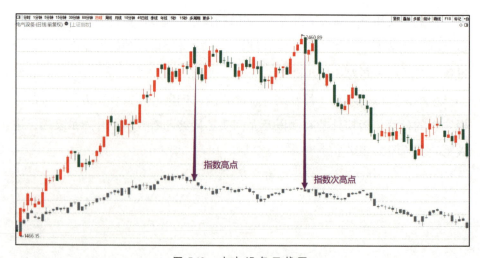

图 5.18　电力设备日线图

指数已见顶；电力设备第二次创新高筑顶时，指数出现次高点，随后指数逐步走低，因此主跌基本从次高点开始。

那么主跌何时结束？当电力设备和汽车板块调整接近尾声，主跌过程的最主要特征便是主流板块持续领跌，直到不创新低后开始筑底，同时市场出现新的主流板块。从这个角度看，主跌结束的时间基本到 10 月底，电力设备不再创新低，同时消费板块大涨，开启新一轮中周期。

图 5.19　电力设备日线图

在主跌过程中，板块不断轮动。第一轮下跌发生在 8 月 19 日至 9 月 7 日，领涨板块为煤炭、农林牧渔、石油、公用事业，领跌板块为电力设备。此外，主跌过程中轮动板块的持续性较差。

表 5.26　2022 年 8 月 19 日到 9 月 7 日一级行业轮动表

区间涨跌幅 (0819—0907) （%）					
881001	煤炭	7.08	881070	有色	0.44
881105	农林牧渔	5.19	881061	钢铁	0.32
881458	公用事业	3.74	881393	非银金融	−0.26
881006	石油	3.68	881385	银行	−0.44
881368	传媒	1.82	881211	汽车	−0.65

续表

代码	名称		代码	名称	
881426	社会服务	1.78	881351	计算机	−0.78
881199	商贸	1.74	881230	医药医疗	−0.96
881477	综合	1.44	881183	家电	−1.28
881441	交通运输	1.34	881129	食品饮料	−1.4
881015	化工	1.04	881090	建材	−1.73
881405	建筑	0.97	881292	机械设备	−1.8
881417	房地产	0.94	881286	国防军工	−1.83
881469	环保	0.83	881337	通信	−1.89
881166	轻工制造	0.64	881318	电子	−2.37
881150	纺织服饰	0.61	881260	电力设备	−9.5

第二轮下跌反弹发生在 9 月 8 日至 9 月 27 日，领涨板块主要为食品饮料和社会服务，这些板块前期调整非常充分，例如食品饮料已调整 12 周。领跌板块主要为综合、电子、公用事业、电力设备，其中电力设备仍处于领跌过程。

表 5.27　2022 年 9 月 8 日到 9 月 27 日一级行业涨跌幅

9 月 8 号到 9 月 27 一级行业涨跌幅					
代码	名称	涨跌幅度（%）	代码	名称	涨跌幅度（%）
881477	综合	−10.96	881426	社会服务	6.27
881318	电子	−10.13	881129	食品饮料	4.68
881458	公用事业	−9.11	881385	银行	−0.07
881260	电力设备	−8.96	881441	交通运输	−0.15
881015	化工	−8.7	881183	家电	−3.35
881105	农林牧渔	−8.66	881417	房地产	−3.5
881469	环保	−7.83	881286	国防军工	−4.14
881405	建筑	−7.71	881166	轻工制造	−4.24
881001	煤炭	−7.47	881351	计算机	−4.78
881337	通信	−7.37	881199	商贸	−4.78
881211	汽车	−7.13	881090	建材	−4.95
881292	机械设备	−7.09	881006	石油	−5.46
881070	有色	−7.09	881393	非银金融	−5.58
881061	钢铁	−6.87	881150	纺织服饰	−5.64
881368	传媒	−6.62	881230	医药医疗	−5.69
数据来源：通达信一级行业					

第三轮下跌反弹发生在 9 月 28 日至 10 月 19 日，这一波反弹指数出现 V 形反弹，表明主跌结束，板块进入轮动筑底阶段。10 月 19 日反弹结束后再次探底，板块指数未创新低。随后，电气设备开始进入筑底阶段，直至 11 月 28 日创新低。

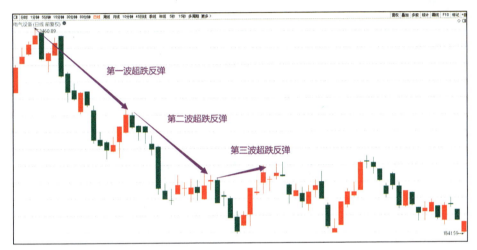

图 5.20　电气设备日线下跌结构图

小结：主跌期的特征有三点。首先，原主线板块处于退潮状态，如电力设备和汽车，在主跌之后进入轮动筑底阶段。其次，经历过轮动的板块也处于加速下跌过程，如电子、农林牧渔、油气等。再次，率先创新低的板块开始出现反弹，如医药医疗、食品饮料。医药医疗已在 4 月创新低，而食品饮料前期调整更是长达 22 个月。

第六章　超跌反弹之基建轮动规律

> 2022 年指数单边下行，趋势向下，此时盘面的行情多数是在新低恐慌之后诞生，产生的龙头叫做超跌反弹情绪龙，这样的个股往往是伴随着消息、股价超跌诞生。

第一节　指数分析

2022 年 1 月开始，大白马、大蓝筹、行业龙头遭遇新一轮无情抛售，带

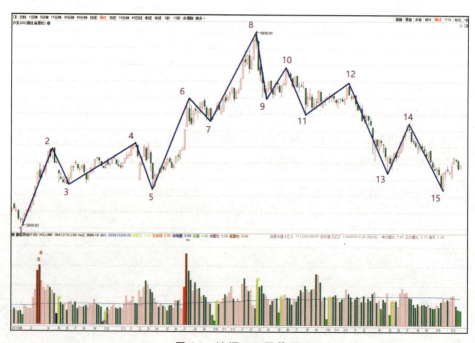

图 6.1　沪深 300 周线图

表 6.1　2022 年 1 月情绪周期

情绪周期数据 (2022 年 1 月)

时间	空间	空间板	次高	次高板	创空间	创空间板	情绪	量总	涨停	跌停	连板	炸板率
1月28日	3	深南股份	3	保利联合	2	南凌科技	弱转强	8186	52	23	4	33%
1月27日	2	二选一	2	二选一	1		分歧5	8228	13	72	3	57%
1月26日	4	证通电子	4	二选一	1		分歧4	7940	48	31	9	18%
1月25日	5	安妮股份	4	新华联	1		分歧3	9366	27	54	9	25%
1月24日	4	岭南股份	4	安妮股份	1		分歧2	8640	51	31	13	19%
1月21日	7	金财互联	4	亚联发展	1		分歧1	9843	45	36	10	41%
1月20日	7	得利斯	6	二选1	1		加速1	11289	39	13	17	39%
1月19日	6	得利斯	5	二选1	3	零点有数	弱转强	10652	50	9	14	18%
1月18日	5	得利斯	5	金时科技	2	零点/天源	分歧1	11958	35	42	16	47%
1月17日	6	赛隆药业	5	二选1	2	神思电子	加速5	11195	90	4	26	21%
1月14日	5	赛隆药业	4	二选1	3	国联水产	加速4	11068	58	7	17	41%
1月13日	6	新华联	5	亚世光电	2	博拓/国联	加速3	10934	53	7	26	33%
1月12日	8	开开实业	5	二选1	2	海辰药业	加速2	10610	85	0	19	0
1月11日	7	开开实业	4	亚太药业	4	安旭生物	加速1	10555	49	6	11	50%
1月10日	6	开开实业	5	翠微股份	3	安旭生物	弱转强	10512	62	10	16	6%
1月7日	7	顾地科技	5	开开实业	2	安旭生物	加速	12070	38	21	15	42%
1月6日	6	冰山冷热	6	顾地科技	1	红日药业	弱转强	11365	77	3	14	30%
1月5日	10	龙津药业	8	精华制药	2	神思电子	分歧1	13049	45	34	21	45%
1月4日	9	龙津药业	7	精华制药	1		加速2	12661	91	19	25	28%

动上证 50 和沪深 300 大幅杀跌。核心资产的抛售，引发了全市场的恐慌调整，上证指数和创业板指数于 2022 年 1 月开始加速杀跌，正式进入熊市大调整。以沪深 300 为例，周线 11 到 12 出现了弱反，1 月这一轮下杀跌破了 11 日点，沪深 300 指数确立进入下降趋势。

尽管白马股在 1 月大跌，但题材股先扬后抑。上半个月以医药为代表的题材股暴涨，龙头九安医疗疯狂拉升。下半个月风云突变，市场进入到持续跌停潮。1 月 18 日开始，1 月 27 日达到小高潮 72 家跌停板。同时，当天连板空间回到 2，连板数量回到 3，市场出现情绪冰点。基建板块正是在大跌之后诞生的。

第二节　基建启动

2022 年 2 月 7 日，虎年首个交易日，基建板块出现涨停潮。消息面上，国家发展改革委有关负责人此前表示，2022 年一季度面临的不确定因素较多，要把政策发力点适当向前移，做到早安排、早动手、早见效，以稳定的经济运行态势应对各种挑战。在具体措施上，要适度超前开展基础设施投资，扎实推动"十四五"规划 102 项重大工程项目实施。国家发改委后续在基建方面的政策成为 2022 年行业"春季躁动"的一大驱动力，因此基建板块受到了资金关注。

表6.2　2022 年 2 月 7 日基建首板涨停分类表

基建板块首板 (0207)		
	细分行业	涨停板
基建40	工程咨询11	主板：中国海诚、设计总院、甘咨询、勘设股份、陕西建工、华阳国际、建研院、中设咨询 创业板：设研院、建科院、华蓝集团
	公路桥梁8	汇通集团、龙建股份、浙江交科、山东路桥、中国交建、新疆交建、北新路桥、皖通高速
	水泥4	冀东装备2板、博闻科技、上峰水泥、天山股份
	水利5	宏润建设、韩建河山、新兴铸管、青龙管业、金洲管道
	装配式建筑4	重庆建工、浙江建投、腾达建设、中国中冶
	绿色电力4	中国电建、大连电瓷、粤水电、江苏新能
	其他4	中岩大地、上海港湾、建设机械

当天除了基建板块之外，市场同时也启动了多个新的题材，代表性的如下：

（1）数字经济7：恒宝股份2板，翠微股份2板，新智认知、云鼎科技、和科达、新炬网络、华虹计通首板。

（2）油气8：德石股份2板，洲际油气、贝肯能源、中曼石油、石化机械、中油工程、陕西建工、中海油服首板。

（3）冬奥会4：文投控股、元隆雅图、麒盛科技、菜百股份首板。

（4）业绩预增7：海航科技2板，华斯股份2板。泰禾集团、合众思壮、台华新材、汇嘉时代、江苏新能首板。

由于市场刚刚经历大规模跌停潮，完成了退潮，此时必然会出现多个新题材。这些题材各自都有逻辑，谁能成为主流热点，需要通过相互的竞争和淘汰，剩者为王，前三板是重要的观察时间。

2月8日，一进二，情绪接力。基建出现连板潮，板块承接力最好，其余的题材基本只有一两个晋级。油气只有贝肯能源晋级2板，冬奥会概念元隆雅图和文投控股晋级2板，数字经济概念翠微股份和恒宝股份晋级3板。基建逐步确立自己主线地位，要注意盘面有的时候可以支持多个主线。

2月9日，二进三，情绪接力，前排一字加速。第三天基建开始出现小分歧，主要是启动当日情绪太高了，数字货币开始发酵，翠微股份高开秒板晋级4板，恒宝股份直接一字加速，板块出现连板潮，数字货币地位也上升，盘面开始出现双主线运行。

另外，市场每天也会出现一些新的题材首板，这些首板热点持续性会很差，基本就是1到2天的轮动。这是因为市场刚经历完大规模跌停潮，新周期开启初期，大部分板块都会出现修复。低点级别越大，修复的板块越多，2022年出现过多次，比如1月底、4月底、10月底，都是这样的。而主线热点启动初期都是和指数共振，或者提前指数企稳的板块，后面出现的板块多数是轮动修复。

比如，2月9日，当天市场就启动了多个题材首板，如下：

（1）5G通信9：佳力图2板，美格智能、中国移动、国脉科技、剑桥科技、

表 6.3　2022 年 2 月 8 日和 9 日连板表

基建板块一进二 2022.2.08(周二)

概念	股票名称	股票代码	时间	连板	涨停类型
电子雷管	保利联合	002037	9:25	5	一字加速
电子雷管	高争民爆	002827	14:34	2	高量换手
基建	冀东装备	000856	9:25	3	一字加速
基建	韩建河山	603616	14:29	2	换手分歧
基建	重庆建工	600939	14:01	2	换手板
基建	浙江建投	002761	9:30	2	高开秒板
基建	中国海诚	002116	9:25	2	一字加速
基建	宏润建设	002062	9:48	2	高开换手
基建	中岩大地	003001	9:25	2	一字加速
基建	华蓝集团	301027	11:29	2	换手分歧
基建	汇通集团	603176	9:25	2	一字加速
房地产	泰禾集团	000732	10:02	2	换手涨停
数字货币	翠微股份	603123	13:34	3	换手板
数字货币	恒宝股份	002104	9:59	3	换手板
北京冬奥	文投控股	600715	9:25	2	换手板
北京冬奥	元隆雅图	002878	9:25	2	换手板
旅游	岭南控股	000524	9:39	3	换手换手
油气	贝肯能源	002828	13:15	2	高量换手

基建（数字货币连板数据 2022.2.09(周三)）

股票名称	股票代码	时间	连板	涨停类型	概念
保利联合	002037	9:25	6	一字板	电子雷管
冀东装备	000856	9:25	4	一字板	基建
汇通集团	603176	9:25	3	一字板	基建
重庆建工	600939	9:25	3	一字板	基建
浙江建投	002761	9:30	3	一字板	基建
中国海诚	002116	9:43	3	高量换手	基建
普邦股份	002663	9:25	2	一字板	基建
翠微股份	603123	9:38	4	高开秒板	数字货币
恒宝股份	002104	9:25	4	一字加速	数字货币
雄帝科技	300546	9:49	2	换手板	数字货币
金财互联	002530	9:34	2	高开秒板	数字货币
亚联发展	002316	10:09	2	换手板	数字货币
华扬联众	603825	9:25	2	一字加速	数字货币
佳力图	603912	11:19	2	换手板	数据中心
文投控股	600715	9:25	3	一字板	北京冬奥
元隆雅图	002878	9:25	3	一字板	北京冬奥
金一文化	002721	14:28	2	换手板	北京冬奥
贝肯能源	002828	14:00	3	高量换手	油气

世嘉科技、直真科技、瑞斯康达、东信和平等首板。

（2）清洁能源8：东方能源、新筑股份、内蒙华电、精功科技、正威新材、粤电力A、吉林化纤、亿利洁能等首板。

（3）医药8：以岭药业、太极集团、千金药业、立方制药、精华制药、采纳股份、海辰药业、华润三九等首板。

（4）新能源车8：恒立实业4天3板，瑞鹄模具、吉翔股份、江特电机、方正电机、山东章鼓、铜陵有色、厦门信达等首板。

（5）广电传媒5：出版传媒、华数传媒、湖北广电、江苏有线、歌华有线等首板。

（6）农林牧渔4：金新农、巨星农牧、先达股份、天邦股份等首板。

这些题材首板基本2到3个交易日就消失了，主线还是在基建和数字货币上。从后期走势来看，数字货币高潮之后就开始进入到退潮，基建几乎贯穿整个上半年。这个如何理解呢？主要还是板块的节奏以及基本面逻辑。基建是第一波启动，分歧之后后期还有主升预期。数字货币在2023年1月初启动，龙头是翠微股份，这里属于龙头穿越带起来的高潮。

消息面上，12月27日，央行工作会议强调要保持流动性合理充裕，并增强信贷总量增长的稳定性。2022年，稳妥有序地推进数字人民币研发试点。同时，《"十四五"国家信息化规划》也由中央网络安全和信息化委员会发布。《规划》提出，到2025年，数字中国建设将取得决定性进展，信息化发展水平将大幅跃升。数字基础设施体系将更加完备，数字技术创新体系基本形成，数字经济发展质量效益达到世界领先水平，数字社会建设稳步推进，数字政府建设水平全面提升，数字民生保障能力显著增强，数字化发展环境日益完善。

盘面上，1月4日，数字货币板块首板启动，但效果不佳。1月6日，翠微股份连续3个交易日涨停，启动初期并不强劲。经历了5个交易日的中位横盘后，1月17日，数字经济再度爆发，翠微股份由弱转强，主力上涨。1月底，市场题材退潮，翠微股份抗住分歧，再度反包首板穿越。因此，相对于基建，数字货币已处于第三波拉升阶段，而基建作为新题材，未来持续性更强。

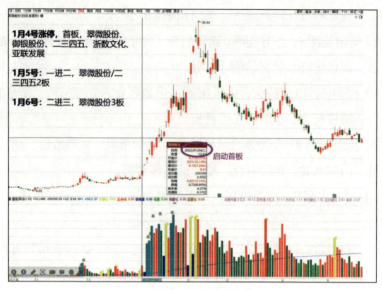

图 6.2　翠微股份日线走势图

小结：通过对启动期3天的观察，可以确认基建和数字货币是最强的板块，其他的板块则是轮动。轮动热点通常在2到3天内结束，并开始出现亏钱效应。若为主流热点，板块的承接力会非常好，前排高标不断拓展空间。因此，一个新的热点若在启动期表现强劲且承接力佳，极有可能成为盘面的主线热点。

第三节　首次分歧

轮动热点通常在第2天、第3天就开始分歧，而主流热点一般要到第4天、第5天、第6天才出现分歧。分歧有两个特点：首先，同一周期不同题材，轮动热点先分歧，主流热点后分歧；其次，同一周期同一热点，跟风个股先分歧，龙头最后分歧。下面以基建板块为例，继续跟踪解读。

2022年2月10日，新周期三进四，情绪接力，前排一字加速，后排小分歧。盘面开始出现炸板潮，主要体现在轮动热点，如北京冬奥会的文投控股、数字经济的后排个股佳力图，以及一些低位轮动的一进二。但主线基建和数

表 6.4　2022 年 2 月 10 日连板复盘

基建/数字货币连板复盘 2022.2.10（周四）

概念	股票名称	股票代码	时间	连板	涨停类型
电子雷管	保利联合	002037	9:25	7	一字四连
电子雷管	壶化股份	003002	9:31	2	高开秒板
基建	冀东装备	000856	9:25	5	一字三连
基建	重庆建工	600939	9:30	4	一字加速
基建	浙江建投	002761	9:30	4	换手转强
基建	汇通集团	603176	13:05	4	爆量换手
基建	普邦股份	002663	9:25	3	一字二连
数字货币	恒宝股份	002104	9:25	5	一字二连
数字货币	金财互联	002530	9:34	3	换手板
数字货币	证通电子	002197	10:23	2	换手板
数字货币	御银股份	002177	9:30	2	换手板
数字货币	京蓝科技	000711	14:40	2	换手板
北京冬奥	华扬联众	603825	9:25	3	一字二连
北京冬奥	元隆雅图	002878	9:25	4	一字四连
房地产	新华联	000620	13:26	3	换手板

基建/数字货币连板复盘 2022.2.10（周四）

概念	股票名称	股票代码	时间	炸板	涨停类型
北京冬奥	文投控股	600715	9:32	4	1.3%
数据中心	佳力图	603912	11:18	3	3.1%
LED	厦门信达	000701	9:34	3	-1.2%
电子雷管	返利科技	600228	13:26	3	2.3%
稀缺资源	吉翔股份	603399	9:41	2	4.4%
电子雷管	南岭民爆	002096	9:37	2	2.5%
数字货币	海联金汇	002537	9:49	2	5.3%
光伏	亿利洁能	600277	11:28	2	9.3%
数字货币	信雅达	600571	10:13	2	8.5%

字货币依然非常强劲，连板梯队表现良好，如冀东装备一字5板、恒宝股份一字5板等。高标第二天一字加速。

2月11日，新周期四进五，情绪接力，前排分歧，首次跌停潮。盘面分歧加大，两市出现10家跌停板。同时，基建板块只剩下2个5连板（浙江建投和汇通集团）以及身位票保利联合7板，预示基建即将产生龙头。数字货币方面，恒宝股份6板，金财互联4板，北京冬奥会的元隆雅图5板。当连板数量减少时，通常意味着龙头即将诞生。

另外，领涨板块出现首次分歧时，要注意盘面的重要特征。一方面，产生补涨分支，主要是同板块产业链的扩散；另一方面，产生切换分支，切换的题材通常是新题材，近期未被炒作过的。例如，在周五小分歧时，房地产出现首板涨停潮，如泰禾集团5天4板、南山控股2板等。

表6.5　2022年2月11日连板复盘

基建／数字经济—连板复盘2022.2.11(周五)					
概念	股票名称	股票代码	时间	连板	涨停类型
电子雷管	保利联合	002037	10:55	8	高量换手
基建	浙江建投	002761	9:36	5	弱转强
基建	汇通集团	603176	10:56	5	地天板
水利	正平股份	603843	9:25	2	一字加速
数字货币	恒宝股份	002104	9:31	6	一字加速
数字货币	金财互联	002530	10:31	4	弱转强
数字货币	御银股份	002177	11:24	3	换手板
数据中心	京蓝科技	000711	10:49	3	换手板
数据中心	省广集团	002400	9:25	2	一字加速

2月14日，新周期五进六，分歧加大，数字货币大分歧，基建小分歧，盘面再次跌停潮。基建低位股轮动补涨，高标则继续分歧。保利联合止步8板，汇通集团止步5板，盘中均出现跳水大跌。浙江建投晋级6板，成为基建龙头。元隆雅图晋级6板，但该个股基本属于独立的，无板块助攻。数字货币表现更弱，恒宝股份小阴线，翠微股份直接一字跌停，御银股份4板被炸。

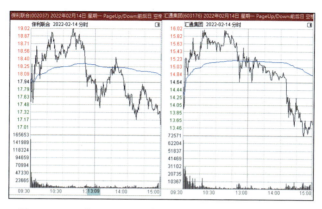

图 6.3 2022 年 2 月 14 日保利联合和汇通集团分时图

尽管主线存在分歧，但当天的整体市场仍然呈现普涨态势。随着分歧的加大，新的轮动热点再次涌现，轮动热点和主线热点之间呈现出此消彼长的关系。主线分歧催生了轮动现象，主线亏损效应高潮时，轮动热点逐渐发酵。当天，多个板块出现首板，其中医药板块最强，汽车板块紧随其后，具体如下：

（1）新冠医药首板：龙津药业、华嵘控股、亚太药业、欣龙控股、精华制药、诚达药业、雅本化学、拓新药业、奥锐特、河化股份、东北制药、尖峰集团等。

（2）新能源汽车首板：德迈仕、瑞玛精密、合锻智能、宁波精达、天永智能、瑞鹄模具、新力金融、鞍重股份（锂电池）等。

（3）农业首板：天禾股份、天鹅股份、联诚精密、中农联合、合众思壮等。

（4）军工首板：合众思壮、兰石重装、西仪股份、湖南天雁等。贵绳股份 2 板。

（5）影视传媒首板：幸福蓝海、浙文影业、金逸影视、中广天择等。

2 月 15 日，新周期六进七，市场分歧达到高潮，出现炸板潮和跌停潮现象。浙江建投连续 7 板被炸，元隆雅图直接跌停。两市共有 14 家公司跌停，14 家连板炸板，分歧达到高潮。晋级的连板股主要为前一天启动首板的板块，如医药、汽车、传媒等。

如何判断市场分歧结束呢？新周期首次出现分歧通常持续 2 到 3 天，分歧高潮的特征是跌停潮或炸板潮。分歧结束的信号是高位股票再度走强。

表 6.6　2022 年 2 月 15 日连板复盘

连板复盘 2022.2.15（周二）

概念	股票名称	股票代码	时间	连板	涨停类型
基建水利	正平股份	603843	9:25	4	一字加速
基建水利	诚邦股份	603316	10:48	2	换手板
基建水利	中化岩土	002542	9:25	2	一字加速
三胎概念	美吉姆	002621	14:08	4	高量换手
农业	天鹅股份	603029	9:53	2	一字高量
传媒影视	金逸影视	002905	9:25	2	一字加速
传媒影视	浙文影业	601599	10:35	2	高量换手
传媒影视	华媒整股	000607	14:39	2	换手板
医药	诚达药业	301201	9:39	2	换手涨停
医药	精华制药	002349	9:43	2	高开秒板
消费电子	瑞玛精密	002976	9:32	2	高开秒板
复牌	华通热力	002893	9:25	2	一字连板
锂电池	鞍重股份	002667	9:56	2	换手板

概念	股票名称	股票代码	时间	炸板	涨停类型
基建	浙江建投	002761	14:24	7	4.5%
数字货币	中科金财	002657	9:30	3	-2.0%
三胎概念	高乐股份	002348	9:45	3	-4.6%
酒店	华天酒店	000428	9:43	3	3.1%
农业	天禾股份	002999	14:30	2	0.5%
复牌	天沃科技	002564	9:25	2	1.1%
游戏	祥源文化	600576	9:46	2	2.2%
新能源车	瑞鹄模具	002997	11:26	2	2.7%
5G	世嘉科技	002796	10:24	2	2.8%
房地产	华嵘控股	600421	14:20	2	4.2%
污水处理	科林达	002816	9:25	2	4.4%
乡村振兴	联诚精密	002921	10:16	2	6.7%
大数据	荣联科技	002642	14:51	2	7.3%
北京冬奥	金一文化	002721	14:57	2	8.0%

小结：整个分歧过程有两个重要特征：首先，主线分歧时会出现分支热点，既有补涨也有切换轮动，比如基建先后出现房地产、水利建设、浙江基建分支等。其次，轮动热点众多，经常有七八个题材首板出现，但持续性较差，基本在 2 到 3 个交易日结束。

第四节　主升高潮之基建二波

2 月 16 日，新周期第 8 天，龙头由弱转强，分歧结束。前一天浙江建投 7 板被炸，盘面又扩散出新的分支，即浙江基建概念。诚邦股份 2 板，宁波富达、浙江富润、杭州园林、园林股份、宁波联合等个股首板。16 日，浙江建投早盘小幅高开后迅速涨停，龙头由弱转强。尾盘时，保利联合换手上板，基建板块再度出现涨停潮。数字货币龙头恒宝股份反包 2 板，两大主线龙头纷纷完成反包。

2 月 17 日，新周期第九天，龙头更强劲，题材二次大分歧。浙江建投直接涨停，反包 2 板，但市场情绪开始退潮。保利联合低开后迅速跌停，恒宝股份高开后跳水跌停。两市出现跌停潮及炸板潮，特别是连板炸板潮，盘面再度出现大分歧。跌停潮和炸板潮是两个重要转折信号。在强势行情中，题材之间的切换较快，承接力好，可通过炸板潮完成切换。在弱势行情中，题

图 6.4　浙江建投日线图

表 6.7　2022 年 2 月 17 日连板复盘

连板复盘 2022.2.17（周四）

概念	股票名称	股票代码	时间	连板	涨停类型
浙江基建	诚邦股份	603316	9:25	4	一字二连板
浙江基建	浙江建投	002761	9:25	2	一字加速
浙江基建	宁波建工	601789	9:25	2	一字加速
环保	实朴检测	301228	9:30	2	一字加速
环保	元成股份	603388	9:50	2	换手板
环保	汇绿生态	001267	9:33	2	高开秒板
锂电池	数重股份	002667	10:22	4	换手涨停
农业机械	天鹅股份	603029	9:32	4	高量换手
酿酒	金种子酒	600199	9:25	2	一字加速
房地产	广宇集团	002133	10:20	2	换手板
基建	华蓝集团 -14%、设研院 -11.4%、深水规院 -11%、保利联合 + 冀东装备跌停				
数字经济	佰奥股份天地板、翠微股份 -8.3%、荣联科技跌停、省广集团跌停				
旅游酒店	华天酒店、曲江文旅、国旅联合、凯撒旅游跌停				
传媒影视	浙文影业、华闻集团、金逸影视跌停				

概念	股票名称	股票代码	时间	炸板	涨停类型
基建	正平股份	603843	9:31	6	-6.3%
基建	全筑股份	603030	9:32	3	0.7%
基建	成都路桥	002628	9:30	2	-1.6%
基建园林	杭州园林	300649	9:52	3	14.9%
基建园林	棕榈股份	002431	10:21	2	3.6%
基建水利	伟隆股份	002871	9:30	2	4.1%
特高压	天沃科技	002564	9:45	2	-1.8%
旅游	江西长运	600561	11:17	2	-2.1%
旅游	岭南股份	002717	10:16	2	-2.9%
军工	云鼎科技	000409	9:40	2	-1.4%
电力	粤水电	002060	9:48	2	1.1%
工业母机	青海华鼎	600243	9:51	2	2.5%
房地产	空港股份	600463	9:45	2	9.8%
电梯	快意电梯	002774	9:35	2	4.3%
锂电池	国城矿业	000688	11:14	2	5.0%
储能	同力日升	605286	10:34	2	5.6%

表 6.8　第一个短波周期时间表

时间	空间	空间板	次高	次高板	创空间	创空间板	情绪	量总	涨停	跌停	连板	炸板率
						情绪周期模型 (2022)						
2月17日	8	浙江建投	4	三选一	3	杭州园林	分歧 1	9087	39	13	10	62%
2月16日	7	浙江建投	5	二选一	3	诚达药业	弱转强	8069	60	0	16	20%
2月15日	4	正平股份	4	美吉姆	2	诚达药业	分歧 3	8273	53	14	13	52%
2月14日	6	浙江建投	6	元隆雅图	1	六个	分歧 2	8622	78	9	16	20%
2月11日	8	保利联合	6	恒宝股份	1	二个	分歧 1	9913	49	10	16	24%
2月10日	7	保利联合	5	二选一	1	二个	加速 3	9361	54	2	20	31%
2月9日	6	保利联合	4	三选一	2	雄帝科技	加速 2	9315	90	0	25	17%
2月8日	5	保利联合	3	四选一	2	华蓝集团	加速 1	8786	70	5	21	16%
2月7日	4	保利联合	2	九选一	2	德石股份	弱转强 2	8229	81	23	10	37%
1月28日	3	深南股份	3	保利联合	2	南凌科技	弱转强	8186	52	23	4	33%
1月27日	2	三选一	2	三选一	1		分歧 5	8228	13	72	3	57%

材间切换较慢，承接力差，往往通过跌停潮完成。这次炸板潮发生后，市场很快出现了东数西算这个题材，继续新的炒作周期。

在这波短周期中，1月27日是情绪冰点，1月28日开始。到2月17日，浙江建投6+2反包2板，同一批次启动的大部分题材出现大跌。保利联合反包跌停，恒宝股份跳水大跌，这个短周期告一段落。由于中波向上未结束且基建是主线，因此两个短周期间的切换并未出现大规模跌停潮。17日当天共有13家跌停，次日东数西算首板涨停潮，高低切换，确认新的短周期开启。

第五节　主升高潮之东数西算周期

2月18日，基建龙头反包强更强，板块补涨高潮，同时新题材东数西算启动。浙江建投继续反包三板，基建依然是盘面最强的板块。随着龙头超预期，不断扩散出新的补涨，当天轨道交通、房地产首板，板块效应不强，接力效果不佳。昨日首板潮的园林环保只有启迪环境晋级两板，此阶段主线处于补涨轮动阶段。随着主线高潮，当天盘面出现了新的题材首板，东数西算爆发涨停潮，盘面高低切换预期打开。

表6.9　2022年2月18日热点复盘

概念	细分	时间	空间板	补涨助攻		首板
热点复盘2022.2.18（周五）中波（第十轮）短波（第2个第1天）						
基建产业链14	基建	第10天				6
	园林环保	第2天	诚邦股份5板	元成股份3板	启迪环境2板	1
	浙江概念	第4天	浙江建投9板	宁波建工3板	浙江永强2板	1
轨道交通3		补涨首板				3
房地产3						3
医药3		首板				3
东数西算17		首板	宁波建工3板			16
数字经济2						2
其他7		天鹅股份5板、金种子酒3板、华体科技2板、凯文教育2板、深华发A、安源煤业、国光股份				
跌停板1		华媒控股				

一、东数西算炒作的逻辑是什么

消息面上，2021 年 5 月 24 日，国家发改委、网信办、工信部、国家能源局联合印发《全国一体化大数据中心协同创新体系算力枢纽实施方案》，提出支持开展"东数西算"示范工程，深化东西部算力协同。近日，国家发改委、中央网信办、工业和信息化部、国家能源局联合印发通知，同意在京津冀、长三角、粤港澳大湾区、成渝、内蒙古、贵州、甘肃、宁夏等 8 地启动建设国家算力枢纽节点，并规划了 10 个国家数据中心集群。至此，全国一体化大数据中心体系完成总体布局设计，"东数西算"工程正式全面启动。

"数"指的是数据，"算"指的是算力，"东数西算"是通过构建数据中心、云计算、数据一体化的新型算力网络体系，将东部算力需求有序引导到西部，优化数据中心建设布局，促进东西部协同联动。

东方证券研报指出，以 10 大国家数据中心集群之一的广东韶关投资规划测算，"东数西算"和"南水北调""西电东送"一样，投资规模将达到数千亿元的规模。由于此时题材炒作情绪非常好，浙江建投持续超预期，新启动的题材表现一般都不会特别差。

2 月 21 日，第二个短周期第二天，基建小分歧，东数西算一进二连板潮。浙江建投反包 4 板，补涨龙诚邦股份 6 板，但基建连板数量快速下降，东数西算一进二连板潮，15 个连板，低位加强，高位基建减弱，东数西算成为新的主线热点。同时，市场每天还会出现一些首板，比如优化生育、清洁能源、教育等，这些属于轮动热点，持续性不好，参与难度非常大。

表 6.10　2022 年 2 月 21 日热点复盘

热点复盘 2022.2.21（周一）中波（第十轮）短波（第 2 个第 2 天）							
概念	细分	时间	空间板	补涨助攻			首板
基建 7		第 11 天	浙江建投 6+4	华体科技 3 板			3
			诚邦股份 6 板	韩建河山 2 板			
东数西算 42		第 2 天	宁波建工 4 板	真视通 2 板	亚康股份 2 板		27
			美利云 2 板	华建集团 2 板	浙大网新 2 板		
			数据港 2 板	贵广网络 2 板	佳力图 2 板		
			延华智能 2 板	直真科技 2 板	依米康 2 板		
			首都在线 2 板	云赛智联 2 板	沙钢股份 2 板		

续表

医疗医药 11		第 2 天	九安医疗 2 板			10
优化生育 8		首板	美吉姆 12 天 8 板			7
清洁能源 3						3
教育 3						3
房地产 2			泰禾集团 2 板			1
家居装修 3			浙江永强 3 板			2
农业 2			天鹅股份 6 板			1
数字货币 2						2
其他 (14)		鞍重股份 6 板、元成股份 4 板、奥维通信 5 天 3 板、浙农股份 2 板				
		金种子酒 4 板、甘源食品、新力金融、三维股份、哈工智能、精功科技、江苏神通、中嘉博创、道森股份、江西长运				
跌停板		0				

2 月 22 日，第二个短周期第三天，浙江建投特停。诚邦股份 7 板成为基建新的空间板，但基建上涨力度继续减弱，东数西算二进三继续连板潮，赚钱效应非常好。站在中周期的角度来看，东数西算的地位要比基建弱一些，东数西算前三板之所以这么强，和浙江建投打开的高度有关系。其余的油气、医药、养老、锂电池等都是轮动热点，持续性都非常差，而且当日板块效应也一般，如果要发生切换，新热点板块效应一般都是非常好的。

表 6.11　2022 年 2 月 22 日热点复盘

热点复盘 2022.2.22(周二) 中波（第十轮）短波（第 2 个第 3 天）						
概念	细分	时间	空间板	补涨助攻		首板
东数西算 (16)		第 3 天	宁波建工 5 板	黑牡丹 3 板	延华智能 3 板	1
			贵广网络 3 板	佳力图 3 板	云赛智联 3 板	
			美利云 3 板	真视通 3 板	浙大网新 3 板	
			首都在线 3 板	依米康 3 板	中嘉博创 2 板	
			直真科技 3 板	广西广电 2 板	证通电子 2 板	
基建 5		第 12 天	诚邦股份 7 板	韩建河山 3 板	中国海诚 2 板	2
养老 3		第 2 天	悦心健康 2 板			2
医药医疗 3		第 3 天	海辰药业 2 板	新天药业 2 板		
油气 5		首板				5
黄金 2		首板				2
锂电池 3						3

续表

酿酒 2			金种子酒 5 板			
其他 6	农业：浙农股份 3 板；三胎：美吉姆 2 板；军工：宝塔实业 复牌：淮河能源 2 板；区块链：环球印务；氮化镓：新洁能					
跌停板	4 家					

　　2月23日，第二个短周期第四天，基建大分歧，东数西算继续连板潮。补涨龙诚邦股份断板，基建板块分歧加大，保利联合次高反包跌停，助攻韩建河山三板次日跌停，补涨龙一诚邦股份一旦跌停，基本就可以确认退潮了。东数西算三进四继续高潮，11个三连板只有3个被淘汰，8个晋级，板块连跌停板都没有。同时，盘面出现新的题材首板，农业、芯片、光伏首板，其中芯片比较强。

表 6.12　2022 年 2 月 23 日热点复盘

热点复盘 2022.2.23（周三）中波（第十轮）短波（第 2 个第 4 天）						
概念	细分	时间	空间板	补涨助攻		首板
东数西算 15		第 4 天	宁波建工 6 板	黑牡丹 4 板	贵广网络 4 板	5
			美利云 4 板	真视通 4 板	直真科技 4 板	
			佳力图 4 板	依米康 4 板	浙大网新 4 板	
				广西广电 3 板		
医药 6	轮动	第 4 天	海辰药业 3 板	新天药业 3 板		6
养老 4		第 3 天	悦心健康 3 板	益民集团 2 板		2
汽车 16		第 2 天	鞍重股份 6+1	雅化集团 2 板	金鹰股份 2 板	13
教育 5		首板	美吉姆 3 板			4
农业 7		首板	天鹅股份 6+1	浙农股份 4 板		5
芯片 9		首板				9
光伏 5		首板				5
金融 2						2
可降解塑 2						2
其他 12	宝塔实业 2 板、香溢融通、杭电股份、永新光学、翔鹭钨业、宇新股份、江西长运 3 天 2 板、比依股份、镇洋发展、江苏有线、岩石股份、淮河能源 2 板					
跌停板 3	保利联合、建朗五金、韩建河山					

　　2月24日，第二个短周期第五天，基建跌停潮确认退潮，主升结束。基建代表着这一波上升的中周期，东数西算代表着小周期，基建补涨龙诚邦股份一字跌停，板块跌停潮，确认基建退潮，盘面31家跌停，连板11，连板炸板12，亏钱效应小高潮。东数西算四进五，8个四连板，4个晋级，龙头还未诞生。同时，23日启动的农业、芯片、光伏首板基本一日游。另外，俄

乌冲突正式爆发，地缘相关概念异动，板块效应一般。

表 6.13　2022 年 2 月 24 日热点复盘

热点复盘 2022.2.24（周四）中波（第十轮）短波（第 2 个第 5 天）						
概念	细分	时间	空间板	补涨助攻		首板
东数西算 6		第 5 天	宁波建工 7 板	佳力图 5 板	天娱数科 2 板	
			直真科技 5 板	美利云 5 板	贵广网络 5 板	
光伏 3		第 2 天				3
俄乌地缘 14	军工 3	首板	宝塔实业 3 板			2
	黄金 5		益民集团 3 板			4
	油气					5
新城建 4		首板				4
医药 2			佛慈制药 2 板			1
次新股 2						2
其他 4	停复牌：淮河能源 3 板；汽车配件：跃岭股份 2 板；燃料电池：纳尔股份 超跌：珠海中富					
基建 8	诚邦股份、韩建河山、正平股份、冀东装备、保利联合、宏润建设、中国海诚、坚朗五金					
医药 4	翰宇药业、万东医疗、九安医疗、新天药业					
多胎 4	威创股份、高乐股份、悦心健康、美吉姆					
东数西算 6	浙大网新、海量数据、真视通、延华智能、云赛智连、新通联					
数字/农业 4	数字：恒宝股份、翠微股份；农业：天鹅股份、天禾股份					
汽车/其他 5	众泰汽车、金鹰股份；鲁信创投、浙数文化、国旅联合					

　　小结：基建是这一波上升的绝对主线热点，判断周期节奏就会以基建板块为主，第一波产生龙头，浙江建投成为基建龙头，随后浙江建投分歧，反包二板时，基建开始出现新的小周期，龙头是城邦股份，相对浙江建投，城邦股份是补涨龙，补涨龙结束之后主线板块进入到龙头首阴筑顶阶段，同时新的题材开始轮动。

第六节　首阴筑顶之地缘冲突周期

　　2022 年 2 月 24 日，俄罗斯正式向乌克兰宣战，全球股市普跌，A 股更是放量大跌。当天盘面出现新的题材炒作——地缘冲突,但此题材细分颇多,24 日主要炒作的是军工、黄金、油气,其中军工和黄金前期已经提前异动。

2 月 25 日,第二个短周期第 6 天,基建退潮反抽,俄乌冲突概念走强。基建补涨龙诚邦股份继续跌停,板块出现低位补涨分支新城建,此时基建参与性已经不大了。东数西算五进六,出现大分歧,只剩下两个 6 连板,美利云和直真科技,即将诞生龙头。由于俄乌冲突的爆发,相关话题开始成为热搜,这条线预期是会上升的。

表 6.14 2022 年 2 月 25 日热点复盘

热点复盘 2022.2.25(周五)中波(第十轮)短波(第 2 个第 6 天)						
概念	细分	时间	空间板	补涨助攻		首板
东数西算 7		第 6 天	美利云 6 板	直真科技 6 板	黑牡丹 6 天 5 板	4
俄乌地缘 12	油气	第 2 天	仁智股份 2 板	京城股份 2 板	准油股份 2 板	
	中俄自贸	首板				5
	有色	首板				4
新城建 5		第 2 天	郑中设计 2 板			4
医药 5		第 2 天	佛慈制药 3 板			4
绿色电力 11	电力	首板	宁波能源 2 板	金山股份 2 板		5
	光伏					4
交通运输 5		首板				5
大金融 2						2
次新股 2			比依股份 2 板			1
百货零售 2						2
其他 4	特高压:风范股份;有机硅:新亚制程;房地产:皇庭国际 股权:路畅科技					
跌停 7	山子股份、浙农股份、益民集团、贵广网络、宁波建工、天鹅股份、 诚邦股份					

2 月 28 日,第二个短周期第 7 天,主线东数西算减弱,盘面分歧混沌。基建补涨郑中设计直接跌停,继续退潮,退潮反抽龙头基本都是尖顶。东数西算大分歧,只剩下 4 个涨停,2 个 7 连板,美利云和直真科技。地缘冲突多个分支,还处于前三板轮动中,空间板是油气的准油股份和仁智股份 3 板。

由于俄罗斯被踢出 SWIFT，跨境人民币支付系统（CIPS）概念首板涨停潮。另外，锂电池首板，两市 14 家跌停，每一个跌停潮都是周期的结束，跌停潮规模越大，周期结束的级别越大。

因此，大家要注意，在某一阶段，盘面资金总是要围绕主线题材操作，当主线即将分歧结束时，就会开始酝酿新主线。新旧周期交替快慢与市场环境有关，强势行情旧的还没结束，新的就提前开启，弱势环境，新的结束了，经历亏钱效应之后，新的才会开始。从基建到东数西算，从东数西算到地缘冲突，切换时都是比较快的，基本单日跌停潮，而且跌停潮的规模并不大。

表 6.15　2022 年 2 月 28 日热点复盘

热点复盘 2022.2.28（周一）中波（第十轮）短波（第 2 个第 7 天）						
概念	细分	时间	空间板	补涨助攻		首板
东数西算 4		第 7 天	真直科技 7 板	美利云 7 板		2
俄乌地缘 9	油气 4	第 3 天	仁智股份 3 板	准油股份 3 板		2
	中俄自贸 5	第 2 天	天顺股份 2 板	浙江东日 2 板	锦州港 2 板	2
	CIPS8	首板				8
锂电池 6		首板	吉翔股份 4 天 3 板			5
医药 4		第 3 天				4
绿色电力 4		第 2 天	宁波能源 3 板			
其他 6	交运：江西长运 2 板；化工：赞宇科技；无人驾驶：浙江世宝 商业连锁：人人乐；军工：北化股份；引进战投：龙净环保					
跌停板 14	农业：天鹅股份、益民集团、浙农股份；基建：郑中设计、中衡设计 全新好、华塑控股、宝塔实业、山子股份、粤海饲料、棒杰股份、 跃岭股份、黑牡丹、淮河能源					

3 月 1 日，第二个短周期第 8 天，东数西算结束，俄乌冲突概念走强。东数西算产生龙头，直真科技高开 3% 跳水跌停，美利云低开 3.8% 弱转强，尾盘竞价抢筹回封，确认成为东数西算龙头，此时成为龙头性价比较低。由于东数西算开始分歧，地缘冲突概念地位有望上升，成为新的主线。大家会发现，在东数西算高潮时，地缘冲突启动，但此时题材基本处于前 3 板轮动，

且多个分支，只有前主线结束，新热点才能上升为新的主线。当天，准油股份4板成为新的空间板，另一个是独立消息面的宁波能源4板。

表6.16　2022年3月1日热点复盘

概念	细分	时间	空间板	补涨助攻		首板
热点复盘2022.3.01（周二）中波（第十轮）短波（第2个第8天）						
东数西算6		第8天	佳力图5+1			5
俄乌地缘9	油气2	第4天	准油股份4板			1
	中俄自贸2	第3天	天顺股份3板	锦州港3板		
	CIPS(3)	第2天	新晨科技2板	海联金汇2板	信雅达2板	
光伏5		首板				5
军工6		首板				6
消费4		首板				4
猪肉6		首板				6
新能源车2	第二天			红星发展2板		3
医药4	轮动		拓新药业2板			3
业绩增长3						3
公告	抽水储能：宁波能源4板；储能：华西能源					
其他	华为合作：奇信股份；在线教育：昂立教育；电解铝：索通发展					
跌停板6	启迪环境、山子股份、直真科技、香溢融通、金徽股份、比依股份					

　　3月2日，第三个短周期第一天，东数西算龙头首阴补涨，俄乌冲突上升主线。东数西算龙头美利云补跌，探底回升，板块补涨，真视通反包2板，海鸥股份补涨2板。空间板准油股份四进五直接一字板，油气板块小高潮，另一个分支中俄贸易情绪也不错，天顺股份一字4板，锦州港高开秒板，板块小高潮，扩散出新的分支铝概念，板块效应不强。前一天启动的4个首板题材，一进二效果非常差，确认轮动热点，光伏的瑞和股份和汇金通2板，光伏的晋级和另一个空间板宁波能源有关。同时，当天启动新的题材首板，医药涨停潮，成为日内最强的低位热点，地缘冲突已经从低位晋级到中位确认主线。

表 6.17　2022 年 3 月 2 日热点复盘

热点复盘 2022.3.02（周三）中波（第十轮）短波（第 3 个第 1 天）						
概念	细分	时间	空间板	补涨助攻		首板
东数西算 5		第 9 天	真视通 2 板	海鸥股份 2 板		3
俄乌地缘 20	油气 7	第 5 天	准油股份 5 板	如通股份 2 板		5
	中俄贸易 10	第 4 天	锦州港 4 板	天顺股份 4 板		5
	铝 3	首板				3
光伏 (2)		第 2 天	瑞和股份 2 板	汇金通 2 板		2
医药 13	中药 7	首板				7
	新冠 4			河化股份 2 板		3
	幽门螺杆 2					2
次新股 3		轮动				3
房地产 3		轮动	宋都股份 2 板			3
养老 2		轮动				2
核电 2			台海核电 2 板			1
农业 2						2
期货 2						2
其他 11	储能：宁波能源 5 板；重组：搜于特；建筑：奇信股份 2 板 智慧车检：多伦科技；水表：宁水集团；股权：皖通科技 视频监控：同为股份；煤炭：云煤能源；新日恒力、美尔雅、碳元科技					
跌停	0					

3 月 3 日，处于第 3 个短周期的第 2 天，东数西算龙头首阴补涨，俄乌冲突进入高潮。东数西算板块中的海鸥股份 3 板，直真科技反包新高后跳水，美利云反包新高后炸板。该板块的操作主要围绕总龙头股和补涨股，但难度较大。地缘冲突升级，空间板的准油股份一字涨停 6 板，板块呈现连板潮和首板涨停潮，市场情绪高涨。同样，中俄自贸相关股票也表现出色，锦州港一字涨停 5 板，天顺股份一字涨停 5 板。一旦主线板块确定，短线资金将加速流入，直至板块达到高潮。可以好好感受下这个过程：东数西算是如何和基建切换的，地缘冲突又是如何和东数西算切换的。此外，医药板块一进二，承接力较好，其他热点则是一日游，持续性较差。

春季行情反弹临近尾声，指数高点出现，多数板块出现普跌，其中酿酒、航空、汽车、软件等板块领跌。

表 6.18　2022 年 3 月 3 日热点复盘

热点复盘 2022.3.03（周四）中波（第十轮）短波（第 3 个第 2 天）						
概念	细分	时间	空间板	补涨助攻		首板
东数西算 3		第 10 天	海鸥股份 3 板			2
俄乌冲突 38	油气 15	第 6 天	准油股份 6 板	通源石油 2 板	德石股份 2 板	9
			仁智股份 4+1	贝肯能源 2 板	茂化实华 2 板	
	中俄贸易港口 20	第 5 天	锦州港 5 板	长久物流 2 板	中成股份 2 板	14
			天顺股份 5 板	嘉友国际 2 板	宁波海运 2 板	
	铝 3	第 2 天	宁波富邦 2 板			2
新冠医药 10	新冠 5	第 2 天	河化股份 2 板	中国医药 2 板	大理药业 2 板	4
	医药 5		开开实业 2 板	悦心健康 2 板	新华锦 2 板	
军工 3			台海核电 3 板	哈空调 2 板		1
煤炭 4						4
旅游 2						2
可降解 2						2
次新股 2						2
其他 7	储能：宁波能源 6 板；地产：宋都股份 3 板；重组：搜于特；风电：宁波东力工业杀菌剂：百傲化学；水泥：宁波富达；家居：江山欧派					
跌停板 4	中鼎股份、山子股份、凯瑞德、亚星化学					
板块大跌	酿酒 −2.98%、航空 −2.87%、汽车 −2.44%、化纤 −2.24% 等					

3 月 4 日，第 3 个短周期的第 3 天，俄乌冲突板块出现小分歧，新冠医药板块异军突起，成为市场另一个强势分支。东数西算板块只剩下美利云的博弈，地缘冲突板块在 3 日高潮之后 4 日出现大幅分歧，基本上只剩下各个分支的龙头股。准油股份连续涨停 7 板，锦州港和天顺股份均涨停 6 板。地缘冲突板块预期明天将产生更大分歧。与此同时，盘面出现新的首板涨停潮，辅助生殖概念股受益于两会政策预期，北京 16 项辅助生殖技术项目纳入医保报销。业内分析师认为，若将部分辅助生殖技术纳入医保和三孩政策有望快速提升辅助生殖渗透率，扩大需求。民营辅助生殖龙头股凭借其强大的运营能力和快速扩张能力，将承接新增需求。

元宇宙板块午后持续走高，恒信东方、美盛文化、元隆雅图涨停。催化剂方面，元宇宙曾多次出现在地方政府工作报告中，两会在即，据界面新闻报道，民进中央、民盟中央拟提交的多项提案对"元宇宙"技术发展以及风险防控提出建议。

此外，新冠药物板块 4 日爆发，中国医药连续 3 个交易日涨停，金达威也连续涨停，另有多只个股涨停。消息面上，3 月 3 日晚，中国医药发布股票交易异常波动公告称，公司注意到市场近期有关于公司与某跨国制药公司新冠病毒治疗药物合作事宜的传闻。经公司核查，目前相关事项正在沟通洽谈中。

综合来看，地缘冲突板块即将出现大分歧，医药板块成为近期市场的另一个强势分支。同时，临近两会，资金开始提前炒作两会预期概念，这也是每年春季行情的驱动因素之一。市场关注点将逐渐转向政策导向和新的热点板块，投资者需密切关注市场变化，合理配置资金，把握投资机会。

表 6.19　2022 年 3 月 4 日热点复盘

热点复盘 2022.3.04（周五）中波（第十轮）短波（第 3 个第 3 天）						
概念	细分	时间	空间板	补涨助攻		首板
俄乌冲突 9	油气	第 7 天	准油股份 7 板	宁波联合 2 板		1
	贸易	第 6 天	锦州港 6 板	天顺股份 6 板	长久物流 3 板	1
	铝	第 3 天		炬申股份 2 板	宁波海运 3 板	
医药 16	新冠 7	第 3 天	河化股份 4 板	中国医药 3 板	金达威 2 板	4
	医药商业	首板	开开实业 3 板			4
	中药	第 3 天	大理药业 3 板			2
多胎概念 9	辅助生殖	首板	悦心健康 3 板			5
						3
防核辐射 3		首板				3
元宇宙 3		首板				3
汽车 2						2
其他 3	素质教育：昂立教育；农机：天鹅股份；水务：江南水务					
地缘冲突 8	贝肯能源、仁智股份、宁波富邦、龙宇燃油、嘉友国际、蓝科高新、欧亚集团、如通股份					
东数西算 3	直真科技、宁波建工、佳力图					
其他 5	基建：浙江建投、诚邦股份；光伏：宁波能源、雅博股份；方正电机					

3月7日，俄乌冲突分歧加大，新冠疫苗医药板块承接良好，多胎概念情绪高涨。地缘政治冲突导致准油股份出现断板，锦州港连续涨停7个交易日后出现炸板，空间板天顺股份也连续涨停7个交易日，但整个板块开始出现跌停现象，显示市场分歧加大。新冠医药板块表现出色，有5只股票连续两个交易日涨停。多胎概念股则受到两会政策消息的推动，母婴、玩具服饰、托育服务等相关概念股纷纷涨停。

政府工作报告指出，要完善三孩生育政策配套措施，将3岁以下婴幼儿照护费用纳入个人所得税专项附加扣除，发展普惠托育服务，减轻家庭养育负担。当天市场出现10个跌停板，表明市场正处于混沌期，原有的主线热点开始分化，新的热点尚处于轮动初期，尚未崛起为新的主线。此时新旧周期交替，市场自然会出现跌停潮或炸板潮。这一天的市场情况与3月1日准油股份连续涨停4个交易日的情况类似，值得投资者关注和对比。同时，上证指数下跌2.17%，结束了本轮春季行情，市场再次探底。

表 6.20　2022 年 3 月 7 日热点复盘

热点复盘 2022.3.07(周一) 中波（第十轮）短波（第 3 个第 4 天）						
概念	细分	时间	空间板	补涨助攻		首板
俄乌地缘 7	中俄贸易 3	第 8 天	天顺股份 7 板	跃岭股份 2 板		1
	镍 2	第 1 天	宁波联合 3 板			1
	化肥 2	第 1 天				2
医药 7	新冠 5	第 4 天	河化股份 5 板	中国医药 4 板	大理药业 4 板	2
	医药商业 2	第 2 天	第一医药 2 板	重药控股 2 板		
多胎托育幼教婴童 (29)	辅助生殖 4	第 2 天	长江健康 2 板	达嘉维康 2 板	共同药业 2 板	
	早教 3	首板	悦心健康 4 板			3
	母婴 6		泰慕士 2 板			5
	玩具服饰 6					6
	托育服务 6		昂立教育 2 板			5
	其他 2			美盛文化 2 板		1
	养老 2					2

续表

次新股 4	首板	粤海饲料 4 板	泰慕士 2 板		2
基建 2					2
其他 (5)	黄金：来绅通灵；电子烟：金时科技；自行车：中路股份等				
跌停板	中迪投资、浙江东日、永新光学、旭升集团、日发精机、宁波海运、宁波富邦、纳思达、航天机电、海鸥股份、德新科技				

3 月 8 日，处于短周期第 3 轮的第 5 天，俄乌冲突板块分歧加剧，多胎概念亦出现大分歧。在此之前的 3 月 7 日，全球金融市场经历了一场"黑色星期一"。欧洲股市全线下挫，德国 DAX30 指数下跌 3.78%，法国跌 3.77%，意大利跌 4.4%，英国富时 100 指数下跌 1.5%。中国 A 股市场突破春季行情启动低点，当天大跌 2.35%。究其原因，首先是地缘紧张局势持续恶化，美国考虑禁止进口俄罗斯石油，市场对通胀前景忧虑加剧，避险情绪升温；其次，美联储主席鲍威尔近期偏鹰派表态，加大市场对美联储加息的预期，使成长股持续承压。

从板块角度分析，两市共有 60 家公司跌停，多胎概念、医药、地缘冲突、锂电池等板块出现跌停潮。当前中波周期正处于退潮阶段，在这一阶段，我们可以观察到题材轮动速度加快，首先是基建领域，持续性最强；其次，逐渐转向东数西算，动力减弱；再次是地缘冲突，再到多胎和医药概念，持续时间越来越短，直至跌停潮将市场重置。

在跌停潮过后，新周期将如何开启呢？有两种可能性：其一，中位弱转强，即经过短暂分歧后，前期轮动热点的龙头股弱势反转，重新走强，带动整个板块炒作；其二，低位首板启动，即市场出现新的题材首板。至于这次新周期将如何展开，我们接着往下看。

表 6.21　2022 年 3 月 8 日热点复盘

概念	细分	时间	空间板	补涨助攻		首板
热点复盘 2022.3.08（周二）中波（第十轮）短波（第 3 个第 5 天）						
俄乌地缘 4	镍	第 3 天	鹏欣资源 2 板			
	基建 3	第 2 天	中工国际 2 板	汇通集团 2 板		1
医药新冠 2		第 5 天	河化股份 6 板			1
多胎 2		第 3 天	长江健康 3 板			1
次新股 4		第 2 天	汇通集团 2 板			3
东数西算 3		首板				3
锂电池 2		卡位				2
其他 5	普洱盐：云南能投 2 板；自行车：中路股份 2 板；旅游：岭南控股；收购：亿利洁能 半导体：文一科技；					
多胎 15	安奈儿、锦泓集团、宋都股份、澳洋健康、新华锦、爱婴室、益民集团、浙江震元、高乐股份、健民集团、达嘉维康、奥锐特等					
医药 13	重药控股、精华制药、海辰药业、九安医疗、赛隆药业、羚锐制药、以岭药业、佛慈制药、开开实业、龙津药业、大理药业等					
锂电池 5	西陇科学、融捷股份、中矿资源、神火股份、华友钴业					
地缘冲突 10	长久物流、锦州港、天顺股份、浙江东日、宁波海运、炬申股份等					

在 3 月 9 日，这是第四个短周期的第一天，市场正处于分歧与混沌期，新的主线尚未出现。在经历跌停潮的资金效应后，次日通常是市场修复期。那么如何进行修复呢？关键在于高位情绪股票，主要分为两类：中位空间板和高位穿越龙。当天市场中，有几只具有代表性的个股表现强势。

空间板股票经历了大幅下跌，次高位出现修复。河化股份在 6 个涨停板后低开秒跌停，次高位的长江健康则出现 T 字形大长腿，一字炸板，盘中最大跌幅达到 8.14%，午后交易换手后成功回封。空间板股票在此期间得到反弹修复。

本周期的核心标的穿越，浙江建投反包首板炸，美利云出现反包涨停板。另一种模式则是空间板股票修复，基建和东数西算等都出现了板块效应助攻。

此外，市场盘面还出现了一些首板个股，如绿色电力和医药首板，然而整体市场依然处于混沌状态，尚未确立明确的主线热点。

表 6.22　2022 年 3 月 9 日热点复盘

概念	细分	时间	空间板	补涨助攻		首板
热点复盘 2022.3.09（周三）中波（第十轮）短波（第 4 个第 1 天）						
多胎概念 3		第 4 天	长江健康 4 板	时代出版 3 板		1
东数西算 9		第 2 天	立昂技术 2 板	中嘉博创 2 板	城地香江 2 板	5
			美利云穿越			
绿色电力 10	电力核电 5	首板				5
	光伏氢能 5					5
	风电 2		云南能投 3 板	中路股份 3 板		
基建 6		首板	北方国际 2 板			5
医药 6	新冠 3	首板	美诺华 2 板			2
	中药 3					3
次新 3			长江材料 2 板			2
有色 2						2
业绩 2						2
酿酒 2						2
其他 3	模具：文一科技 2 板；旅游：国旅联合；钢丝：银龙股份					
跌停板 10	准油股份、宋都股份、盛屯矿业、罗平锌电、华钰矿业、华友钴业、宁波联合、南纺股份、开开实业、国际医学					

　　3 月 10 日，第 4 个短周期第 2 天，医药成为新主线，绿色电力一进二。大分歧之后新主线以两种方式产生：中位转强和低位切换。中国医药直接顶一字，典型的中位弱转强，获得资金认可。新冠医药、中药、新冠检测涨停潮，很可能成为新主线。另一条线是低位的绿色电力一进二，出现多个首板晋级，但没有医药板块强劲，轮动热点一般持续两到三天，明天便可确认。随着新短周期开启，基建、东数西算、多胎概念也有所活跃，特别是前两个总龙头，浙江建投突破平台创新高，美利云高开低走震荡。

表 6.23　2022 年 3 月 10 日热点复盘

概念	细分	时间	空间板	补涨助攻		首板
热点复盘 2022.3.10（周四）中波（第十轮）短波（第 4 个第 2 天）						
多胎概念 4		第 5 天	长江健康 5 板			3
东数西算 2		第 3 天	黑牡丹 4 天 3 板	城地香江 3 板		
基建 4		第 2 天	北方国际 3 板	银龙股份 2 板	新疆交建 2 板	1

续表

绿色电力 12	电力		江苏阳光 2 板	金山股份 2 板	杭州热电 2 板	
	风电		中路股份 4 板			1
	光伏储能		瑞和股份 2 板			6
新冠医药 (26)	中药	第 2 天	大理药业 2 板	力生制药 2 板		4
	新冠药		中国医药 4+1	美诺华 3 板		5
	检测	首板				5
	医药商业	首板	北大医药 2 板			7
业绩 11		首板				11
汽车 3						3
钢材 2						2
创投 2						2
农药 3			绿康生化 2 板			2
其他 10	文一科技 3 板、金种子酒 2 板、渤海股份、东方银星、龙洲股份、宜宾纸业、奥园美谷、海联金汇、高斯贝尔、均瑶健康					
跌停板	鞍重股份、博信股份、吉翔股份、天域生态					

3月11日，第4个短周期第3天，医药板块继续发酵，绿色电力地位下降。中国医药继续顶一字，8天6板，医药连板潮。特别是10日启动的新冠检测，4个晋级2板，同时出现首板涨停潮，情绪发酵。绿色电力地位下降，江苏阳光晋级3板，且无板块效应，确认轮动热点。另外，农林牧渔、电子身份证、金融、食品饮料等板块出现首板，这些热点典型的轮动热点，持续性较差。

表 6.24　2022 年 3 月 11 日热点复盘

热点复盘 2022.3.11（周五）中波（第十轮）短波（第 4 个第 3 天）						
概念	细分	时间	空间板	补涨助攻		首板
多胎 (3)		第 5 天	长江健康 6 板			2
东数西算 4		第 4 天	美利云穿越			3
新冠 / 医药 (29)	中药	第 3 天	汉森制药 2 板			3
	新冠药	第 3 天	中国医药 4+2	长江健康 6 板	美诺华 4 板	4
	检测	第 2 天	兰卫医学 2 板	万孚生物 2 板	明德生物 2 板	11
	医药商业	第 2 天	北大医药 3 板			1
	原料药	首板				2
绿色电力 5		第 3 天	中路股份 5 板	江苏阳光 3 板	苏州高新 2 板	2

续表

农牧5		首板			5
电子身份证3		首板			3
大金融3		首板			3
汽配2					2
中俄自贸2	反包				2
食品4					4
旅游2					2
基建2			浙江建投穿越		1
其他6	高斯贝尔2板、皖通科技、华锦股份、金花股份、路畅科技、巨人网络				
跌停板6	中坚科技、延华智能、全新好、吉翔股份、河化股份、贵绳股份				

当天盘面的另一个重点股票是浙江建投。首阴筑顶后，大部分龙头基本反包新高结束，预期高度是3板，但浙江建投却超预期，走出6天5板，而此期间题材股逐步退潮。

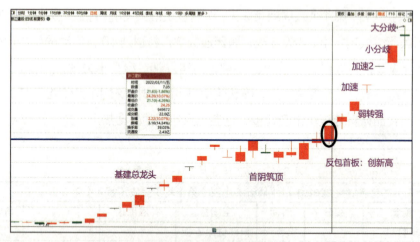

图6.5　浙江建投日线图

3月14日，第4个短周期第4天，主线医药小分歧，其他板块继续轮动。3月中旬全球金融市场关注美联储，当地时间3月15日至16日，美联储将召开3月议息会议。市场普遍预计美联储将在会议上加息25个基点。这意味着，美联储将自此开始步入新一轮加息周期。世界其他主要央行也可能跟随美联储的步伐。受此消息影响，全球金融市场大幅波动，继 3 月 9 日 V 形反转后，再度探底，3 月 14 日主板指数再度大跌 2.61%。从指数的月线来看，下跌趋势延续，但此时题材股的炒作并不差。一方面，市场始终有新的主线热点出现，从基建到东数西算，地缘冲突到新冠医药，赚钱效应不错；另一方面，浙江建投筑顶后并未退潮，反而试图穿越，开启新的中周期。

表 6.25　2022 年 3 月 14 日热点复盘

热点复盘 2022.3.14（周一）中波（第十轮）短波（第 4 个第 4 天）						
概念	细分	时间	空间板	补涨助攻		首板
东数西算 2		第 5 天				2
基建 2		第 4 天				2
新冠检测 /医药 12	新冠药物 5	第 4 天	中国医药 4+3	以岭药业 2 板	北大医药 4 板	2
	抗原检测 4	第 3 天	千红制药 2 板	北化股份 2 板	塞力医疗 2 板	1
	其它 2				华盛昌 2 板	2
	口罩 3	首板				3
电子身份证 4		第 2 天	南威软件 2 板			3
零售连锁 4		首板				4
军工 5		首板	皖通科技 2 板			4
汽车 2						2
其他 7	收购：德邦股份 2 板；支付：广博股份；投资：和远气体；宋都股份乳业：庄园牧场 2 板；券商：中银证券 2 板；股权：乾景园林 2 板					
跌停板 21	周大生、中天服务、云南能投、悦心健康、银龙股份、雅博股份、天域生态、天顺股份、天顺风能、异兴股份、神火股份、美吉姆、锦州港、黑牡丹、河化股份、高斯贝尔、德新科技、大洋生物、大唐电信等					

3 月 15 日，第 4 个短周期第 5 天，盘面再度跌停潮，两市百股跌停，主板指数大跌 4.95%。指数的大跌加速恐慌情绪释放，小周期炒作结束，这个阶段我们会发现热点炒作基本 1 周左右就结束，每次结束时跌停潮的规模越来越大，2 月 24 日 33 家跌停，3 月 8 日 56 家跌停，3 月 15 日 92 家跌停。跌停潮规模越大，对应低点级别越大，浙江建投大周期的退潮达到高潮。当天，浙江建投弱转强，3 天 2 板，确认穿越。这个信号非常重要，调整的本质是

高位股亏钱效应传导，要结束调整，高位股往往要率先企稳。

表 6.26　2022 年 3 月 15 日热点复盘

热点复盘 2022.3.15（周二）中波（第十轮）短波（第 4 个第 5 天）						
概念	细分	时间	空间板	补涨助攻		首板
东数西算 4		第 6 天				4
基建 6		第 5 天	浙江建投穿越	龙建股份 2 板		4
绿色电力 2		第 5 天	江苏阳光 3+1			
新冠医药 6	新冠药物 3	第 5 天	北大医药 4 板	美诺华 4+1	奥锐特 2 板	
	抗原检测 4	第 4 天	北化股份 3 板			2
电子身份证 4		第 3 天	南威软件 3 板	远方信息 2 板	精伦电子 2 板	1
业绩增长 2						2
其他 4	岭南控股、台海核电、德邦股份 3 板、宋都股份					
房地产 8	金科股份、新城控股、招商蛇口、滨江集团、金地集团、保利发展等					
煤炭 9	潞安环能、山煤国际、华阳股份、兰花科创、靖远煤电、山西焦煤等					
有色 7	云铝股份、锡业股份、吉翔股份、神火股份、中国铝业等					
新冠医药 8	华东医药、河化股份、合富中国、大参林、一心堂等					
环保化工 8	创业环保、东珠生态、天域生态、德创环保、新日恒力、宏昌电子等					
光伏 8	芯能科技、银龙股份、鄂尔多斯、金辰股份、银星能源、爱康科技等					

小结：这轮题材炒作发生在指数破位，白马蓝筹大跌之后。尽管指数依然表现疲弱，经过短暂的两至三周盘整，题材炒作却如火如荼。基本分为三个小阶段，如下：

第一阶段，普涨。自 2 月 7 日开始，基建和数字经济最强。局部疫情暴发使得医药也表现不错，但医药主要穿插其中。大致持续两周左右，数字货币首先结束，基建最强。2 月 22 日，浙江建投特停；2 月 23 日，诚邦股份补涨止步于 7 板，随后尖顶大跌结束。

第二阶段，反包筑顶。出现东数西算和地缘冲突。东数西算于 2 月 20 日启动首板，大概持续一周左右，总龙头为美利云，反包筑顶结束。2 月 24 日，俄乌冲突爆发，地缘冲突概念启动。最强细分为油气和中俄自贸，龙头包括准油股份、天顺股份，高度均为 7 板。3 月 8 日左右结束，顶部结构均为尖顶，意味着周期开始走退潮。

　　第三阶段，衰退穿越。出现新冠医药。在 3 月 8 日盘面退潮后，新冠医药启动。尽管前期医药也有炒作，但只是轮动地位。这一次，医药升至主线地位，龙头为中国医药，走出 8 天 7 板。期间，指数大跌探底。浙江建投在此阶段抗住分歧。龙头首阴筑顶后有两种走法：一是退潮，二是抗住分歧带出新周期。显然，浙江建投走的是后者。接下来的中周期会有哪些龙头诞生呢？我们将在房地产板块炒作中进一步解读并分享。

第七章　超跌反弹之房地产轮动规律

第一节　指数分析

2022年春节后的这一波题材炒作属于典型的超跌反弹。指数周线处于下跌趋势，每一次阶段性恐慌新低就出现反弹，但反弹持续时间较短，基本2到3周，随后又继续新低。尽管指数走势疲弱，但题材炒作情绪依然高涨，先后诞生了浙江建投、美利云、中国医药、天保基建等龙头。3月中旬，因美联储加息周期开启和地缘冲突叠加，指数再次出现恐慌，但从情绪角度来看，炒作并未结束。随着浙江建投突破，医药再次突破，同时房地产板块启动，持续到4月初。4月中旬，题材炒作情绪开始退潮。从2月8日到4月26日，整个中周期运行时间约3个月，基建和医药成为最大的主线。

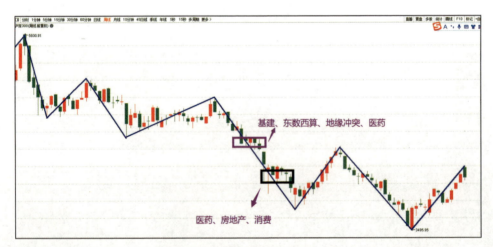

图 7.1　沪深 300 指数周线图

第二节　房地产长波周期

在过去的几年里，我们始终坚守"房住不炒"的原则，房地产市场持续受到宏观调控的影响。自2015年起，每年的重要会议都会出台一些关键政策。

2016年，为了抑制资产泡沫，房地产政策逐渐收紧，大规模重启限购限贷。3月底，上海、深圳等4个城市在同一天出台调控政策。到了7月，中央政治局会议发表声明要"抑制资产泡沫"。9月，核心二线城市陆续重启限购。国庆节期间，近20个城市发布了调控政策。政策紧缩力度甚至超过了市场的预期。

2017年，房地产政策坚持"房子是用来住的，不是用来炒的"的基调。地方政府以城市群为调控场景，从传统的需求端抑制向供给侧增加进行转变。限购限贷限售叠加土地拍卖收紧，优化供应结构，逐步显现调控效果。同时，短期调控与长效机制的衔接更为紧密，大力培育发展住房租赁市场，深化发展共有产权住房试点。在控制房价水平的同时，完善多层次住房供应体系，构建租购并举的住房制度，推动长效机制的建立和完善。

2018年12月，中央经济工作会议提出："要构建房地产市场健康发展长效机制，坚持房子是用来住的、不是用来炒的定位，因城施策、分类指导，夯实城市政府主体责任，完善住房市场体系和住房保障体系。"政策仍然坚持"房住不炒、因城施策"的调控思路。

2019年7月，中央政治局会议提到："坚持房子是用来住的、不是用来炒的定位，落实房地产长效管理机制，不将房地产作为短期刺激经济的手段。"2019年12月，中央经济工作会议重申："要坚持房子是用来住的、不是用来炒的定位，全面落实因城施策，稳地价、稳房价、稳预期的长效管理调控机制，促进房地产市场平稳健康发展。"

2020年5月，两会《政府工作报告》再次强调"房住不炒"及"因城施策"。2020年7月上旬，杭州、东莞和宁波相继出台政策加强楼市调控。2020年7月15日，深圳市住建局出台《关于进一步促进我市房地产市场平稳健康发展的通知》，涉及调整商品住房限购年限、完善差别化住房信贷等调控措施，深圳楼市政策收紧。总体来看，"房住不炒"的总基调未变，但已开始体现"因城施策"的调控思路，房地产市场以"稳"为主，继续推进长效机制方案。

2021年10月23日，全国人民代表大会常务委员会通过《关于授权国务院在部分地区开展房地产税改革试点工作的决定》，为积极稳妥推进房地产税立法与改革，引导住房合理消费和土地资源节约集约利用，促进房地产市场平稳健康发展，全国人大常委会授权国务院在部分地区开展房地产税改革试点工作。

在持续的政策调控下，房地产板块走势一路下滑。转折点出现在2022年，房地产市场下行趋势未得到明显改善。在强调房地产政策坚持"房住不炒"基调下，调控已向宽松转变。上半年，全国两会、中央政治局会议多次明确房地产调控思路，强调因城施策支持合理住房需求，稳地价、稳房价、稳预期。7月中共中央政治局会议为下半年房地产调控政策定调，明确从因城施策、保交楼两个方面力促行业预期修复。8月底，国务院常务会议罕见地接连释放房地产积极信号，体现了中央对房地产的态度，稳定房地产市场的重要性更加突出。

自2022年11月以来，多项房地产重磅政策利好陆续落地，尤其是"金融16条"出台后，房企融资支持节奏明显加快，政策"托底"信号明确。结合此前支持房企融资的"第二支箭"，政策整体呈现出落地快、范围广、规模大的特点。尤其是11月28日证监会发布"第三支箭"，在房地产股权融资方面进行了调整优化，此后已有超过30家发起股权融资计划，其中既有规模房企、也有出险企业，包括民营企业和国有企业。

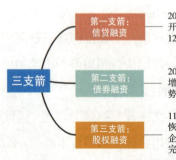

三支箭	第一支箭： 信贷融资	2022年11月，出台"金融支持16条"稳定房地产开发贷款投放，重点支持优质头部房企发展。截至12月底，60家银行向120多家房企授信接近5万亿。
第二支箭： 债券融资	2022年5月和8月，交易商协会及中债增支持房企增信发债，11月延期扩容。已有多家房企申请储架势发债，规模超1200多亿。
第三支箭： 股权融资	11月28日，证监会发布优化房企股权融资5项措施，恢复上市房企和涉房上市公司再融资等。30余家房企发布筹划定增、配股再融资，已有多家上市房企完成配股融资。

图7.2 "三箭齐发"房企融资支持框架的形成

从房地产板块指数来看，2015年6月出现高点之后，持续处于下跌趋势。2019年这一轮大行情也只是超跌反弹。2018年10月见底，2019年4月和2020年7月形成双顶之后，再度阴跌探底。2022年3月中旬出现一波反弹，探底之后11月再度出现中阳线反弹，目前处于三角形整理末端。

图 7.3　房地产板块月线图

第三节　房地产中波周期及投资逻辑

从中波角度看，2021年主要有2波行情，分别出现在8月和11月。而2022年主要有3波行情，分别是3月、8月和11月。尽管如此，这些都是波段行情，未形成明显趋势。

整个房地产行情可分为三个阶段。第一阶段，基于对政策松绑的预期，始于2021年8月。央企房产龙头如保利发展率先走出结构性上升趋势。从2021年三季度开始，在整个行业基本面仍然恶劣的情况下，以保利发展为代表的优质央企已经率先走出修复行情。自2021年8月5日管理层公告增持至4月高点，累计涨幅高达115%，股价站上历史新高。政策的东风首先为稳健经营、融资便利的央企带来优势。

图 7.4　房地产板块周线图

图 7.5　保利地产周线图

第二阶段，基本面拐点兑现。进入 2022 年，房地产行业迎来实质性利好，行业基本面回暖拐点出现，板块整体估值修复。2022 年 3 月，全国 60 余城相继发布房地产相关政策，涉及降低首付比例、发放购房补贴、降低房贷利率、取消限售限购、鼓励金融机构为房企提供资金支持等方面。房地产行业迎来实质性利好，行业基本面回暖拐点出现。从 3 月 16 日五部委联合发声至 4 月

1 日，房地产开发板块回弹幅度达到 30.9%。

在此阶段，部分出险房企如泰禾集团、华夏幸福和蓝光发展等，因此前跌幅巨大，也迎来短线反弹机会。大型房企龙头如保利发展、金地集团和招商蛇口，在第一阶段已率先进行估值修复，这一波涨幅相对平稳。A 股过去多年的地产老大万科 A，由于这两年的经营数据从拿地端到销售端都不好，股价一度从杀盈利到杀估值，在第一阶段未能像前面三家一般走出谷底，因此也在这一阶段有较大幅度的修复反弹。这一阶段最具看点的是一些地方国资控股的小型房企，如天保基建、栖霞建设和中国武夷等。前期跟随房地产板块进行了充分的调整，在"因城施策"的政策松绑利好下，附带国资背书的光环，加上市值较小，在这一波行情里涨幅靠前。

具体来看，2022 年 3 月中旬，盘面板块效应最好，属于盘面主线热点，龙头是天保基建，空间 11+2 板。2022 年 8 月，盘面板块效应一般，主线是赛道光伏和汽车，地产板块轮动地位，代表性个股有新华联，空间 5 板。2022 年 11 月，盘面板块效应一般，主线是计算机和食品饮料板块，房地产属于轮动地位，代表性个股是中交地产和中国武夷，空间 6 板。

第三阶段，重点关注房地产市场需求端回暖。目前主流机构的观点主要有三点：第一，关注长期受益的行业龙头公司以及部分优质民营龙头。无论从企业机制还是市场灵活性方面，民企相较国企都有天然的优势。在行业鬼门关走过一遭后，幸存的优质房企一定会加强自身的风控管理，注重拿地的质量和回报。因此，随着市场需求端回暖，利润率提升，民营优质房企未来的弹性空间同样可期。如 A 股的金地集团、新城控股、滨江集团，港股的龙湖集团、越秀地产等。第二，从大资金中长期配置的角度，优质龙头房企提升市占率的逻辑。保利发展、华润置地、万科 A 等具备国资背景的大型龙头房企依然是机构资金的重点关注对象。第三，具备重组预期，具有国资背景的小型房企的投资机会，近五年股价年化正收益靠前的如中交地产、建发股份等。

第四节 房地产短波周期

一、启动首板阶段分析

在 2022 年 3 月中旬，由于美联储加息预期，股市指数再度遭受重挫，市场情绪受到了影响。在此期间，上一个周期的主线——新冠医药——短期内出现了大幅分歧，跌停潮频繁。例如，3 月 14 日有 21 家公司跌停，3 月 15 日则有 92 家。然而，在这两天，成交金额高达 1.12 万亿元，显示出市场的情绪依然高涨。一般来说，跌停潮的力度越大，周期切换的概率就越大。

跌停潮通常会产生两种结果：一是从弱变强，新的主流热点诞生并取而代之；二是强者愈强，即使在短暂的分歧后，强势主流热点仍然能够持续发力，进而出现补涨现象。要判断市场走向何方，我们需要关注情绪低点附近 2 到 3 天内的热点表现。

在 3 月 16 日，市场开始关注首板股票。首板的核心在于辨识度，通常需要考虑三个因素：情绪周期、板块效应的强弱以及个股 K 线形态。当天，新冠医药板块表现中规中矩，而中国医药直接触及涨停。医药板块重新崛起，同时启动了多个首板题材，如旅游酒店、新能源汽车、大金融、光伏等。相较之下，房地产板块相对疲弱，仅有 5 个股票涨停。当天市场跌停股数量迅速下降，两市仅有 4 家公司跌停，成交金额达到 1.19 万亿元，涨停股数量达到 119 家，呈现强势修复态势。

表 7.1　2022 年 3 月 8 日到 15 日情绪周期

情绪周期模型 (2022)

时间	空间	空间板	次高	次高板	创空间	创空间板	情绪	量总	涨停	跌停	连板	炸板率
3 月 17 日	5	南威软件	5	二选一	2	中富通	加速 1	12752	89	0	22	42%
3 月 16 日	6	北大医药	4	三选一	3	远方信息	弱转强	11917	119	4	17	19%
3 月 15 日	5	北大医药	3	南威软件	2	远方信息	分歧 2	11238	25	92	9	0%
3 月 14 日	4	北大医药	3	中国医药	1		分歧 1	9696	38	21	12	40%
3 月 11 日	6	长江健康	5	中路股份	2	兰卫 / 万孚	加速 1	10500	59	6	12	25%
3 月 10 日	5	长江健康	4	二选一	1	全是医药	弱转强	10785	80	4	19	17%
3 月 9 日	4	长江健康	3	三选一	2	立昂技术	大分歧 4	11615	44	10	11	21%
3 月 8 日	6	河化股份	3	长江健康	1		分歧 3	11097	22	56	8	60%
3 月 7 日	7	天顺股份	5	河化股份	2	达嘉 / 共同	分歧 2	10243	46	10	16	33%
3 月 4 日	7	准油股份	5	二选一	1		分歧 1	10061	41	15	14	30%
3 月 3 日	6	准油股份	6	宁波能源	2	德石 / 通源	加速 1	10100	72	1	29	6.5%
3 月 2 日	5	准油股份	5	宁波能源	1		弱转强	8978	59	0	16	11%
3 月 1 日	4	准油股份	4	宁波能源	2	新晨 / 拓新	分歧 4	9687	45	5	10	17%

表 7.2　2022 年 3 月 16 日热点复盘

热点复盘 2022.3.16（周三）中波（第十轮）短波（第 5 个第 1 天）						
概念	细分	时间	空间板	补涨助攻		首板
东数西算 7		第 7 天	美利云穿越	迪维迅 2 板		5
基建 4		第 6 天	浙江建投 2 板	科利达 2 板		2
新冠医药 8	新冠药物 7	第 6 天	北大医药 6 板	中国医药 3+1		5
	抗原检测 1	第 4 天	北化股份 4 板			
电子身份证 9		第 4 天	南威软件 4 板	远方信息 2 板		5
			英飞拓 2 板	精伦电子 2 板		
旅游酒店航空 26	旅游 19	首板				19
	航空 3	首板				3
	酒店 4		岭南控股 2 板			3
新能源车 16		首板				16
大金融 8		首板	中银证券 2+1			7
光伏 9		首板	江苏阳光 2 板	北玻股份 2 板		7
房地产 5		首板				5
半导体 5		首板	江化微 2 板			5
传媒 6		首板				6
包装印刷 4						4
清洁能源 4			金山股份 2 板			3
消费			人人乐 2 板			2
业绩增长 3						3
公告 4	房地产：宋都股份；收购：德邦股份 4 板；和胜股份：拓普集团等					
跌停板 4	纵横通信、中坚科技、华塑控股、德创环保					

尽管当天房地产板块并非市场最强烈的焦点，仅有 5 个涨停，但最终为何房地产成为市场的主线呢？首先，国内外因素共同作用，需求收缩、供给冲击、预期转弱的内部压力，加上疫情反复、俄乌冲突、美联储加息等外部扰动，经济下行压力加大。房地产和汽车是我国两大传统支柱行业，房地产政策预期开始转向。其次，不同板块处于不同阶段，汽车板块当时正处于估

值下杀领跌阶段，而房地产板块正处于新低超跌阶段，弱势环境下超跌板块更容易受到资金关注。再次，从盘口龙头来看，浙江建投表现超出预期，大涨并开启基建板块炒作空间。在 3 月 15 日的跌停潮时，浙江建投以缩量涨停表现，连续三天上涨两板。到了 3 月 16 日，市场情绪修复，浙江建投直接一字涨停，加速上涨，进入主升阶段。

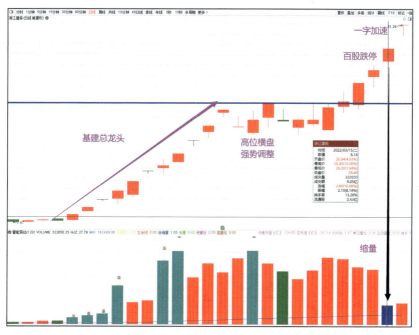

图 7.6　浙江建投日线图

二、一进二阶段分析

在 3 月 17 日的市场中，一进二成为核心观察点。一进二的核心是承接力，大部分热点板块在前三个交易日内止步不前，即没有进一步发酵，市场力度逐渐减弱。从盘口来看，我们可以从两个方向进行分析：一是板块间的竞争关系；二是板块内部的连板效应。

1. 板块间竞争

板块和板块之间的竞争关系，通过竞争确立主流热点。启动初期，通常会有多个首板题材出现。例如，在 3 月 16 日，旅游酒店、新能源汽车、券商、光伏、房地产、传媒等板块均有首板。到了 3 月 17 日的一进二阶段，仅房地产板块持续发酵，新华联和天保基建直接涨停，整个板块共有 23 家公司涨停。

旅游板块最强的身位票岭南控股 3 板顶一字，凯撒旅游一字被炸跳水大跌；汽车板块中，仅和胜股份在一进二阶段晋级二板。经过一进二阶段的竞争，房地产板块胜出，展现出最佳的承接力。

房地产板块在一进二阶段呈现两个显著特点：首先，创业板出现首板，特发服务和三六五网涨停，20cm 的涨停也是衡量一个板块强势的参考指标；其次，板块内部产生扩散，家具家电类股票在板块一进二阶段出现首板潮。

表 7.3 2022 年 3 月 17 日热点复盘

热点复盘 2022.3.17（周四）中波（第十轮）短波（第 5 个第 2 天）						
概念	细分	时间	空间板	补涨助攻		首板
东数西算 3		第 8 天	中富通 2 板	英维克 2 板		1
基建 7		第 7 天	浙江建投 3 板	北玻股份 3 板		5
新冠 / 医药 13	新冠药物	第 7 天	北化股份 5 板	中国医药 3+2		5
	中药	首板	盘龙药业 2 板			5
电子身份证 6	第五天	第 5 天	南威软件 5 板	精伦电子 4 板	中富通 2 板	3
旅游酒店 3		第 2 天	岭南控股 3 板	众信旅游 2 板	曲江文旅 2 板	
地产产业链 23	房地产 18	第 2 天	新华联 2 板	天保基建 2 板	苏州高新	14
	家具家电 5		宋都股份 4 板			5
汽车 10		第 2 天	和胜股份 2 板			9
清洁能源 8		第 2 天				5
	氢能	首板				3
消费 8	预制菜 3	首板				3
	食品饮料 5	首板	青海春天 2 板			4
光刻胶 4		第 2 天	江化微 3 板			3
游戏 5		首板				5
其他 9	德邦股份 4 板、盛和资源、盛通股份、国盛金控 2 板、海联金汇 2 板、台华新材、朗姿股份、国检集团、国茂股份					

2. 板块内部连板效应

在一进二阶段，板块内部的连板效应主要体现在启动首板后的持续涨停。5家公司首板启动后，次日有3家公司在一进二阶段晋级，天保基建和新华联涨停，苏州高新换手二板。当天早盘共有19家一字板公司，其中房地产板块首板涨停包括世联行、我爱我家、苏宁环球、新城控股等，一进二涨停的有新华联、天保基建等。此外，二进三的浙江建投、北玻股份以及三进四的宋都股份均涨停。基建产业链相关公司占比高达47%。

显然，在一进二阶段，房地产板块发酵，确立了自己的领涨地位，其他板块则逐步转为分歧，地位下降。这表明在一进二阶段，投资者更关注房地产板块，而其他板块的关注度相对减弱。

三、二进三阶段分析

3月18日，大部分题材股都是止步三板。首板辨识度不够，一进二是确立主流热点的时间，二进三是龙头诞生的第一个重要窗口。如果板块效应好，这个时间还要往后推迟。房地产板块二进三时竞价并不强，主要是当时医药太强了。3月18日早盘竞价的一字板主要有6个，其中5个是医药股，首板的益盛药业，一进二的合富中国、中欣氟材、上海医药，二进三的盘龙药业，三进四的北玻股份。房地产是盘中走强的，随后发酵。在这里不得不提及宋都股份这个情绪票，早期炒作锂电池，随着房地产走强，该股也开始发酵。这也是很多题材股炒作的特征，一个大级别上涨，其中会出现多个概念炒作。

3月17日盘面的空间板是电子身份证南威软件、新冠医药北化股份5板，次高是电子身份证的精伦电子、房地产的宋都股份4板。电子身份证于3月13日启动首板，炒作的逻辑是近日召开的国务院常务会议提出，推进身份证电子化，实现通过扫码办理需要用身份证的服务事项，逻辑想象空间一般，属于两个新旧周期交替时出现的过渡性热点，也就是轮动热点。新冠医药则是属于上个周期主线，分歧之后医药继续强者恒强，初期表现强劲。

3月18日，转折点，南威软件晋级6板，北化股份跌停，精伦电子跳水大跌，电子身份证退潮，宋都股份高开秒板，换手回封。房地产板块多只个股助攻，苏州高新9点58分涨停，天保基建10点37换手回封，新华联14点12分涨停，新城控股14点47分涨停，阳光城14点09分涨停。板块日内分歧转一致。在3月16日同一批次启动的首板题材，房地产脱颖而出，基本确认成为盘面主流热点。在这里，大家要注意，一个新周期启动前三天，最重要的事情就是要确认盘面是否产生主流热点。

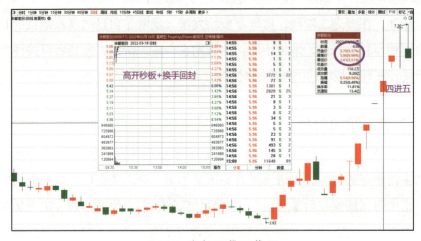

图7.7　宋都股份日线图

当天除了房地产分歧转一致之外，基建这条线也非常强，浙江建投穿越6天5板，海螺型材、顾地科技、交建股份、东湖高新、中毅达首板。同时，房地产还扩散出新的分支建筑节能，板块效应非常好。高标是北玻股份4板，耀皮玻璃、西大门、中材节能、三星新材、三峡新材、金房节能、方大集团、建艺集团、宝鹰股份、红宝丽、中衡设计、华阳国际、海印股份、江河集团首板。创业板涨停潮，晶雪节能2板、先锋新材、霍普股份、开尔新材、建研设计、华蓝集团首板。

表 7.4　建筑节能板块产业链细分概念

建筑节能概念股 (20220318)					
分类	股票名称	市值	占有率	高度	相关业务
Low-E玻璃（低辐射）	信义玻璃		15%		港股，中国最大的高档 LOW-E 节能玻璃生产商之一
	南玻 A	152	13%		第三代和复合功能节能玻璃产品
	旗滨集团	347	11%		公司主要产品有 0.33~19mm 优质浮法玻璃原片、超白浮法玻璃等
	台玻		9%		中国台湾
	耀皮玻璃	45	7%	4 天 3 板	璃产品 Low-E 玻璃
	北玻股份	54		5 板	钢化玻璃、中空玻璃、夹层玻璃、低辐射镀膜 (Low-E) 玻璃等
	三峡新材	44		首板	各类低温储藏设备玻璃门体及家电玻璃的设计、研发、生产与销售
	其他概念股：安彩高科、海南发展、金晶科技、维业股份、万顺新材、金刚玻璃				
保温防火材料	圣泉集团	260			高性能树脂和复合材料产业，产品广泛应用于耐火材料、保温材料等领域
	亚士创能	48			主营业务为功能型建筑涂料、建筑墙体保温装饰一体化材料等
	晶雪节能	30/7		创 3 板	主营业务冷库和工业建筑围护系统节能隔热保温材料等
	开尔新材	29		创首板	公司主营产品新型功能性搪瓷材料属于一种绿色环保新型墙体材料
	先锋新材	21		2 板炸	主营业务为高分子复合遮阳材料的研发，销售等
	中材节能	53		2 板	公司主营业务为节能环保工程、建筑节能材料
	红宝丽	36			公司保温材料产线早在 2013 已经投产，产能利用率低
	其他概念股：四方科技、祥源新材、隆华新材				
幕墙	广田集团	36		2 板	子公司广田方特拥有竖向节能装饰光伏幕墙一体化系统
	方大集团	49		首板	主营幕墙材料、新能源、轨道交通设备及系统、房地产四大业务板块
	建艺集团	17		首板	提供室内建筑装饰的施工和设计服务
	江河集团	76		首板	公司全资子公司广东省维业科技主要从事玻璃光伏幕墙与门窗等相关业务
	维业股份	20			建筑装饰设计与施工及土木工程建筑
	瑞和股份	29			"一种装配式光伏屋顶幕墙""一种可调式太阳能支架"等专利证书
	其他概念股：东南网架、海螺新材等				

续表

设计	霍普股份	22/5		创首板	国内知名的建筑设计技术与咨询服务提供商
	建研设计	37/9		创首板	绿色建筑设计与咨询、既有建筑节能改造、装配式建筑设计等业务
	华蓝集团	42/10		创首板	工程设计、国土空间规划、工程总承包管理及工程咨询服务
	华阳国际	31		首板	建筑设计和研发及其延伸业务
	建研院	28		2板	工程技术服务以及新型建筑材料生产销售
	中衡设计	24		首板	建筑领域的工程设计、工程总承包、工程监理及项目管理业务
	宝鹰股份	55		首板	建筑装饰工程设计与施工
	其他概念股：海印股份、启迪设计、华图山鼎、同济科技、郑中设计、盈建科等				
其他	玉马遮阳	34/8			遮阳建设的龙头企业
	西大门	22/7		2板	功能性遮阳材料的研发、生产和销售
	海螺型材	24		2板	塑料型材、门窗等
	浙江建投	420		总龙头	公司具备绿色建筑全产业链建造能力
以上数据为静态整理，根据公开信息整理					

小结：启动阶段最为复杂，一方面板块和板块之间面临竞争，另一方面板块内部也面临竞争，大部分热点不过三天，能够竞争出来，往往后期有不错的表现。由于地产启动力度和走势都非常超预期，不断发酵扩散，确认成为盘面主流热点，其余热点淘汰。

总的来说，投资者在面对新周期启动时，需要关注盘面的主流热点，通过板块之间和板块内部的竞争，识别出有潜力的板块和个股。此外，投资者还需要关注板块之间的分歧和扩散，以便在市场变化时及时调整投资策略。在这个阶段，投资者的决策尤为重要，因为在新周期的初期，市场的主线和热点尚未完全确立，投资者需要密切关注市场动态，以便抓住市场机会。

四、分歧阶段分析

启动阶段主要以前三天为主，第一，板块效应和当前所处的情绪周期。第二，板块内部的承接力，主要指板块连板效应。第三，板块的市场地位，和其他板块相比，是不是最强的。通常在第4到第6天会进入到分歧，这是龙头产生的关键时刻。

3月21日,三进四。经过前三个阶段的走势,我们可以基本确定地产板块成为盘面主流热点之一。当时,新冠医药也是主流热点,但医药属于跨周期,而房地产属于新周期。只要市场量能足够,两者可以同时支持双主线运行。因此,当天医药和房地产成为最强的两个板块,两市共有110家涨停,这两个板块占据半壁江山。

表 7.5　2022 年 3 月 31 日热点复盘

概念	细分	时间	空间板	补涨助攻		首板
热点复盘 2022.3.21(周一)中波(第十轮)短波(第 5 个第 4 天)						
基建(6)		第 9 天	交建股份 2 板			5
新冠 / 医药 30	新冠防疫 13	第 9 天	中国医药 4 板	中欣氟材 3 板	益盛药业 2 板	7
			合富中国 3 板	奥翔药业 2 板	盛视科技 2 板	
	中药 9	第 2 天	盘龙药业 4 板	上海医药 3 板	神奇制药 3 板	5
	NMN5	第 2 天	西王食品 + 众生药业 + 康惠制药 + 金达威 + 尔康制药 2 板			
	甲香豆素片	首板		精华制药 2 板		3
房地产产业链 24	房地产 13	第 4 天	宋都股份 6 板	天保基建 4 板	阳光城 3 板	7
			苏州高新 4 板	廊坊发展 2 板	荣安地产 2 板	
	建筑节能 8	第 2 天	晶雪节能 3 板	西大门 + 广田集团 + 中材节能 + 建研院 + 海螺型材 + 耀皮玻璃 2 板		
			北玻股份 5 板			
	电梯 3	首板				3
新能源车 12	汽车 7	第 4 天	国机汽车 2 板			6
	锂电池 5		鞍重股份 3 板			4
大消费 4		第 4 天	岭南控股 5 板	青海春天 4 板	曲江文旅 2+1	2
绿色电力 4			云南能投 2 板			3
农业 14		首板				14
浙江共富		首板				9
次新股 2						2
纺织品 2						2
业绩 3						3
军工 2						2
其他	半导体:冠石科技;智慧城市:云赛智联;物流:长江投资					

3月18日，房地产板块日内分歧转一致，3月21日板块直接发酵，宋都股份高开秒板，三进四只有新华联炸板，苏州高新和天保基建。助攻阳光城3板，建筑节能一进二连板潮。医药也很强，中国医药8天7板，而且三个一字板，板块也出现发酵。当天晋级梯队如下：

第一梯队：宋都股份6板，苏州高新4板（一字）、天保基建4板（换手）。

第二梯队：阳光城3板(15.8亿)；廊坊发展＋荣安地产2板。

第三梯队：财信发展、嘉凯城、宁波建工、华夏幸福、宁波联合、光大嘉宝、天房发展。

扩散梯队一：建筑节能一进二，北玻股份5板，晶雪节能3板，西大门、广田集团、中材节能、建研院、海螺型材、耀皮玻璃都成功进2板。

扩散梯队二：电梯首板，包括远大智能、康力电梯、梅轮电梯等。

3月22日，四进五。早盘继续加速，但分歧明显加大，这个分歧有两个特征：一个是前排顶一字炸板分歧，一个是扩散梯队大分歧，扩散板块率先淘汰。

第一梯队分歧：宋都股份、苏州高新、天保基建直接顶一字。情绪票宋都股份分歧最大，盘中炸板后大幅回撤。这种模式在4月底的汽车板块也出现过，如索菱股份和中通客车之间的关系，索菱股份就是情绪票，中通则是周期的总龙头。

在这个阶段，苏州高新的盘口始终强于天保基建。苏州高新在9点52分

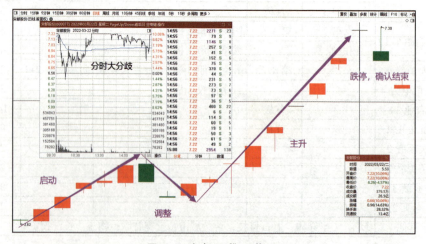

图 7.8　宋都股份日线图

表7.6　2022年3月21日连板复盘

连板复盘 2022.3.21（周一）

概念	股票名称	股票代码	时间	连板	涨停类型
房地产	宋都股份	600077	9:30	6	高开秒板
房地产	苏州高新	600736	9:25	4	一字板
房地产	天保基建	000965	9:31	4	换手板
房地产	阳光城	000671	10:44	3	换手板
房地产	廊坊发展	600149	9:40	2	T字板
房地产	荣安地产	000517	9:25	2	一字板
建筑节能	北玻股份	002613	9:25	5	一字板
建筑节能	晶雪节能	301010	10:35	3	换手板
建筑节能	耀皮玻璃	600819	9:25	2	一字板
建筑节能	海螺型材	000619	9:25	2	一字板
建筑节能	西大门	605155	9:49	2	T字板
建筑节能	广田集团	002482	9:25	2	一字板
建筑节能	中材节能	603126	9:32	2	T字板
建筑节能	建研院	603183	11:04	2	换手板
基建	交建股份	603815	9:30	2	换手板
新冠中药	盘龙药业	002864	9:25	4	一字板
新冠中药	神奇制药	600613	13:07	3	换手板
新冠中药	康惠制药	603139	9:34	2	T字板
新冠中药	国药现代	600420	9:34	2	T字板
新冠中药	上海医药	601607	9:25	3	一字板
新冠中药	奥翔药业	603229	10:39	2	换手板
新冠药	中国医药	600056	14:22	4+3	换手板
新冠防疫	合富中国	603122	9:25	3	一字板
新冠防疫	盛视科技	002990	9:57	2	T字板
新冠防疫	益盛药业	002566	9:25	2	一字板
新冠防疫	精华制药	002349	11:21	2	换手板
三氟甲苯	中欣氟材	002915	9:25	3	一字板
NMN	尔康制药	300267	9:37	2	换手板
NMN	西王食品	000639	9:25	2	一字板
NMN	众生药业	002317	9:32	2	换手板
NMN	金达威	002626	13:10	2	换手板
预制菜	岭南控股	000524	9:49	5	换手板
白酒	青海春天	600381	10:17	4	换手板
锂电池	鞍重股份	002667	9:31	3	T字板
汽车	国机汽车	600335	10:49	2	换手板
光伏风电	云南能投	002053	9:36	2	换手板
房地产	新华联	000620	10:04	4	炸板
NMN	兄弟科技	002562	9:40	2	炸板
医药	威尔药业	603351	9:32	2	炸板
军工	湖南天雁	600698	11:11	2	炸板
化工	司太立	603520	13:03	2	炸板
化工	纳尔股份	002825	13:01	2	炸板
建筑节能	金房节能	001210	9:25	2	炸板
建筑节能	先锋新材	300163	11:16	2	炸板
绿色电力	中路股份	600818	13:25	2	炸板
电力	豫能控股	001896	13:30	2	炸板
基建	顾地科技	002694	9:33	2	炸板

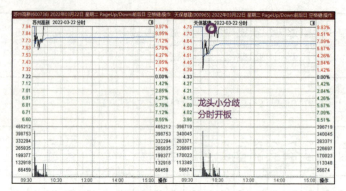

图 7.9　天保基建和苏州高新分时图

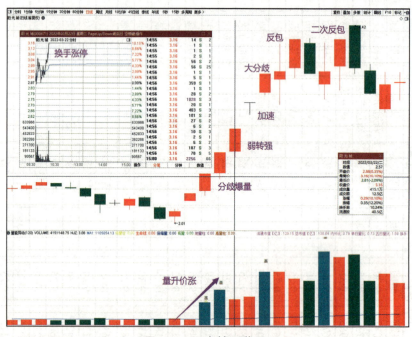

图 7.10　阳光城日线图

回封，而天保基建在 10 点 01 分回封。此外，日线图首次出现天量柱，天量是指历史最大换手。通常，板块的小分歧是切入龙头的时机，而只有板块大分歧、跌停潮时，龙头才会补跌。

扩散板块大分歧：随着地产前排爆量分歧，扩散的建筑节能板块也出现大分歧。前一天有 8 个二连板，仅有 2 个晋级，广田集团 + 耀皮玻璃三连板，

图 7.11　特发服务日线图

北玻股份继续一字六连板，晶雪节能止步于三连板，跳水大跌 9.36%。

异动个股：分歧扩大之外，盘面有两个涨停板具有代表性。一是阳光城，作为助攻梯队，前三连板量升价涨。第三连板出现小高潮分歧，3 月 22 日弱转强晋级四连板，3 月 23 日一字加速，3 月 24 日再次分歧爆量。

另一个是创业板套利，特发服务涨停。创业板因为是 20cm，所以在当前题材轮动中，大部分都以主板个股作为突破口引导情绪，创业板的龙头则以断板形式出现。在现有制度下，需要关注这一点。

此外，上升过程中的小分歧，轮动热点或跟风个股会先跌。当天盘面有 8 个跌停，主要是医药和跟风个股。医药板块的北化股份、北大医药、威尔药业、神奇制药跌停，其他如德邦股份、中路股份、云南能投、青海春天等也跌停。

表 7.7　2022 年 3 月 22 日热点复盘

热点复盘 2022.3.22（周二）中波（第十轮）短波（第 5 个第 5 天）						
概念	细分	时间	空间板	补涨助攻		首板
新冠医药 11	新冠防疫	第 10 天	中欣氟材 4 板	合富中国 4 板	浙江震元 2 板	3
	中药	第 3 天	盘龙药业 4 板	益盛药业 3 板	精华制药 3 板	2

续表

概念	细分	时间	空间板	补涨助攻		首板
房地产产业链28	房地产13	第5天	宋都股份7板	阳光城4板	光大嘉宝2板	5
			天保基建5板	荣安地产3板	华夏幸福2板	
			苏州高新5板		宁波建工2板	
	建筑节能3	第3天	北玻股份6板	广田集团3板	耀皮玻璃3板	
	恒大系12	首板	广田集团3板	嘉凯城2+1		10
汽车5		第5天	国机汽车3板	野马电池2板		3
农业4		第2天	京粮控股2板	粤海饲料2板		2
航空高铁8		首板	晋亿实业2板			7
储能4		首板				4
数字货币			海联金汇4+1			1
油气2						2
大金融3			香溢融通2板			2
业绩2						2
医药4			北大医药、北化股份、神奇制药、威尔药业			
其他4			云南能投、德邦股份、青海春天、中路股份			

3月23日，五进六，盘面分歧进一步加大，这个分歧主要体现在医药板块。医药属于穿越周期，房地产则是本周期。如果产生分歧，穿越或反包会先于本周期的板块分歧。当天医药板块大分歧，只剩下5个涨停，房地产小分歧，天保基建淘汰苏州高新确立龙头。当天，两市共有8家跌停，66家涨停。空间板是北玻股份7连板，次高是天保基建6连板，盘龙药业6连板。同时随着主线分歧，出现新题材首板，氢能17个涨停，清洁能源9个涨停，5G板块10个涨停，这是主线分歧时经常出现的现象。

表7.8　2022年3月23日热点复盘

热点复盘2022.3.23（周三）中波（第十轮）短波（第5个第6天）						
概念	细分	时间	空间板	补涨助攻		首板
新冠医药5		第11天	盘龙药业6板			4
房地产产业链20	房地产17	第6天	北玻股份7板	阳光城5板	信达地产2板	11
			天保基建6板	荣安地产4板	宁波建工3板	
	恒大系3		广田集团4板	国机汽车4板	世联行2板	
氢能17		首板	京城股份2板	冠城大通2板		15

续表

清洁能源 9		首板	宁波能源 2 板		8
5G		首板			10
智慧矿山 2					2
体育 2					2
其他 10	西王食品 4 板、粤水电 3 板、星湖科技 2 板、吉翔股份 2 板、中利集团、苏州科达、万控智造、宝莫股份、闽发铝业、天马科技				
跌停板 8	中路股份、浙江震元、云南能投、香溢融通、宋都股份、南华生物、合富中国、北化股份				

具体来看，分歧具有以下特征：

第一梯队：宋都股份竞价低开 6.93%，盘中大幅波动，尾盘跳水跌停。苏州高新盘中也大幅波动，尾盘大跌。这两只股票被淘汰。

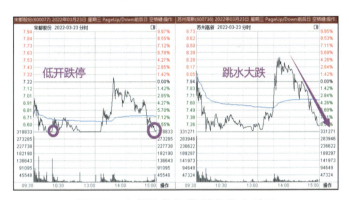

图 7.12　宋都股份和苏州高新分时图

图 7.13　3 月 23—24 日天保基建分时图

天保基建早盘高开换手上板，反复炸板后快速回封，再次炸板，午后再次回封，典型的烂板。通常，龙头诞生时都是爆量，次日有两种走法：一种是龙头补跌，另一种是龙头转强，开启第二波。这意味着龙头的买卖点需要提前关注。

阳光城顶一字：在盘面继续分歧的过程中，助攻梯队的股票始终在不断轮动走强。如果板块结束，次高往往率先大跌。反过来，次高走强，前排只是爆量。阳光城当天顶一字板，早盘炸板。

天保基建晋升市场次高：当天，天保基建晋升为市场连板梯队次高。当天连板共有 18 个，如下：

第一梯队：北玻股份 7 连板，且当天爆量；盘龙药业 6 连板。

第二梯队：天保基建 6 连板，阳光城 5 连板。注意，阳光城淘汰前面的宋都股份、苏州高新、新华联。

图 7.14 阳光城分时图

第三梯队：四连板，荣安地产、国机汽车、广田集团、西王食品。

后排：基建的宁波建工 3 连板，重组的粤水电 3 连板，锂矿的吉翔股份 2 连板，氢能京城股份 + 冠城大通 2 连板，绿色电力宁波能源 2 连板，次新万控智造 2 连板，房地产的信达地产 + 世联行 2 连板，新冠原料星湖科技 2 连板。

五、情绪主升

通过 3 天的分歧 PK，资金确立了房地产龙头是天保基建。我们会发现，在板块效应好的时候，龙头基本在 5 到 6 板时产生。板块效应不好时，基本在 3 到 4 板产生。而且龙头诞生时伴随放量。放量后有两种结果：一种是龙头转弱，板块炒作结束；另一种是龙头转强，板块进入情绪主升阶段。进入情绪主升阶段时，一般龙头会先出现分歧转强的信号。

3 月 24 日，六进七，龙头确认转强。3 月 24 日早盘竞价，天保基建直接被抢筹。当天房地产板块顶一字的主要有两个：一个是龙头天保基建，另一个是补涨的冠城大通。同时，被淘汰的宋都股份直接核按钮，一字跌停，创业板套利个股特发服务也大幅低开。

表 7.9　2022 年 3 月 24 日房地产板块竞价涨幅榜

股票代码	股票简称	竞价涨幅 (%)	竞价异动类型	股票代码	股票简称	竞价涨幅 (%)	竞价异动类型
600067.SH	冠城大通	10.05	大幅高开	600077.SH	宋都股份	−10.00	大幅低开
000608.SZ	阳光股份	9.92	大幅高开	300917.SZ	特发服务	−7.72	大幅低开
000965.SZ	天保基建	9.73	竞价抢筹	600736.SH	苏州高新	−7.31	大幅低开
600657.SH	信达地产	6.87	涨停撤单	600622.SH	光大嘉宝	−5.76	大幅低开
000671.SZ	阳光城	3.45	竞价抢筹	002188.SZ	*ST 巴士	−4.99	跌停试盘
600082.SH	海泰发展	0.84	竞价抢筹	002285.SZ	世联行	−4.30	竞价抢筹
600639.SH	浦东金桥	0.77		601155.SH	新城控股	−4.22	
002147.SZ	*ST 新光	0.44		600159.SH	大龙地产	−4.20	跌停试盘
600848.SH	上海临港	0.07		000620.SZ	新华联	−4.01	
000042.SZ	中洲控股	0.00		000667.SZ	美好置业	−3.87	竞价砸盘

值得注意的是，此时盘面还有一个信号比较影响情绪。此前已经连续 2 天分歧，而且在分歧过程中，一直杀高标。先是宋都股份见顶之后连续跌停，同时北玻股份前一天晋级 7 连板之后，早盘竞价也不及预期。低开后两次核按钮去跌停，14 点 10 分封死跌停，14 点 33 分炸板，随后快速拉升到涨停，走出地天板。高标止亏，也意味着分歧结束，市场情绪再度上升。

图 7.15 北玻股份 3 月 24 日分时图

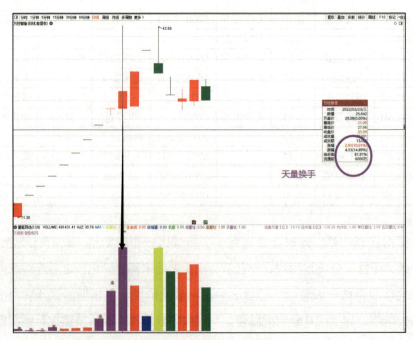

图 7.16 万控智造日线图

当然,为什么北玻股份能够地天板?除了天保基建,还有一只个股也是形成了正反馈的,这个就是次新的万控智造。天保基建6连板爆量,万控智造更是换手达到81.9%。次新一直是情绪风向标。该股早盘竞价大幅低开后快速封死涨停,而另一个合富中国则直接核按钮一字跌停。

小结:做龙头的压力非常大,因为每一个龙头的诞生往往发生在极端市场环境下,而且龙头的买点非常不舒服。市场环境差时,投资者担心补跌,不敢低吸;市场好时,则需要追涨,大部分都是打板。另外,分歧的主要特征是高位股下跌,分歧结束的信号需要观察高位股止跌。随着北玻股份从弱转强,天保基建顶一字,上升过程中的小分歧结束。这个分歧时间一般为2到3天,主要是跟风或者轮动热点大跌。

表 7.10　2022 年 3 月 24 日热点复盘

概念	细分	时间	空间板	补涨助攻		首板
热点复盘 2022.3.24(周四)中波(第十轮)短波(第5个第7天)						
新冠医药 23	新冠防疫 14	第 12 天	盘龙药业 7 板	精华制药 3+1	上海医药 3+1	3
			中欣氟材 4+1			7
	医药 9		华森制药 2 板	亚太药业 2 板		7
房地产 8	第七天		北玻股份 8 板	阳光城 5 板	信达地产 3 板	2
			天保基建 7 板	广田集团 5 板	阳光股份 2 板	
氢能源 4		第 2 天	冠城大通 3 板	京城股份 3 板		2
次新股 5		首板	万控制造 3 板			4
农牧业 3		首板				3
关税豁免 10						10
油气 2			宝莫股份 2 板			1
锂电池 2						2
其他 8	武汉凡谷 2 板、祥和实业、星湖科技 3 板、安纳达、重庆港、江南化工、双塔食品、佳力图					
跌停板 5	中体产业、中天服务、舒华体育、宁波能源、宁波建工					

3月25日,七进八,龙头更强。由于北玻股份地天板及高标的走强,次日市场情绪迅速走强。然而,市场表现仍然较为分化,地产板块并未全面高潮,与此同时,市场另一主线医药开始出现分歧,医药板块炸板潮与跌停潮交替出现。

表 7.11　2022 年 3 月 25 日热点复盘

热点复盘 2022.3.25(周五) 中波 (第十轮) 短波 (第 5 个第 8 天)						
概念	细分	时间	空间板	补涨助攻		首板
新冠医药 11	新冠药	第 12 天	盘龙药业 8 板	亚太药业 3 板		2
	中药			京新药业 2 板		2
	原料药	首板				4
房地产产业链 13		第 8 天	北玻股份 9 板	海泰发展 2 板		3
			天保基建 8 板			6
关税豁免 21	服饰 9	第 2 天	华升股份 2 板	上海三毛 2 板	龙头股份 2 板	6
	跨境电商 8	首板				8
	车轮 2		跃岭股份 2 板			1
	其他 2		富家股份 2 板			1
工业大麻 6		首板	亚太药业 3 板			5
元宇宙 5		首板				5
农业养殖 4		第 2 天	京粮控股 2 板			
次新股 4			富佳股份 2 板			3
新能源车 2			吉翔股份 2+1			1
医美 2						2
其他 7	粤水电 5 板、武汉凡谷 3 板、湖南天雁、万泽股份、中科金财、华阳新材、绿康生化					
医药 5	中国医药、龙津药业、合富中国、海正药业、北大医药					
其他 6	众泰汽车、青海春天、南威软件、江苏阳光、国美通讯、春风动力					

从盘面来看，情绪加速的最主要信号是前排顶一字，或核心标的大幅高开，早盘快速封死涨停。例如，次新股万控智造四进五，直接一字板。房地产龙头天保基建高开 7.99%，9 点 51 分涨停。建筑节能板块的北玻股份地天板次日高开 6.43% 秒板。然而，尾盘出现分歧，万控智造等个股出现回调。

同时，医药板块出现大分歧，炸板潮频现，精华制药几乎地天板，多只医药股封死跌停，如合富中国、海正药业、中国医药、北大医药和龙津药业。星湖科技、精华制药、塞隆药业等连板股也炸板。

表 7.12　医药连板炸板数据

次新股	万控智造	603070	9:25	4	尾盘炸
新冠医药	星湖科技	600866	9:30	4	−0.24%
新冠医药	精华制药	002349	9:39	2	−7.18%
新冠医药	赛隆药业	002898	9:40	2	5.19%
新冠医药	华润双鹤	600062	11:04	2	6.22%
新冠医药	华森制药	002907	9:25	3	9.33%
新冠医药	中欣氟材	002915	10:58	2	2.29%
新冠医药	国药股份	600511	10:19	2	6.87%

另外，低位热点发酵。由于医药主线的分歧，资金在高低位之间流动。前一个交易日关税豁免爆发首板，当天一进二涨停潮。

在这个阶段，A 类热点为服饰：华升股份、上海三毛 2 板；如意集团、盛泰集团、泰慕士、嘉陵杰、宏达高科、浪莎股份首板；B 类热点为跨境电商：龙头股份 2 板，德邦股份、星徽股份、天泽信息、联络互动、南极电商、吉宏股份、人人乐、狮头股份首板；其他热点还有：车轮跃岭股份 2 板，迪生力首板；贸易上海物贸，家电富家股份 2 板。

值得注意的是，每次主流热点小分歧诞生时，都会出现一些低位首板，但这些题材的持续性都非常差。首板和一进二尚可，到了二进三和三进四就会产生剧烈亏钱效应。例如，创业板久祺股份一进二炸板大跌，次日跌幅达

图 7.17　久祺股份日线图

到 16%。对于这类轮动热点，创业板二板加速非常危险，相当于主板四板，一旦炸板，回撤 20% 到 30% 的概率较大。

小结：在一个周期内，主流热点分歧时，轮动热点出现。当主流热点分歧高潮时，轮动热点情绪发酵高潮。随后，主流热点由弱转强，轮动热点结束。这一过程通常在 2 到 3 天内完成，这也是为什么大部分热点在 2 到 3 天内结束。当天涨停梯队如下：

第一梯队：北玻股份 9 板，天保基建 8 板。

第二梯队：海泰发展 2 板（T 字），唯一连板。

第三梯队：世联行、华夏幸福、中国国贸、中交地产反包。

3 月 28 日，八进九，龙头加速。七进八时，盘面的重要特征是医药板块大分歧，地产板块小分歧。八进九时，医药板块分歧进一步加剧，地产板块则继续小高潮。两市共有 22 家公司跌停，其中医药 5 个，锂电池 6 个，地产中天服务，建筑节能北玻股份跌停。天保基建和盘龙药业 9 板，成为市场新的空间板。

表 7.13　2022 年 3 月 28 日热点复盘

热点复盘 2022.3.28（周一）中波（第十轮）短波（第 5 个第 9 天）						
概念	细分	时间	空间板	补涨助攻		首板
新冠防疫 7		第 13 天	盘龙药业 9 板			6
房地产产业链 18		第 9 天	天保基建 9 板	三湘印象 2 板	华夏幸福 2 板	7
			海泰发展 3 板	中国国贸 2 板	中交地产 2 板	2
	基建	首板				3
农业 3		第 3 天	京粮控股 3 板	农发种业 2 板		1
关税豁免 2	纺织	第 3 天	华升股份 3 板	如意集团 2 板		
元宇宙 8		第 2 天	湖北广电 2 板	三湘印象 2 板		6
工业大麻 3		第 2 天	莱茵生物 2 板	永吉股份 2 板	贵州百灵 2 板	
华为 6		首板	武汉凡谷 4 板			6
5G 3			武汉凡谷 4 板			2
业绩预增 3						3

续表

其他 12	科陆电子、杭齿前进、渝开发、津荣天宇、韶能股份、欢瑞世纪、中科云网、中远海能、宏柏新材、东方能源、海欣食品、獐子岛
医药 5	赛隆药业、华森制药、百花医药、奥翔药业、亚太药业
锂电池 6	德新科技、红星发展、冠城大通、吉翔股份、永太科技、吉翔股份
其他 11	关税：比依股份、跃岭股份；地产：中天服务、北玻股份
	德业股份、超讯通信、佳力图、粤水电、索菱股份、维维股份、星宇股份

本轮周期的主线是房地产和医药，其中医药龙头是盘龙药业，地产龙头是天保基建。当天，盘龙药业天量换手，反复炸板，医药板块分歧进入高潮，亚太药业、赛隆药业、奥翔药业、华森制药、益盛药业跌停。

图 7.18　盘龙药业分时图

图 7.19　天保基建分时图

地产板块，由于是新周期板块，一般是最后分歧的。当天，连板梯队仍表现优秀。然而，尾盘随着市场跌停潮的释放，天保基建尾盘出现炸板，换手后快速回封。

小结：随着主线热点医药分歧加剧，地产板块继续领涨。轮动热点关税豁免板块此时遭遇剧烈的炸板潮和跌停潮，亏钱效应非常大。当天地产板块的梯队如下：

第一梯队：天保基建9板。

第二梯队：信达地产5天4板（秒板），海泰发展3板（一字）。

第三梯队：华夏幸福、中国国贸、中交地产等2板；亚通股份、天房发展、粤宏远A、济南高新、泰禾集团、嘉凯城、京投发展等首板。

扩散梯队：基建板块的宁夏建材、重庆建工、北新路桥涨停。

六、龙头首阴：分歧高潮

3月29日，九进十，新周期第10天，龙头首阴，短周期结束。医药板块先分歧，然后是本周期主升的地产分歧。当天房地产出现大分歧，宋都股份、华夏幸福、北玻股份、阳光股份、阳光城、冀东装备等跌停。此时盘面较为混沌，率先分歧的医药板块出现低位补涨首板，同时启动新的题材首板，农业板块涨停潮，多胎概念涨停潮。

表 7.14 2022 年 3 月 29 日热点复盘

热点复盘 2022.3.29（周二）中波（第十轮）短波（第5个第10天）						
概念	细分	时间	空间板	补涨助攻		首板
房地产6		第11天	海泰发展4板	中交地产3板	渝开发2板	天房发展2板
农业11	农业种植	第4天	京粮控股4板	农发种业2板		2
	水产	首板				3
	化肥	首板				4
5G3	第五天		武汉凡谷5板			2
关税豁免	电商4	第3天				4
工业大麻3		第3天	华升股份4板	贵州百灵3板		1

续表

新冠防疫8	中药6	首板	明德生物2板	中国医药穿越		6
多胎5		首板	创新医疗2板			4
军工2						2
业绩预增3			招商轮船2板			
股权3			獐子岛2板			2
其他4	中科金财：数字；双环科技：化工；龙净环保：环保；新力金融：重组预案					
基建地产6	宋都股份、华夏幸福、北玻股份、阳光股份、阳光城、冀东装备					
关税豁免4	上海三毛、如意集团、富佳股份、德邦股份					
其他7	国机汽车、兴通股份、星湖科技、万控智造、冠城大通、顺灏股份、博信股份					

　　龙头首阴时要特别注意龙头的承接力，天保基建高开5.45%跳水大跌，信达地产高开4.93%跳水大跌。重点注意天保基建的盘口表现：天保早盘V形未创新高，然后一路震荡向下，尾盘跳水新低，且市场进一步释放跌停潮。但该股不仅没有出现大跌，最后半个小时股价却一路逆势向上，承接力非常好。

图7.20　天保基建分时图

正常来说，像这种高标早盘一旦走弱，尾盘特别容易跳水。

另外，龙头首阴时，板块亏钱效应一般是高潮。当天助攻票阳光城跌停，竞价低开之后快速核按钮跌停，宋都股份、华夏幸福、阳光股份封死跌停。

小论：龙头首阴是情绪主升结束的重要信号，同时伴随板块跌停潮。主升阶段有三个重要特征：一是龙头的确定性，相比其他个股，龙头只要买入，风险相对较少。二是助攻个股的轮动，助攻个股并不是一成不变的，大部分个股高度止步6到7板，然后就会换，这个原因是因为龙头的高度也就9到10板预期。三是跟风个股不确定性，哪个首板会涨，哪个不会涨，这里不确定性太大。

龙头首阴之后，盘面开始进入混沌状态。此时题材有两种演变形式：一

图 7.21　阳光城分时图

种是筑顶轮动，等待新的主流热点产生。类似于2月初的基建，基建主升结束后，东数西算和地缘冲突概念轮动。另一种是筑顶退潮，筑顶之后，盘面没有产生新的主流热点，而是退潮。类似于3月底的房地产，4月中旬开始持续退潮，产生亏钱效应。

七、房地产第二个短周期

龙头首阴意味着一个短周期结束，首阴之后有两种走法：一种是短暂分歧之后，开启新周期并继续上涨。另一种是短暂分歧后，反包筑顶然后退潮。要判断是分歧还是退潮，可以关注两个重要信号：首先是龙头走势，观察是否出现大的亏钱效应，例如在大量交易后的次日跌停。其次是板块亏钱效应，如果退潮，一般板块会出现大规模跌停潮，同时板块指数对应阶段性高点。分歧的情况下，一般亏钱效应不大。此外，还可以观察板块走势结构。显然，这里还不像板块炒作结束。这个短周期从3月16日开始，到3月29日基本结束。

从3月30日开始，盘面进入新的短周期。主升周期之后，通常紧接着是轮动周期。这个周期非常混沌。一方面，主流热点进入低位补涨阶段；另一方面，盘面会出现新的题材首板，试图切换。同时，前主流热点龙头还会酝酿反包。到底哪一个力量更强，主要取决于前主流热点龙头的反包力度。补涨结束的信号是补涨龙头跌停，同时板块出现跌停潮。这个时间大约是从3月29日—4月11日。在天保基建涨停9板时，中交地产产生首板。由于是补涨周期，两者之间的衔接非常快，中间伴随跌停潮。

3月30日，新周期的第1天，龙头由弱转强。一方面，新的题材首板出现，例如俄乌冲突、风光储能、锂电池，但板块效应一般。医药和房地产仍然是最强的两个板块，房地产扩散出新的分支，装饰装修首板。另一方面，高位的弱转强，盘龙药业、天保基建都出现反包涨停。显然，盘面继续走补涨，主线强者恒强。

表 7.15　2022 年 3 月 16 日—29 日短周期

情绪周期模型（2022）

时间	空间	空间板	次高	次高板	创空间	创空间板	情绪	量总	涨停	跌停	连板	炸板率
3月30日	5	海泰发展	4	二选一	3	津荣天宇	弱转强	9581	74	2	14	34%
3月29日	5	武汉凡谷	4	三选一	2	津荣天宇	分歧2	8638	51	17	14	36%
3月28日	9	天保基建	9	盘龙药业	1		分歧1	8702	57	22	16	33%
3月25日	9	北玻股份	8	二选一	1		加速1	9181	69	11	15	51%
3月24日	8	北玻股份	7	二选一	1		弱转强	9200	60	4	16	30%
3月23日	7	北玻股份	6	二选一	1		小分歧2	9427	66	8	18	40%
3月22日	7	宋都股份	6	北玻股份	1		小分歧1	9626	74	8	29	29%
3月21日	6	宋都股份	5	北玻股份	3	晶雪节能	加速3	10150	110	1	36	23%
3月18日	6	南威软件	5	宋都股份	2	晶雪节能	加速2	9902	93	3	21	12%
3月17日	5	南威软件	5	二选一	2	中富通	加速1	12752	89	0	22	42%
3月16日	6	北大医药	4	三选一	3	远方信息	弱转强	11917	119	4	17	19%
3月15日	5	北大医药	3	南威软件	2	远方信息	分歧2	11238	25	92	9	0%

表 7.16　2022 年 3 月 30 日—4 月 11 日短波周期
情绪周期模型（2022）

时间	空间	空间板	次高	次高板	创空间	创空间板	情绪	量总	涨停	跌停	连板	炸板率
4 月 13 日	6	大理药业	4	二选一	2	冰川网络	分歧 3	8731	50	46	18	50%
4 月 12 日	5	大理药业	4	北部湾港	2	新宁物流	分歧 2	9161	93	16	20	23%
4 月 11 日	6	国统股份	4	二选一	1		分歧 1	9634	50	43	15	34%
4 月 8 日	6	中国武夷	6	海南瑞泽	1		弱转强	9261	63	18	16	11%
4 月 7 日	5	中国武夷	5	海南瑞泽	2	红泰格	分歧 4	9227	29	31	12	52%
4 月 6 日	7	中交地产	4	五选一	1	康芝药业	分歧 3	9657	78	15	23	34%
4 月 1 日	6	中交地产	4	中科金财	2	泰林生物	分歧 2	9353	68	13	18	22%
3 月 31 日	6	海泰发展	5	中交地产	1		分歧 1	10088	48	8	15	51%
3 月 30 日	5	海泰发展	4	二选一	3	津荣天宇	弱转强	9581	74	2	14	34%
3 月 29 日	5	武汉凡谷	4	三选一	2	津荣天宇	分歧 2	8638	51	17	14	36%
3 月 28 日	9	天保基建	9	盘龙药业	1		分歧 1	8702	57	22	16	33%

表 7.17 2022 年 3 月 30 日热点复盘

热点复盘 2022.3.30（周三）中波（第十轮）短波（第 6 个第 1 天）						
概念	细分	时间	空间板	补涨助攻		首板
房地产产业链 34		10+1	海泰发展 5 板	渝开发 3 板	天房发展 3 板	9
			天保基建 9+1	中交地产 4 板	世荣兆业 2 板	11
	装饰装修 8	首板				8
医疗医药 12	新冠		盘龙药业 9+1	中国医药 2 板		2
	医疗		创新医疗 3 板			2
	中药		贵州百灵 4 板	太安堂 2 板		3
俄乌冲突 6		首板				5
风光储 4		首板				5
锂电池 4		首板				4
高送转 3						3
跨境电商 2			联络互动 2 板			1
汽车 2						2
券商 2						2
业绩预增 4		首板				4
数字货币 2			中科金财 2 板			1
其他 6	金浦钛业 2 板、双环科技 2 板、有研新材、中天金融、奥园美谷、天音控股					
跌停板 2	园城黄金、立航科技					

首阴次日，龙头由弱转强是大概率事件。但是，是否有板块效应仍不确定。如果有板块效应，很容易演变成主升；没有板块效应，则容易演变成衰退筑顶。那么这个弱转强是如何产生的呢？关键在于助攻梯队的表现。前一天，信达地产高位炸板，中交地产地天板反复炸板。结果，这两个股票竞价直接被抢筹，开盘后秒板。随着天保基建的涨停，地产板块再次进入高潮。

表 7.18　房地产板块竞价涨幅表

股票代码	股票简称	竞价涨幅	异动类型
000736.SZ	中交地产	10.02	竞价抢筹
000797.SZ	中国武夷	9.94	大幅高开
000514.SZ	渝开发	9.74	大幅高开
600657.SH	信达地产	9.12	竞价抢筹
600082.SH	海泰发展	6.88	竞价抢筹
002016.SZ	世荣兆业	3.95	急速下跌
600890.SH	*ST 中房	3.85	涨停试盘
000011.SZ	深物业 A	3.66	涨停试盘
600638.SH	新黄浦	2.88	—
000965.SZ	天保基建	2.13	竞价抢筹

从盘面来看，主要分为两种类型的个股：一类是高位龙头由弱转强，另一类是中位补涨龙走强。高位补涨龙主要是天保基建和盘龙药业。补涨个股的涨幅通常为 3 到 4 板。一旦退潮，补涨个股会直接尖顶。反过来，如果补涨个股超预期，也说明主线上升未结束。

1. 高位反包

代表性个股有天保基建和盘龙药业。次日早盘，这些个股都出现了高开走强。这类股票很少会直接秒板，基本都是经过充分的换手转强，然后涨停。在反包阶段，一般不建议打板，可以重点关注半路买点。

图 7.22　天保基建和盘龙分时图

2. 补涨弱转强

龙头首阴时，房地产板块的空间板是海泰发展4板，次高为中交地产3板，信达地产5天4板，中交地产3板地天烂板，海泰发展一字板，信达地产反包被炸。如果地产板块退潮，次日容易低开核按钮，遵循中位先跌的顺序。如果地产板块分歧结束，次日容易高开由弱转强。从盘面来看，走的是第二种情况。

图7.23　信达地产和中交地产分时图

此外，当天房地产板块结束调整，开出实体阳线，板块再次进入拉升阶段。板块指数和龙头形成共振。

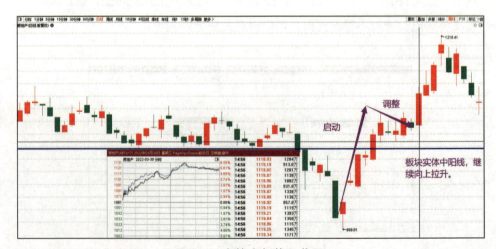

图7.24　房地产板块日线图

小结：分歧次日，核心标的的走势非常关键。如果核心标的直接转强，分歧有望结束；如果核心标的走弱，分歧加大，板块内个股会再次补跌。一旦形成涨停潮，穿越的概率就会非常大。当日，地产板块梯队如下：

第一梯队：天保基建 11 天 10 板、信达地产 7 天 5 板、海泰发展 5 板，中交地产 4 板。

第二梯队：天房发展 3 板、渝开发 3 板、世荣兆业 2 板。

第三梯队：首板涨停潮，嘉凯城、泰禾集团、中国武夷、南国置业等。

扩散梯队：装饰装修，菲林格尔、亚士创能、坚朗五金、海南瑞泽、东方雨虹、江山欧派、三棵树首板。

3 月 31 日，新周期第 2 天，龙头加速。当日，地产核心个股海泰发展、信达地产、中交地产、天保基建直接顶一字。医药龙头盘龙药业天地板，医药本身就是提前地产分歧的，这次仍然如此。地产的分歧主要集中在低位一进二，出现炸板潮。

表 7.19　2022 年 3 月 31 日热点复盘

热点复盘 2022.3.31（周四）中波（第十轮）短波（第 6 个第 2 天）						
概念	细分	时间	空间板	补涨助攻		首板
房地产 10		10+2	海泰发展 6 板	中交地产 5 板	渝开发 4 板	3
			天保基建 2 板	南国置业 2 板	中国武夷 2 板	沙河股份 2 板
新冠医药 7	中药 5	第 3 天	太安堂 3 板	青海春天 2 板		3
	新冠检测 2					2
基建 9		首板	建艺集团 2 板	海南瑞泽 2 板		7
水利建设 7		首板	粤水电 9 天 6 板			6
数字货币 5		首板	中科金财 3 板	楚天龙 2 板		3
送转/分红 5		首板				5
其他 11	金浦钛业 3 板、联络互动、农发种业、莱茵生物、鼎龙文化、中科云网、萃华珠宝、亚太实业、退市新亿、嘉麟杰等					
跌停板 8	西子洁能、新金路、武汉凡谷、美诺华、科达制造、贵人鸟、德新科技等					

由于前一天房地产板块是涨停潮，因此 31 日接力时，中间梯队的分歧仍然明显，一大批个股出现炸板潮。在情绪主升阶段，龙头确定性最高，中位

梯队非常不确定，低位首板又不容易买到。要么秒板，要么顶一字，买到的反而是弱的。

表 7.20　房地产板块炸板潮

房地产	天房发展	600322	9:30	4	−6.12%
房地产	世荣兆业	002016	9:31	3	2.93%
房地产	津滨发展	000897	9:40	2	−3.32%
房地产	光大嘉宝	600622	13:25	2	−0.70%
房地产	大龙地产	600159	13:14	2	0.26%
房地产	信达地产	600657	13:53	2	4.08%
房地产	三湘印象	000863	14:55	2	9.35%
水泥	四川金顶	600678	9:30	2	1.26%
基建	中工国际	002051	11:11	2	2.33%
建筑材料	菲林格尔	603226	14:36	2	−3.55%

医药板块的分歧本身就是一个大概率事件，因为这个板块已经连续穿越多个周期，而地产则是第一次穿越。中国医药成为这一轮医药炒作的总龙头，而盘龙则是补涨龙。从结构上来看，中国医药的日线走了五浪。衰退浪反包三板，这是大部分个股的天花板，也特别容易出现天地板。同时，板块中的贵州百灵四进五炸板大跌，板块只剩下两个连板，而地产继续连板潮。

图 7.25　中国医药日线图

小结：尽管医药和地产都是主流热点，但地产的地位已经开始超过医药。因此，每次盘面分歧时，医药总是先分歧，随后是地产。以下是当日地产梯队：

第一梯队：天保基建9+2板，信达地产8天5板、海泰发展6板，中交地产5板，晋级第一梯队。

第二梯队：渝开发4板，南国置业2板、中国武夷2板、沙河股份2板。

第三梯队：阳光股份、阳光城、世联行首板等。

扩散梯队：房产基建，建艺集团、海南瑞泽等2板，雪峰科技、建科机械、同达创业、深天地A、南岭民暴涨停。

4月1日，补涨周期第3天，天保基建再次分歧。穿越第3天，地产板块再次分歧。这次分歧与上次相似，出现高位断板，盘面跌停潮。上次分歧之后，次日核心标的直接走强，然后带动地产走出新的高潮。那么这一次呢？

从盘面来看，主线预期分歧时，盘面出现题材首板，旅游、元宇宙、港口都出现涨停潮。补涨基建一进二，房地产继续连板潮，医药退潮。

表7.21　4月1日热点复盘

概念	细分	时间	空间板	补涨助攻		首板
房地产 (23)	国资地产	10+3	中交地产6板	中国武夷3板	沙河股份3板	7
	非国资		南国置业3板	阳光股份2板	深天地A2板	2
	AMC		中科金财4板	海南瑞泽3板		6
基建水利4		第2天	海南瑞泽3板	顺钠股份2板	国统股份2板	1
			雪峰科技2板			
新冠医药4			泰林生物2板	瑞康医药2板		2
数字货币3		第2天	中科金财4板	楚天龙3板		1
送转分红2		第2天	盛航股份2板			1
旅游免税9		首板				9
元宇宙10		首板	鼎龙文			9
港口6		首板				6
业绩预增2						2
其他7	天音控股、新农开发、凤形股份、齐鲁银行、东方银星、朗博科技、永吉股份					
跌停板12	中欣氟材、浙江建投、新力金融、万控智造、南威软件、梦网科技、美诺华、美利云、贵州百灵、创新医疗、北大医药、北玻股份					

总龙头天保基建再创新高，断板第二次，上次阳光城止步于六板。这一次，次高海泰发展在进入第七板时炸板，大分歧出现，盘中波动巨大，同样止步于六板。另外，信达地产第三次反包涨停，这在过去较为罕见。中交地产一字小分歧放量，第一梯队的整体表现仍然强劲。从龙头股的表现来看，分歧不大，上升趋势尚未结束。

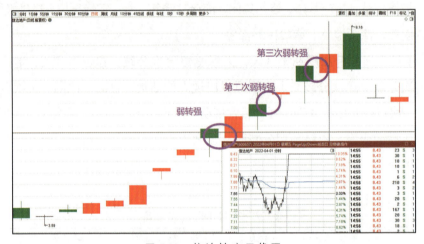

图 7.26　信达地产日线图

之前的炒作主要集中在小盘股，随着天保基建持续超预期，行业龙头开始补涨，意味着市场情绪进入高潮。A 股地产龙头包括保利地产、万科 A、招商蛇口、金地集团以及新晋的新城控股。

以万科 A 为例，在天保基建弱转强之后，股价涨幅明显。3 月 30 日天保基建断板，31 日天保基建反包涨停，11 天 10 板，房地产板块整体大涨，龙头股开始发力。

4 月 6 日，补涨周期第 4 天，天保基建中阴线，房地产板块小分歧。清明小长假期间，房地产行业利好消息不断，全国各地开始放开限购，政策宽松预期得到兑现。

（1）3 月 30 日，福州成为全国首个放开限购的省会城市，无本地户籍

图 7.27　万科 A 日线图

也可购房，可提取省直公积金余额用于交首付款。

（2）4月2日，浙江衢州正式宣布取消限购政策，非衢州市户籍家庭购买商品房不受限制。

（3）4月2日，河北秦皇岛废止限购令，表示限购已不适应当前秦皇岛房地产市场发展情形。

（4）4月5日，甘肃兰州明确提出降低个人购房门槛、提高公积金贷款额度、放松区域限购以及放款限售条件。

节后资金继续主攻地产，低位补涨一进二连板潮，补涨龙头中交地产达7板。基建第3天，海南瑞泽、国统股份均达到3板，钢铁板块也出现首板。其他轮动首板包括教育、汽车、食品消费等，但相较于主线补涨，这些板块效应不强。

表 7.22　2022 年 4 月 6 日热点复盘

热点复盘 2022.4.06（周三）中波（第十轮）短波（第6个第4天）						
概念	细分	时间	空间板	补涨助攻		首板
房地产24	国资15	10+4	中交地产7板	中国武夷4板	沙河股份4板	6
	非国资6		南国置业4板	三木集团2板	京能置业2板	南山控股2板
			华夏幸福2板	京能置业2板	栖霞建设2板	5
	AMC1		同达创业3板			
	家居装修3					3

续表

基建 7		第 3 天	海南瑞泽 4 板	深天地 A3 板	国统股份 3 板	4
新冠医药 15	中药 8		盘龙药业 2 板	瑞康医药 3 板		6
	防治 7					7
数字货币 3		第 3 天	楚天龙 4 板			2
元宇宙 3		第 3 天	博瑞传播 2 板	引力传媒 2 板	美盛文化 2 板	
旅游 3			天目湖 2 板			1
教育 5		首板				5
汽车产业链 6		首板				6
食品消费 5		首板				5
钢铁 3		首板				3
海南 3		首板	海南瑞泽 4 板	海南海药 2 板		1
其他 7	盛航股份 3 板、齐鲁银行 2 板、鹿山新材 2 板、宏达新材、英联股份、坤彩科技、京城股份					
跌停板 15	中天服务、中科云网、永吉股份、亚星化学、新泉股份、新力金融、新莱应材、兴通股份、万控智造、斯达半导、莱茵生物、金浦钛业、海泰发展等					

尽管房地产板块情绪高涨，但分歧亦十分明显，尤其是高位个股。代表性个股如海泰发展跌停，阳光股份下跌 8%，阳光城下跌 8%，天保基建下跌 6%，信达地产高开后大跌 5%，海泰发展成为继宋都股份之后的又一大跌股。通常，补涨龙头一旦出现一字跌停，意味着板块开始退潮。但当时地产板块仍有多个补涨，最强者为中交地产，当天仍一字涨停晋级七板。

由于整个地产基建板块梯队良好，补涨龙头会不断诞生。这些龙头主要是对天保基建的补涨，天保基建具有两重身份：国资和区域龙头。4 月 6 日盘面虽然大分歧，但作为敏感位置的三进四，全部晋级。

（1）海南瑞泽：三进四，直接顶一字，晋级 4 板，成为海南板块区域龙头。

（2）中国武夷：三进四，直接顶一字，连续 4 个一字板，成为福建区域龙头。

（3）南国置业：三进四，直接顶一字，晋级 4 板，成为湖北区域龙头。

（4）沙河股份：三进四，高开秒板，晋级 4 板，成为深圳区域龙头。

小结：主升情绪过程中的小分歧，特别是中位股开始出现分化，但当天板块梯队依然良好，且板块不断扩散。分歧主要集中在轮动热点或后排跟风个股，沪深两市共有 13 家跌停。房地产梯队如下：

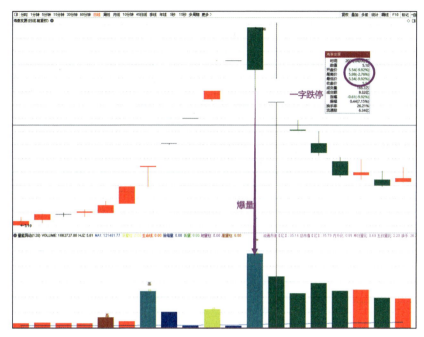

图 7.28　海泰发展日线图

第一梯队：补涨龙中交地产 7 板，其他个股纷纷大跌。

第二梯队：中国武夷、南国置业、海南瑞泽、沙河股份等晋级 4 板。

第三梯队：三木集团、京能置业、栖霞建设、南山控股、华夏幸福、国统股份、深天地 A 等晋级 2 板。

第四梯队：廊坊发展、中华企业、深深房 A、光明地产、湖南投资、城投控股、汇通能源、天地源、新华联、广宇集团、粤宏远 A 等首板。

扩散梯队：家居装修、亚振家居、中天精装、全筑股份首板。

在 4 月 7 日，补涨周期的第 5 天，房地产板块出现了大分歧和跌停潮，龙头企业天保基建的股价反包涨停后炸板。补涨龙中交地产的股价中断涨停板，龙头股首次转阴。房地产板块跌停潮来临，两市共有 31 家公司股价跌停。这个跌停潮是一个重要信号，从周期角度来看，意味着房地产板块很可能结束了第二阶段的主升浪，进入高位补涨阶段。在此阶段，地产板块的亏钱效应将逐步加大，操作难度也将增大。

表 7.23 2022 年 4 月 7 日热点复盘

热点复盘 2022.4.07（周四）中波（第十轮）短波（第 6 个第 5 天）						
概念	细分	时间	空间板	补涨助攻		首板
房地产 11		10+5	中国武夷 5 板	南山控股 3 板	新华联 2 板	3
					中天精装 2 板	
	水泥 4	首板	海南瑞泽 5 板			3
新疆基建 4		第 4 天	国统股份 4 板	北新路桥 2 板		2
新冠医药 4			大理药业 2 板	以岭药业 2 板		2
送转分红 2		第 4 天				2
酿酒 2						2
次新股 3			鹿山新材 3 板	纽泰格 2 板		
军工 3						3
其他 4	大数据：贵广网络；港口：北部湾港；公告：东方铁塔；食品：深粮控股；					
房地产 12	沙河股份、三木集团、深物业 A、世茂股份、京能置业、广宇集团、信达地产、同达创业、世联行、中天服务、海泰发展、京投发展					
医药 5	海南海药、瑞康医药、莱茵生物、美诺华、盘龙药业					
其他 13	得利斯、新力金融、鼎龙文化、金新农、冠城大通、博敏电子、楚天龙、中科金财、粤水电、金固股份、新力金融、得利斯、亚通股份					

4 月 7 日的热点复盘显示，总龙头企业为天保基建，补涨龙企业为中交地产。当日，天保基建股价反包新高后炸板，中交地产股价从 7 连板升至 8 连板后炸板，南国置业股价在天地板时被炸板。这三家公司是最具代表性的个股，它们的核心标的炸板，意味着板块分歧达到高潮，房地产板块有 14 家公司股价跌停。

新疆板块分支异军突起。3 月 30 日，新疆维吾尔自治区召开新闻发布会通报 2022 年重点项目总体情况，本年度实施自治区重点项目 370 项，总投资 2.17 万亿元。作为基建重点省份，该板块在启动初期表现平平，3 月 31 日板块仅有两家公司股价涨停，分别为雪峰科技和国统股份。4 月 1 日，这两家公司股价都晋级二连板。4 月 6 日，雪峰科技股价炸板，国统股份股价晋级三连板。值得注意的是，与它们同日竞争的还有建材板块的深天地 A 三连板（换手板）和 AMC 同达创业三连板（一字板）。4 月 7 日，国统股份晋级，其余两家公

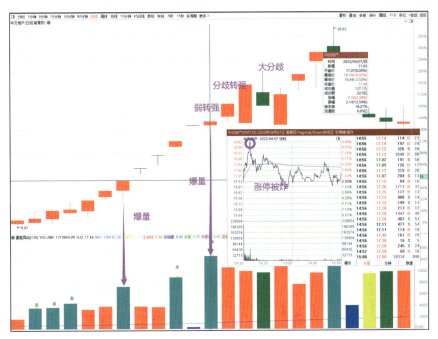

图 7.29 中交地产日线图

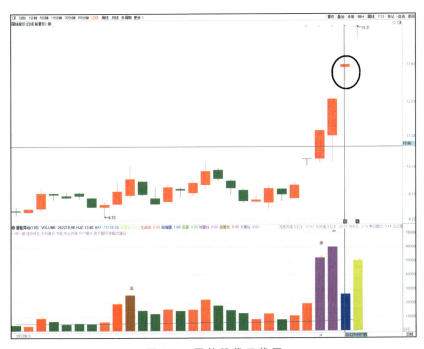

图 7.30 国统股份日线图

司股价淘汰。同达创业股价低开 1.57%，秒跌停；深天地 A 股价高开 2.13%，冲高失败后大幅跳水，接近天地板；国统股份股价高开秒板，确认晋级。

小结：尽管核心龙头首次转阴，板块分歧较大，但主线热点仍然不断产生新的分支，热点不会立刻结束。通常来说，一旦补涨龙头的核心标的炸板，板块基本就开始退潮。只要龙头企业没有结束，板块仍有继续炒作的可能性。当日基建地产板块梯队如下：

第一梯队：中交地产炸板，天保基建炸板，中国武夷 5 板、海南瑞泽 5 板。

第二梯队：国统股份 4 板，南山控股 3 板、新华联 2 板、中天精装 2 板，北新路桥 2 板。

扩散梯队一：新疆分支，国统股份 4 板，北新路桥 2 板，新疆交建、新疆众和。

扩散梯队二：水泥分支，海南瑞泽 5 板、宁波富达、博闻科技、三和管桩。

4 月 8 日，补涨周期的第 6 天，补涨龙企业转弱为强，房地产板块出现强势修复，板块反包高潮。尽管周四板块分歧较大，但周五盘面的核心仍然是龙头企业。只要龙头企业不倒，板块炒作就不会立刻结束。当天房地产板块涨停潮，影响到建筑、工程机械板块，其中 REITs 表现最强。REITs，即房地产信托投资基金，是一种通过发行收益凭证汇集特定多数投资者的资金，由专门投资机构进行房地产投资经营管理，并将投资综合收益按比例分配给投资者的信托基金。REITs 的基础资产非常广泛，包括写字楼、零售物业、酒店公寓、厂房货仓、医院、养老院等，还包括机场、港口、输电塔、管道、数据中心等基础设施。

表 7.24　2022 年 4 月 8 日热点复盘

热点复盘 2022.4.08（周五）中波（第十轮）短波（第 6 个第 6 天）						
概念	细分	时间	空间板	补涨助攻		首板
房地产 35		10+6	中国武夷 6 板	中天精装 3 板	新华联 3 板	10
			中交地产 7+1	南国置业 4+1	南京公用 2 板	
			天保基建穿越			
	Reits12	首板	南山控股 4 板	蓝光发展 2 板		10
	水泥 6	第 2 天	海南瑞泽 6 板	宁波富达 2 板	三和管桩 2 板	3

续表

新疆 9		第 5 天	国统股份 5 板	北新路桥 3 板	新疆交建 2 板	汇通集团 2 板
	其他 5	首板				5
化工 3						3
黄金 2						2
数字货币 2						2
医药 2			大理药业 3 板			1
汽车 2						2
其他 6	索通发展、梦网科技、北部湾港 2 板、云南旅游、江苏博云、青海华鼎；					
跌停板 18	纵横通信、引力传媒、新力金融、万控智造、同达创业、盛航股份、三木集团、瑞康医药、盘龙药业、美诺华、鹿山新材、立航科技、九安医疗等					

核心标的弱转强，代表性个股有两类：一是补涨周期龙头中交地产（七进八炸）；二是总龙头天保基建（反包首板炸）。早盘竞价直接高开，经过充分换手后弱转强涨停。例如，中交地产早盘反复震荡，尾盘换手涨停；天保基建早盘低开后迅速弱转强，炸板后换手回封。

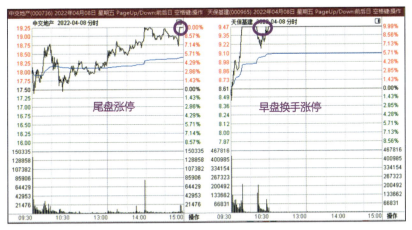

图 7.31　天保基建和中交地产分时图

另一类扩散出来的分支龙头，如中国武夷 5 板、海南瑞泽 5 板以及国统股份 4 板等，竞价纷纷大幅高开。

	代码	名称	·	涨幅%	量比	换手%	AB股总市值	5日涨幅%	10日涨幅%	20日涨幅%
1	002205	国统股份	·	9.91	58.18	4.40	28.43亿	9.91	9.91	74.26
2	002596	海南瑞泽	R	6.86	23.11	1.55	67.94亿	6.86	6.86	78.32
3	000797	中国武夷		5.21	1034.8	3.58	85.61亿	5.21	5.21	111.25
4	002305	南国置业		3.71	22.86	1.15	72.66亿	3.71	3.71	109.50
5	002314	南山控股		3.45	24.33	0.80	162.67亿	3.45	3.45	63.04
6	000736	中交地产	·	2.69	15.56	0.55	124.97亿	2.69	2.69	134.60
7	002603	以岭药业	R	0.16	4.09	0.16	638.54亿	0.16	0.16	66.82
8	600581	八一钢铁	R	-4.72	12.71	0.31	102.09亿	-4.72	-4.72	6.73
9	301229	纽泰格	Z	-6.41	26.69	2.16	37.52亿	-6.41	-6.41	2.53
10	603051	鹿山新材	N	-7.42	14.22	2.26	61.65亿	-7.42	-7.42	159.79

图 7.32　龙头竞价图

主线龙头继续强更强，但后排热点再次大分歧，市场的亏钱效应依然非常高。主要有两个代表分支：一是新冠医药，盘龙药业一字跌停，美诺华、九安医疗、瑞康医药（昨天天地板）跌停。值得注意的是，医药已经持续大跌，例如中国医药，几乎是 A 杀的。

图 7.33　中国医药日线图

二是次新股大跌。创业板龙头纽泰格 7 日唯一的二板票，8 日 20cm 跌停；上一轮次新龙头万控智造，继续跌停，也是 A 杀；7 日弱转强的鹿山新材，8 日直接低开秒跌停。次新一直是情绪风向标，且是领先信号。

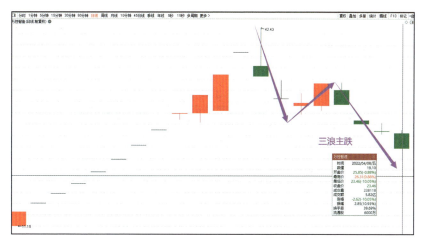

图 7.34　万控智造日线图

小结：大分歧之后，资金围绕主线板块继续炒作。一方面，龙头强更强；另一方面，低位不断扩散出新的补涨分支，直到补涨龙结束，穿越龙大跌，周期退潮。当天基建地产梯队如下：

第一梯队：天保基建反包，中交地产反包，中国武夷 6 板，海南瑞泽 6 板，南国置业 6 天 5 板，国统股份 5 板。

第二梯队：南山控股 4 板，中天精装 3 板，新华联 3 板，南京公用 2 板，栖霞建设 4 天 3 板、蓝光发展 2 板。

第三梯队：首板，涨停潮。

扩散梯队一：新疆，国统股份 5 板，北新路桥 3 板，新疆交建 2 板，八一钢铁 3 天 2 板，青松建化首板。

扩散梯队二：水泥，海南瑞泽 6 板，宁波富达 2 板，三和管桩 2 板，四川金顶、鄂尔多斯首板。

4 月 11 日，补涨周期结束，盘面启动新的题材首板，且板块效应非常强。新旧周期交替，新周期开启。紧随主线热点产生的周期一般是轮动周期，持续时间不会特别久，类似基建结束之后诞生的东数西算和地缘冲突。总龙头天保基建继续穿越反包 2 板，中交地产也是反包 2 板，板块大分歧，20 家跌停板，同时盘面启动新的题材首板，物流、商贸零售、预制菜、农业首板，而且新题材首板板块效应很强。

表 7.25　2022 年 4 月 11 日热点复盘

热点复盘 2022.4.11（周一）中波（十轮）短波（第 7 个第 1 天）						
概念	细分	时间	空间板	补涨助攻		首板
房地产 7	其他	10+7	天保基建 2 板	中交地产 7+2	宁波富达 3 板	1
	Reits	第 2 天	光大嘉宝 2 板	空港股份 2 板	名雕股份 2 板	
基建 6		第 6 天	国统股份 6 板	北新路桥 4 板	北部湾港 3 板	2
				安徽建工 2 板		
医药 4			大理药业 4 板	第一医药 2 板		2
物流 17		首板	广汇物流 2 板			16
商贸零售 5		首板	东百集团 2 板			4
预制菜 6		首板				6
农业 4		首板				4
其他 4	化肥：六国化工 2 板；业绩：先达股份；数据中心：贵广网络；东方网络等					
房地产 20	天房发展、天地源、中国国贸、中国武夷、华远地产、沙河股份等					
锂电池 6	江特电机、融捷股份、天齐锂业、金圆股份、科大制造、宋都股份					
次新股 6	立航科技、鹿山新材、汇通集团、罗曼股份、齐鲁银行、盛航股份					
汽车配件 3	拓普集团、伯特利、湖南天雁					
数字货币 2	楚天龙、证通电子					

　　房地产板块的高点是 4 月 6 日，4 月 7 日补涨龙中交地产断板首阴，板块 14 家跌停；4 月 8 日龙头天保基建和中交弱转强反包，板块涨停潮，指数阳包阴；4 月 11 日龙头继续反包 2 板，但是板块再次跌停潮大分歧，亏钱效应越来越明显。以往地产会出现分歧，但很少出现跌停潮。一旦出现跌停潮，意味着退潮的概率就比较大了。

　　4 月 12 日，地产继续跌停潮，新题材连板潮，确认周期切换。总龙头天保基建天地板，中交地产尾盘跳水跌停，地产板块再次跌停潮，板块确认退潮。同时随着总龙头天地板，注意中周期有望结束，进入退潮。

图 7.35　房地产板块见顶日线图

表 7.26　2022 年 4 月 12 日热点复盘

概念	细分	时间	空间板	补涨助攻		首板
热点复盘 2022.4.12（周二）中波（第十轮）短波（第 7 个第 2 天）						
地产 5		10+8	空港股份 3 板			4
基建 3		第 7 天	海南瑞泽 6+1			2
医疗医药 5			大理药业 5 板	第一医药 3 板		3
物流 12		第 2 天	广汇物流 3 板	保税科技、中国铁物、中储股份、畅联股份、		
			东百集团 3 板	新宁物流、飞马国际、三羊马、长久物流 2 板		
商超零售 16		第 2 天	步步高 2 板	三江购物 2 板	友好集团 2 板	13
港口 7			北部湾港 4 板			6
旅游酒店 17						17
食品饮料 8						8
游戏 5						5
金融 3						3
业绩预增 4						4
其他 9		东方网络 2 板、宇环数控、亚星锚链、万里扬、宜安科技、直真科技、				
		金瑞矿业、传智教育、茂硕电源				
跌停板 12		中交地产、中华企业、中国武夷、阳光城、信达地产、天保基建、栖霞建设、				
		南山控股、南国置业、蓝光发展、光大嘉宝、保利联合				
其他 3		中新集团、华塑控股、渤海股份				

　　天保基建天地板是个非常重要信号，意味着反包筑顶基本结束。结束当天经常大波动，新冠医药的中国医药，汽车板块的中通客车，都是天地板。这个信号的出现意味着板块炒作结束，次日一字跌停基本就可以确认了。如果这个板块也是市场主线热点，那同时意味着中周期炒作即将结束。

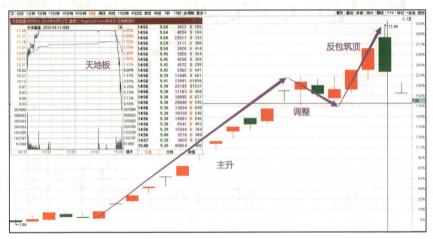

图 7.36　天保基建日线图

八、房地产退潮主跌阶段（第 3 个短波）

　　4 月 11 日，房地产板块出现跌停潮，4 月 12 日继续跌停潮。房地产板块主升周期结束，同时自 2 月 8 日开启的这一轮中级别炒作也开始退潮。在这个阶段，市场的亏损效应最大，部分题材的轮动时间变得越来越短，基本前三天为主。退潮结束在 4 月 27 日出现千股跌停的时候。这一段期间，炒作的板块包括物流、消费复苏、人民币贬值等。基建板块退潮时诞生了东数西算和地缘冲突等小题材，这次房地产板块退潮同样经历了类似的过程，过渡了 3 个小题材。基建板块退潮结束后的低点是 3 月 15 日百股跌停，而这一次的低点是 4 月 27 日千股跌停。跌停潮的规模与中周期有关，中周期指数一直处于下跌趋势。

　　4 月 12 日，分歧高潮。总龙头天保基建和补涨龙头中交地产跌停，空港股份 3 板，基建龙头海南瑞泽 6+1 反包板。

表 7.27 2022 年 4 月 11 日—4 月 27 日短周期情绪周期模型 (2022)

时间	空间	空间板	次高	次高板	创空间	创空间板	情绪	量总	涨停	跌停	连板	炸板率
4月27日	4	湖南发展	4	新华百货	1		切换1	9174	1	29	13	28%
4月26日	3	湖南发展	3	二选一	1	福瑞股份	大分歧4	8385	40	205	6	40%
4月25日	4	盛泰集团	3	泰慕士	1		大分歧3	8965	25	577	8	50%
4月22日	5	中兴商业	3	三个	2	戎美股份	大分歧2	7531	68	67	13	0%
4月21日	5	安记食品	4	中兴商业	1		大分歧1	8561	31	73	12	30%
4月20日	5	天龙股份	4	二选一	2	华是科技	弱转强	8204	49	11	16	18%
4月19日	4	天龙股份	4	蓝焰控股	1		分歧3	7791	51	17	14	44%
4月18日	6	畅联股份	2		1	飞力达	分歧2	7781	73	38	12	40%
4月15日	5	步步高	5	畅联股份	1		分歧1	9108	38	37	11	50%
4月14日	5	广汇物流	5	东百集团	1		弱转强	8697	74	9	16	6%
4月13日	6	大理药业	4	二选一	2	冰川网络	分歧3	8731	50	46	18	50%
4月12日	5	大理药业	4	北部湾港	2	新宁物流	分歧2	9161	93	16	20	23%
4月11日	6	国统股份	4	二选一	1		分歧1	9634	50	43	15	34%

4月13日，弱修复。总龙头天保基建一字跌停，中交地产一字跌停反核地天，收盘大涨9.4%。空港股份4板被炸。板块出现4个首板，分别是京能置业、创兴资源、渝开发、新华联。

4月14日，弱修复2。总龙头天保基建继续大跌5%，中交地产反包首板。京能置业、渝开发2板，基建地产出现7个首板，分别是泛海控股、京投发展、三和管桩、新疆交际、国泰集团、金科股份、中华企业。

4月15日，弱修复3。总龙头天保基建下跌3.87%，中交地产反包2板。京能置业、渝开发3板，三和管桩、泛海控股2板，渤海股份、天地源首板。这个阶段市场混沌，一方面地产板块还在轮动补涨，另一方面切换的题材，物流和零售前三板板块效应非常好，同时补涨龙头中交地产还在反包。

4月18日，大分歧。总龙头天保基建跌8.8%，中交地产反包3板天地板。渝开发反包4板天地板，南国置业、新华联、空港股份、海南瑞泽、国统股份等跌停。这个阶段，大部分连板个股结束时都是尖顶大跌。

4月19日，大分歧。中交地产一字跌停，房地产板块包括中交地产、渝开发、荣盛发展、空港股份、京能置业、海南瑞泽、泛海控股等跌停。房产空间板光大嘉宝2板，光明地产、大龙地产、信达地产反抽首板。

4月20日，继续分歧。空间板光大嘉宝跌停，中天服务、南国置业、大龙地产跌停。空间板信达地产2板，渝开发地天板。

4月21日，大分歧。板块无涨停板，空间板信达地产跌停。板块跌停潮，渝开发、光明地产、天保基建、亚通股份、沙河股份、万通发展、光大嘉宝、锦和商业、南国置业跌停。

4月22日，弱修复。板块超跌首板，春兰股份、天地源、上海港湾、宏润建设、汇通集团、金科股份首板。渝开发、天保基建、光大嘉宝跌停。

4月25日，弱修复2。盘面千股跌停，天地源、上海港湾2板，南国置业、中交地产涨停。板块大阴线下跌5.4%。

4月26日，弱修复。百股跌停，南国置业2板、浙江建投首板。板块冲高回落上影线。

4月27日，大分歧。天保基建、宋都股份首板，浙江建投2板，山东路桥2板。基建首板涨停潮，房地产板块首板跌停潮，深物业A、沙河股份、三木集团、广宇集团、中天服务、世联行、信达地产、同达创业、京投发展、京能置业、大龙地产、世茂股份跌停。

整个退潮过程中，房地产板块的龙头基本不过3板，且都是尖顶，同时地产板块处于持续下跌、退潮阶段。其他热点出来轮动，先是物流、零售，然后是人民币贬值，所以退潮阶段前主线热点是要回避的。

总结本轮房地产板块从低点到退潮结束，主要分为四个阶段，如下：

（1）启动分歧阶段：时间为3月16日至3月23日，共6天。板块龙头天保基建6板，助攻阳光城5板。

（2）主升穿越阶段：时间为3月24日至4月11日。总龙头天保基建17天13板，N字结构，反包3板天地结束。次龙头中交地产10天9板，天保基建9板时出现首板。板块的高点是4月6日。助攻票代表性有阳光城、信达地产、国统股份、海南瑞泽等。

（3）衰退筑顶阶段：时间为4月12日至4月15日。中交地产反包筑顶结束，4月18日中交地产反包3板天地板，板块再次跌停潮。

（4）退潮主跌阶段：时间为4月18日至4月27日。板块进入持续亏钱效应，高标尖顶，且高度基本止步于3板。退潮阶段，其他新题材出来轮动，一般轮动的话需要经历2到3个过渡性热点，轮动时间基本在13至21天左右。

图7.37　房地产板块完整周期图

第八章　中军趋势龙模型

中军趋势龙是题材炒作中基本面和资金面共振的结果，这样的个股既有基本面逻辑驱动，同时又受到短期市场游资和机构的合力，所以容易走出大牛股。

第一节　中军的定义

中军指的是在题材炒作过程中的趋势票，这类股票适合大资金进出。中军既有长期趋势，也有短期趋势。长期趋势与公司业绩相关，往往能够先知先觉地走出一段，稳定军心；而短期趋势则与市场情绪密切相关，通常沿着10日线运行。从基本面来看，这类股票通常属于行业龙头或细分龙头，中到大盘股。

当然，并不是每个题材炒作都会出现中军。总体来说，题材炒作可以分为两种类型：一种是大票带小票，以基本面驱动，行业龙头或细分龙头率先大涨，随后带动板块炒作。这种炒作的持续性相对较好，比如赛道的光伏和新能源汽车。另一种是小票带大票，以超跌反弹为主，大部分题材炒作都属于这一类型。在这种情况下，板块中首先出现高标，高标打出空间，随后行业龙头开始出现补涨。这种炒作的持续性相对较弱。

具体操作上主要分两种：一种是过顶擒龙，一种是 N 字反包。除了选股策略之外，其实也可以考虑 ETF，这个模式会更简单一些，比如可以选择对应看好的行业 ETF。

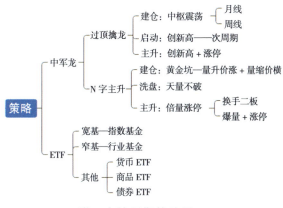

附：中波周期策略图

以 2022 年光伏和汽车板块为例，这两个板块中出现了许多中军趋势龙。接下来，我们将以光伏行业为例，结合盘面进行复盘。

一、光伏产业链

首先，光伏产业链包括硅料、硅片、电池、组件和光伏系统等环节。硅料与硅片环节属于产业上游，电池片与光伏组件为中游，而发电系统则为下游。整个产业链中，硅料环节的利润最为丰厚，其次是硅片环节，而电池、组件环节受高价硅料影响，利润较薄。此外，光伏设备、耗材等受硅料影响较小的环节盈利状况较好，主要受益于光伏需求的爆发以及 N 型电池的扩产。

1. 硅料

光伏产业链最上游的原材料是硅，源自硅矿的提取，龙头企业为合盛硅业。硅矿不能直接使用，需要将硅石头转化为纯净的硅料。生产硅料的主要企业有四大龙头。据统计，2021 年国内多晶硅有效产能前四厂商分别为大全能源、通威股份、协鑫科技、新特能源，其 CR4 市占率为 66%。随着这些企业加快扩产，预计到 2023 年龙头市占率将达到 84%。

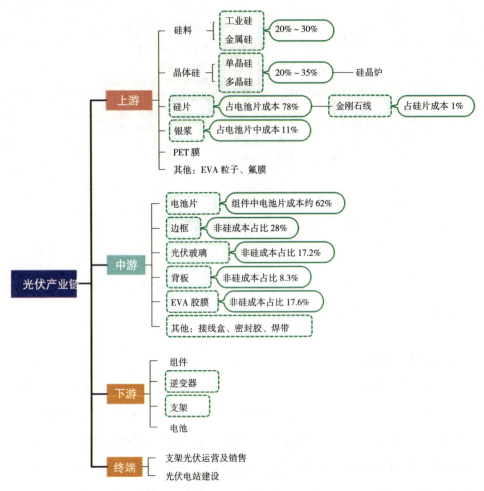

图 8.1　2021 年光伏各产业链价值量

表 8.1　CR4 有效产能占总需求比例（单位：万吨，%）

年份	2019	2020	2021	2022E	2023E
硅料需求量（万吨）	48	53.4	58.4	89.6	115.1
通威股份（含永祥）（万吨）	8	9	10	20	28
大全能源（万吨）	7	7	10.5	12.5	22.5
协鑫科技（江苏中能＋新疆协鑫）	8.4	9.4	10	16	26
新物能源	7.2	8	8	12	20
CR4	64%	63%	66%	68%	84%

2. 硅片

纯净的硅料也不能直接使用，需要放入专用设备进行炼制，类似于炼丹炉。制造这种硅晶炉的代表企业包括晶盛机电和连城数控，其中晶盛机电是核心龙头。将硅料制成硅片的主要企业是隆基绿能和 TCL 中环，这两家双寡头企业稳固地占据市场份额。它们生产的硅片尺寸不同，类似于大号和小号电池。隆基主要生产 182 型硅片，而中环主要生产 210 型硅片。自 2020 年以来，这两家龙头企业的扩产步伐明显加快。按照产量口径计算，它们的市场份额总和已超过 50%。到 2022 年，隆基绿能计划实现单晶硅片产能 130GW，TCL 中环计划实现单晶硅片产能 140GW。同时，垂直一体化厂商晶科能源和晶澳科技在 2022 年分别形成硅片产能 50GW 和 43GW。随着新产能的逐步释放和大尺寸产品的快速迭代，强者恒强的产业趋势将变得更加明显。

3. 金刚线

产业链上游，竞争格局稳定，细线化进程加速。国内金刚线市场表现为一超多强格局，其中龙头企业一体化布局成本优势显著。2021 年，美畅股份市占率约 61%，高测股份、恒星科技、岱勒新材等企业市占率均在 5% 以上。

4. 石英砂

产业链上游，需求快速增长，预计未来供应将偏紧。光伏石英坩埚对原材料纯度和技术水平要求较高，国内企业在这方面正快速成长。光伏坩埚用石英砂纯度需达到 99.998%，高于光伏玻璃对纯度的要求。海外厂商主要包括尤尼明和 TQC，由于它们的矿源均位于美国，受矿产类型和环保要求限制，扩产难度较大。国内供应商以石英股份为主，公司目前总产能约为 4 万吨，随着新建产能逐步提升和规划产能稳步推进，预计到 2023 年底将超过 6 万吨，市占率将大幅提升。

5. 电池片

产业链中游，N 型电池有望接替 P 型电池，技术成为主导因素。2021

年，新建量产线仍以 PERC 电池产线为主，PERC 单晶电池平均转换效率达到 23.1%，同比仅提升 0.3pct。N 型电池转换效率较高，有望成为主流技术，其技术路线主要包括 TOPCon、HJT 和 IBC 等。

6. 组件

产业链中游，随着全球光伏装机增速趋缓，品牌和渠道壁垒逐渐加强。龙头企业正朝着垂直一体化和全球化发展。全球前五名组件制造商基本保持稳定，2021 年，隆基绿能、天合光能、晶澳科技、晶科能源和阿特斯位列前五，CR3 占比为 49%，CR5 占比为 69%。预计至 2022 年，CR3 占比将提升至 50%，CR5 占比将提升至 70%。

7. 胶膜

产业链中游，龙头厂商盈利能力显著优于其他厂商，行业高集中度有望持续。光伏胶膜行业呈现一超多强的格局，福斯特、海优新材、斯威克和赛伍技术位列前四。2021 年行业 CR4 超过 85%，其中福斯特市占率超过 50%。

8. 逆变器

产业链下游，光伏逆变器行业正处于激烈竞争阶段。光伏逆变器产品主要分为四类：集中式、集散式、组串式和微逆。目前光伏逆变器市场主流产品为组串式逆变器。集中式市场已形成较为稳定的格局，阳光电源和华为为双龙头，此外，上能电气、特变电工、科士达等企业也参与竞争。微型逆变器加速国产替代，海外需求旺盛，全球微逆市场 TOP3 企业依次为 Enphase、昱能科技、禾迈股份。根据测算，2021 年全球市占率分别约为 74.5%、12.3%、10.5%，CR3 高达 97%。组串产品的市场上，古瑞瓦特、锦浪科技、固德威等企业都占有一定的份额。

9. 光伏应用

产业链下游，主要为小型分布式电站和大型地面电站，为资本密集型行业。

表 8.2 产业链细分龙头

光伏产业链细分行业

产业链	细分领域	特点	龙头	其他个股
上游	硅资源金属硅	技术门槛高	合盛硅业	新特能源、大全新能、三峡新材
	硅片及材料	资本密集型	保利协鑫、通威股份	晶盛机电、川投能源、京运通等
	电池片	资本和技术密集型	隆基股份、中环股份	晶澳科技、晶科科技、海润光伏
中游	光伏组件	技术含量低，劳动密集型	通威股份、爱旭股份	东方日升、天合光能、亿晶光电、金辰股份
	背板	集型	隆基股份、晶科能源、晶澳科技	协鑫集成；爱康科技
	光伏设备	核心是单晶炉和切片机	赛伍技术	迈为股份、捷佳伟创、京运通
	胶膜	板块格局稳定	晶盛机电、北方华创	无，龙头地位不可撼动
	光伏玻璃		福斯特	亚玛顿、南玻A、拓日新能
下游	逆变器	行业集中度均维持高位	福莱特	上能电气、科士达、禾望电气等
	电站建设及运营		阳光电源、锦浪科技	太阳能、特变电工、豫能控股等
	切割、边框	无	正泰电器	美畅股份、安康科技
	光伏支架		易成新能	恒星科技、安康科技
配套产品	装备服务		中信博	清源股份
	特高压输变电		无	川润股份
				科华恒盛、积成电子、北京科瑞等

国内光伏电站运营呈现一超多强的格局,央企中电投(中国电力投资集团公司)居于首位,其后为国企和民企群雄并起,如民企中利科技、特变电工和爱康科技。目前,我国光伏电站总装机成本已降至 8 元 /W,而现行的标杆电价是在装机成本 10 元 /W 的基础上制定的。根据光照条件,国内光伏补贴分为三类地区,分别实行 0.9 元 / 度、0.95 元 / 度、1.0 元 / 度的标杆电价。分布式电站统一补贴 0.42 元 / 度,因此,目前电站运营的收益率相对较高。

二、上游中军趋势龙

光伏炒作的第一阶段主要集中在上游的高纯石英砂和三氯氢硅。首先走强的是中军趋势龙石英股份、宏柏新材,随着石英股份持续超预期,接着题材连板打开高度。第二阶段资金关注电池技术,中军趋势龙为爱旭股份,宝馨科技、京山轻机等。第三阶段是电力和储能,最后是风电,结合盘面系统梳理。

1. 石英股份:高纯石英砂

石英股份基本面逻辑

光伏板块最先启动的是上游高纯石英砂和三氯氢硅。石英材料位于"石英材料—石英制品—半导体设备商—晶圆厂商"产业链的最上游。从石英砂中冶金得到金属硅,也称为工业硅,相关企业如合盛硅业。金属硅进一步加工得到多晶硅,相关企业有通威股份、保利协鑫。多晶硅再加工得到单晶硅,

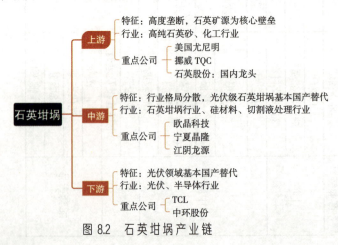

图 8.2　石英坩埚产业链

相关企业如隆基绿能、TCL 中环。光伏级多晶硅加工出的单晶硅，纯度在 6N~8N 之间（6N 指 99.9999%），是生产光伏硅片的原料。电子级多晶硅加工出的单晶硅，纯度在 9N~11N 之间，是生产半导体硅片的原料。

上游石英矿石，通过粉碎、筛选、水洗提炼出高纯石英砂，龙头是石英股份，全球第三，国内唯一，拥有大规模量产高纯石英砂技术。2020 年外销高纯石英砂 7272 吨，结合单晶石英坩埚对应高纯石英砂行业需求量约 5 万吨，则可以得出国产高纯石英砂在全球光伏单晶领域市占率为 15%，当前超过 80% 的光伏用高纯石英砂市场仍为海外公司所垄断。

中游石英制品，石英坩埚是硅晶锭生长过程中的耗材，是光伏产业需求量最大的石英器件。目前石英坩埚已全面实现国产化，但石英砂作为坩埚的原材料尚未实现规模化的国产化供应。龙头企业是欧晶科技，石英坩埚产能及出货位列行业前三，太阳能级石英坩埚领域市场份额较高，在硅材料清洗领域及切削液处理领域市场份额也位居细分行业前列。此外，天宜上佳于 2022 年 11 月以 2.7 亿元收购江苏晶熠阳新材料 90% 股权，标的公司主营光伏石英坩埚，已与弘元新材料（母公司为上机数控）、晶澳太阳能（母公司为晶澳科技）、四川永祥光伏科技（母公司为通威股份）、四川晶科能源、青海高景等多家下游拉晶企业建立供货关系。

下游单晶硅、多晶硅，重点关注石英砂保供能力较强的硅片与一体化企业。龙头企业是隆基绿能和 TCL 中环。TCL 中环已在几年前与具备规模化量产高纯石英砂的公司签约，依据产能需求协同石英坩埚厂锁定需要的石英砂，保障公司未来扩产所需的高纯石英砂。展望未来，硅片竞争格局有望维持强者恒强，TCL 中环龙头地位稳固，TCL 科技也将持续强化其光伏产业链核心地位。隆基绿能则是全球光伏硅片龙头，并且组件销量稳居行业前三。2021 年公司实现单晶硅片出货 70.0GW，组件出货 38.5GW，分别占全球市场份额的 30.1% 和 17.4%，均为全球第一。2014 年以前硅片以多晶技术为主流，隆基在 2012 年率先引入金刚线切片技术，大幅降低生产成本。2014 年公司通过收购乐叶组件，打通下游市场环节，成功将彼时小众且昂贵的单晶路线发展成为行业主流路线。

此外，还有代表性的中旗新材和凯盛科技。中旗新材是国内知名的人造石英石产品制造商，公司拟投建年产能 100 万吨的高端石英硅晶产品研发制造一体化项目。凯盛科技是国内电熔氧化锆龙头，主营电熔氧化锆、超细硅酸锆、球形石英粉及球形氧化铝粉、钛酸钡等产品。当前，公司利用合成二氧化硅技术优势发力高纯石英砂产业，取得多项发明专利，产品质量达到国内同类产品先进水平。

技术面图形

第一步，中枢震荡建仓。石英股份月线来看，2014 年 11 月 – 2021 年 7 月之间一直处于中枢区间震荡，上轨 20 元，下轨 8 元，2021 年 8 月放量突破大箱体。2022 年上半年大跌时该股正好处于强势横盘调整，构筑第二个小中枢区间 45~65 元之间。

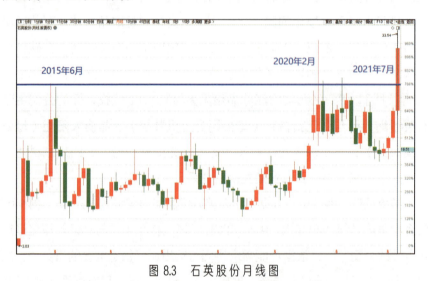

图 8.3　石英股份月线图

第二步，启动，创新高。2021 年 5 月 – 2021 年 12 月股价大涨突破箱体上轨，这一波上涨 8 个月，随后高位盘整，在 46~65 元之间震荡，2022 年 4 月底指数恐慌时，个股二次探底。

5 月 10 日股价突破箱体上轨，创历史新高，值得注意的是，基建和医药结束的时间是 5 月 18 日。此时，光伏板块其他细分行业还处于超跌反弹阶段，持续性较差，而石英股份则率先创历史新高。盘整过程出现倍量不破。趋势票经

图 8.4 石英股份月线图

图 8.5 石英股份日线图

常出现这样的技术特征，即下发倍量柱的最低点不会被跌破，这是非常强的调整。

第三步，主升高潮，新高涨停。6月6日涨停再次启动，随后进入主升阶段。在主升期间，股价并非连板，而是呈现趋势特征。6月29日首次跌停，7月13日二次跌停，随后股价开始进入高位盘整筑顶。

最后，2022年8月中旬见顶之后，股价持续处于高位筑顶，2023年随着 TMT 的走强，股价开始逐步兑现回落。

2. 宏柏新材：三氯氢硅

宏柏新材基本面逻辑

三氯氢硅，又称三氯硅烷，约 60% 用于生产多晶硅，40% 用于生产硅烷偶联剂。在多晶硅生产过程中，三氯氢硅起到补氯作用。通常情况下，光伏企业生产 1 吨多晶硅需要消耗 0.3~0.5 吨三氯氢硅。

随着国内多晶硅行业的迅猛发展，光伏级三氯氢硅需求快速增长。然而，在供给端，由于生产光伏级三氯氢硅的技术难度较大，产能严重不足。根据百川盈孚的统计数据，我国现有三氯氢硅有效年产能约 56.6 万吨，其中大部分企业以自用为主，外售较少。

多家机构表示，由于三氯氢硅产能释放跟不上多晶硅扩建速度，预计光伏级三氯氢硅供需错配的局面短期难以缓解。中短期内，仅有三孚股份、晨光新材和宏柏新材等企业有产能释放，新增产能有限。考虑到硅料季度投产带来的脉冲式需求，市场分析认为光伏级三氯氢硅中短期供需偏紧，2022 年第四季度至 2023 年第二季度或存在一定的供需缺口，光伏级三氯氢硅景气度有望上行。

相关概念股主要有三孚股份、晨光新材、宏柏新材和新安股份四家。其中新安股份市值较大，预期差较小，重点关注前三家。以下是这三家公司的简介：

（1）三孚股份：国内光伏级三氯氢硅市场份额龙头。公司新建的"年产5 万吨三氯氢硅项目"已顺利投产，运行稳定。2022 年 6 月发布公告称，拟投资建设"年产 7.22 万吨三氯氢硅扩建项目"，计划 2023 年第一季度完成。目前公司三氯氢硅在产产能为 6.5 万吨，其中光伏级三氯氢硅占比约为 70%。

（2）晨光新材：目前三氯氢硅产能为 6 万吨，主要用于公司日常生产经营。预计 2023 年光伏级产能释放。气凝胶新能源汽车应用有望快速增长，公司正硅酸乙酯产能为 1 万吨，公司三氯氢硅—硅烷—气凝胶产业链布局完善。

C. 宏柏新材：拟在瑞昌码头工业城投资 52 亿元，建设"绿色新材料循环产业项目"，加大光伏级三氯氢硅、电子级硅烷等高附加值产品布局。公司第二套 5 万吨三氯氢硅装置正在调试中，进展顺利，其中光伏级三氯氢硅已有客户试用。

D. 新安股份：目前三氯氢硅产能约为 6.5 万吨，另有开化特种有机硅新基地规划新建产能 6 万吨，计划 2023 年底投产。

表 8.3　三氯氢硅产能对比表

公司名称	市值（4 月 27 日）	当前产能（万吨）	规划产能（万吨）	合计
晨光新材	69	6.0	20	26.0
三孚股份	78	6.0	7.22	13.2
宏柏新材	45	5.0	5	10.0
新安股份	194	6.5	0	6.5

逻辑：2022 年初三氯氢硅价格在 1.5 万 ~1.8 万元 / 吨，5—6 月价格在 2.8 万 ~3 万元 / 吨，上涨幅度超过 50%，加上原材料工业硅价格下行，**行业成本大概在 0.6 万元 / 吨，产品税前盈利超过 2 万 / 吨**

宏柏新材技术面逻辑

第一步，中枢震荡建仓。从盘面走势来看，宏柏新材表现最佳，主要得益于有利的技术形态和较短的上市时间。周线图一直处于箱体区间震荡，下轨在 8.1 元，上轨在 14 元。2022 年 3 月底见底，5 月底突破新高。技术形态叠加基本面共振容易使该股成为市场龙头。

第二步，创新高。在日线图的缩小周期中，这一波上涨的内部结构清晰可见。1 至 2 是启动浪，23、34、45 是调整浪，56 是主升浪。5 月 18 号基建龙头纷纷跌停，周期陷入混沌中，5 月 24 日盘面 30 家跌停板，出现情绪冰点，宏柏新材大阳线突破新高。5 月 25 日盘面 8 家跌停，情绪开始修复，宏柏新材冲高回落，连续 2 天出现高量大分歧。

第三步，确认主升，新高涨停。5 月 26 日缩量涨停，随着新周期开启，

图 8.6　宏柏新材周线图

进入主升。5月31日和6月1日再次出现大分歧，连续2天高量。此时分歧主要源于中通客车止步13板，强势盘整之后再次反包大涨，6月14日见顶结束。

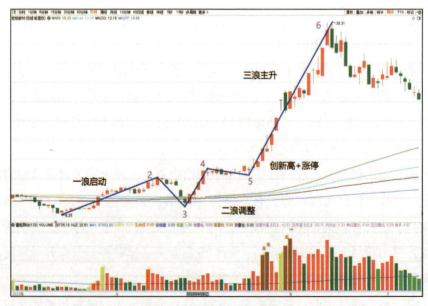

图 8.7　宏柏新材日线图

小结：光伏板块炒作的第一波主线主要是高纯石英砂和三氯氢硅，其他细分产业链个股则一直处于轮动中，抗住分歧的唯一个股是电池技术的爱旭股份。由于基本面驱动，这类个股往往走趋势，龙头股的三浪通常更强劲。从技术面来看，具有以下三个特点：

（1）天量不破：大分歧形成的天量柱或启动的倍量柱不会被跌破，即K线最低点不会被有效跌破。

（2）三浪走主升：一浪启动力度一般，主升主要出现在三浪，也就是创新高后短暂调整之后。

（3）大周期突破：从K线形态来看，大周期周线或月线往往处于突破新高，突破周期越大，主升持续性越好。

三、中游趋势龙

1. 爱旭股份：IBC电池技术

基本面逻辑

爱旭股份主要关注电池技术。当前光伏领域最成熟的技术路径是PERC，即P型电池（第一代技术），市场份额超过95%。然而，这一技术受到材料限制，转换效率已经接近理论极限，无法进一步提高。因此，近几年产业将目光转向了新技术，如HJT异质结电池和TOPCon隧道氧化层钝化接触电池为代表的N型新型电池（第二代技术），理论转换效率更高。

TOPCon的主要领军企业包括晶科能源、钧达股份、中来股份、捷佳伟创，其优势在于成本。因为TOPCon产线可以从当前大量的第一代P型电池产线进行转换，所以原先有很多声音认为TOPCon会先快速放量。而HJT方面，主要由金刚玻璃、爱康科技、迈为股份、东方日升主导。HJT电池的转换效率比TOPCon更高，但成本也较高，因此虽然HJT性能优异，市场原先预期其短期快速放量可能受到成本因素制约。

IBC作为一种电池结构创新，属于平台型技术，可与其他技术相融合。目前隆基和爱旭主导，其他厂商关注较少。该技术将增加激光设备的需求，主要企业有帝尔激光、海目星。此外，较为热门的钙钛矿电池作为更前沿的技术，属于薄膜电池，不走传统晶硅路线，尚未实现规模化量产。钙钛矿电池成本低，且可与 HJT 电池组成叠层电池，潜在转换效率可超过 30%，具有很大的想象空间。

从 2022 年产能增速来看，TOPCon 为 6 倍增长，HJT 为 3 倍增长。然而，2022 年投产较少，收入将在 2023 年体现。在三条路线中，远期规划中 HJT 产能明显更多，且新入局的公司较多；TOPCon 主要以老公司扩产为主；IBC 入局的公司较少。这与各路线的技术优势、成本等因素有关。

从进程看，TOPCon 的代表性个股包括晶科能源、天合光能、中来股份、聆达股份；HJT 的代表性个股有金刚玻璃、东方日升、爱康科技、海源复材；IBC 的代表性个股为爱旭股份和隆基绿能。

技术面分析

第一步，中枢震荡建仓。爱旭股份和石英股份类似，月线大底部大平台。2020 年 7 月突破历史新高，2021 年—2022 年 4 月底形成一个大箱体。箱体下轨有两个低点：2021 年 5 月底的 9.57 元和 2022 年 4 月底的 10.49 元。月线高点上移，低点也在上移，呈现上升趋势。

图 8.8　爱旭股份月线图

第二步，启动，创新高。将周期缩小至周线，可见 2022 年 4 月的低点是尖底。底部主要有三种：尖底（小概率）、双底或多重底（大概率）。左侧下跌 18

周，7周后便创新高，这是典型的反转信号。目前，周线处于横盘整理状态，上升趋势尚未结束。

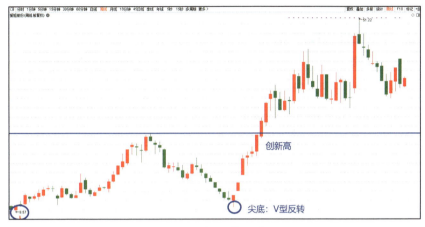

图 8.9　爱旭股份周线图

第三步，主升，涨停新高。再次缩小周期至日线图。该股启动后连续上涨6板，天量柱出现后股价横盘整理。5月31日反包首板，二波开启。该股不同于短线趋势股，基本都是走趋势的节奏。因此，大家会发现中游趋势股多数出现在基本面驱动的板块里。若是短线事件驱动类的，容易出现连板，但持续性较差。

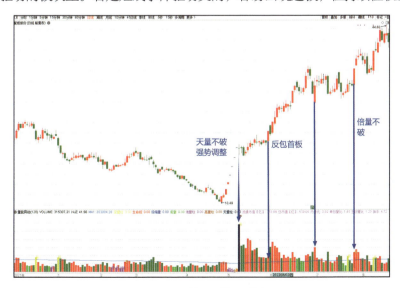

图 8.10　爱旭股份日线图

第四步，2022 年 11 月初见顶之后，股价开始进入到下降趋势，随着 2023 年 TMT 的走强，个股更是大幅回调，目前依然还运行在下行趋势中。

2. 京山轻机：HJT 电池

基本面逻辑

京山轻机的主营业务为高端智能成套装备的研发、设计、制造、销售与服务。公司的主要产品包括组件智能装备、电池智能装备、硅片智能装备、整厂解决方案及全套智能包装智能成套装备。在公司基本面上，有三个亮点值得关注，分别如下：

首先，随着 A 股新能源赛道表现火爆，核心子公司晟成光伏产销两旺。晟成光伏在 2021 年同比增长 75%，主要依靠组件设备拉动。作为该领域的龙头企业，京山轻机一方面受益于上游硅料价格回落预期以及下游客户价格接受度提高，组件企业 22 年出货量持续靓丽，盈利预期向好，扩产意愿积极；另一方面，设备需求旺盛。2021 年晟成光伏在手订单 37 亿元，比之前多了 15 亿元。

其次，京山轻机的 HJT 清洗制绒设备已交付客户并获认可，可以大规模量产。目前，公司正在进行市场推广，积极接触意向客户。此外，京山轻机布局 TOPCon 技术路线的首台 PECVD 和 PVD 二合一设备已完成研发装配，即将发往客户进行验证。

再次，HJT 电池降本增效加速推进，预计 2023 年全行业扩产爆发。6 月底德国哈梅林太阳能研究所 (ISFH) 测试，光伏巨头隆基绿能 M6 全尺寸电池光电转换效率达 26.50%，再次刷新 HJT 电池效率世界纪录。公司计划 2023 年 6 月在苏州市新建生产厂房并配置生产设备。核心子公司晟成光伏向电池片设备业务拓展，全面布局 HJT、Topcon、钙钛矿电池片设备技术。

技术面分析

从京山轻机的月线图来看，该股 2015 年 6 月见顶，2016 年 7 月次高点，随后进入到漫长的阴跌，4 到 5 出现反弹，2021 年 9 月见顶，随后一路下跌，2022 年 4 月跌至熊市低点区域。这种新低反弹的个股到箱体上轨时会出现大幅波动，石英股份这种过顶突破的往往持续性会更好一点。

图 8.11　京山轻机月线图

第一步，建仓，黄金坑，V形反转。缩小周期5到6到周线，4号低点是尖底，底部出现黄金坑，属于N字反包模式。确认黄金坑的转折点基本要到6月10日这一周，晚一点6月17日确认。

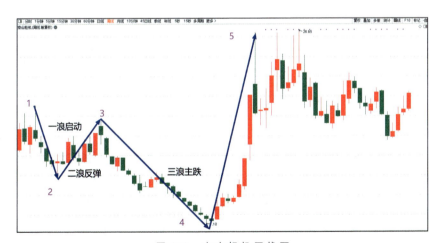

图 8.12　京山轻机周线图

第二步，洗盘，天量不破。缩小周期到日线图，5月11日股价首次涨停，次日高量柱，随后股价调整时股价一直在高量柱上方，说明承接力好。5月20日股价再度创新高，6月8日股价再度涨停创新高，且突破平台。大部分股价这个位置反弹之后会再次探底，形成双底或者多重底，尖底的话往往是强势调整之后直接进入到拉升段。

第三步，主升，6月16日—17日2连板，股价开始进入到主升区域。短暂调整2天之后，股价连续涨停，进入高潮阶段。

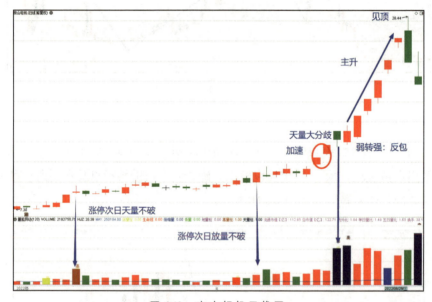

图 8.13　京山轻机日线图

6月29日，京山轻机跳水跌停，次日低开继续跌停。这期间，宝馨科技抗住了分歧，6月29日跌停后反核拉升爆量，次日宝馨科技反包涨停，尾盘随着宝馨科技跌停被炸，分歧过程中宝馨科技有资金承接。

7月1日，京山轻机继续大跌8%，宝馨科技跳空高开涨停，盘中反复炸板，连续3天爆量。龙头股票往往需要经过市场检验，特别是跌停板的检验。这一次分歧中，宝馨科技胜出，京山轻机被淘汰。

图 8.14　宝鑫科技分时图

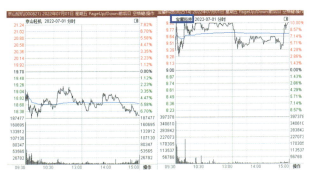

图 8.15　京山轻机与宝馨科技分时图对比

3. 宝馨科技：HJT 电池

基本面逻辑

宝馨科技是一家高品质太阳能晶硅电池片湿化学设备的生产商，其股价大幅炒作的主要逻辑在于公司转型为 HJT 电池片生产商。公司计划投建 18GW 的 HJT 电池片产线，分三年建成，预计 2025 年底完工。其中，一期 2GW 已于 2022 年 5 月底与地方政府签约合资建设，宝馨出资 70%、政府出资 30%。18GW 的规划规模是目前全球最大的 HJT 电池片项目。第一期

2GW 项目已开工，公司控股 70%，预计 2023 年二季度建成投产。

此外，公司实控人发生变更。新实控人以 7 元的价格溢价 80% 购入 5% 的股权，并取得原实控人剩余股份的表决权委托。新实控人独家包揽定增金额 4.9 亿元，其持股比例将从 5% 提升至 27%。

在众多公司转型的案例中，市值的变化在很大程度上反映了转型的成功与否。以下几组数据展示了不同公司在转型过程中市值的波动：

上机数控：从光伏设备转型为光伏硅片，2019 年 12 月市值 39 亿元，2021 年 9 月市值达到 985 亿元，21 个月内市值增长 24 倍。

京运通：同样从光伏设备转型为光伏硅片，2020 年 2 月市值 51 亿元，2021 年 1 月市值增至 350 亿元，11 个月内市值增长 5.8 倍。

金刚玻璃：从特种玻璃转型为 HJT 电池片，伴随实控人变更和大股东增持，2021 年 2 月市值 15 亿元，2021 年 12 月市值达到 96 亿元，10 个月内市值增长 5.4 倍。

海源复材：从压机复材转型为 HJT 电池片，2021 年 6 月市值 18 亿元，2021 年 12 月市值增至 93 亿元，6 个月内市值增长 4.1 倍。期间出现实控人变更，大股东独揽定增，后终止定增。

钧达股份：从汽车配件转型为 topcon 电池片，2021 年 6 月市值 25 亿元，2022 年 3 月市值达到 137 亿元，9 个月内市值增长 4.5 倍。

爱康科技：从光伏边框支架组件转型为 HJT 电池片，2021 年 8 月市值 95 亿元，2021 年 12 月市值增至 268 亿元，仅用 4 个月市值便增长 1.8 倍。

沐邦高科：从玩具行业转型为光伏硅片电池片，2021 年 8 月市值 29 亿元，2022 年 5 月市值提升至 98 亿元，10 个月内市值增长 2.4 倍。

宇晶股份：从光伏设备辅材转型为硅片，2021 年 11 月市值 17 亿元，2021 年 12 月市值上升至 63 亿元，两个月内市值增长 2.7 倍。期间大股东独揽定增，硅片项目后被取消，改为配套硅片切片。

此外，风险投资者在二级市场举牌的情况也值得关注。Wind 数据显示，从 6 月 23 日—7 月 6 日，屠文斌和施玉庆夫妇通过二级市场频繁交易宝馨科技股票。在此期间，他们分别在 6 月 23 日、24 日、29 日、30 日以及 7 月 5 日、

6日，通过集中竞价交易方式买入宝馨科技股票，合计投资约为3.37亿元。然而，屠文斌和施玉庆在相对高位时，也进行了部分减持操作，分别发生在6月28日和7月1日，通过减持套现约1.34亿元。截至7月6日，屠文斌和施玉庆夫妇合计持有宝馨科技2771万股，占公司总股本的5%，构成举牌行为。

技术面分析

宝馨科技月线在2015年6月见顶之后一直处于下跌趋势。在2016年6月出现次高点后，进入了漫长的C浪下跌。2021年2月触底至3.2元，随后经历了长时间的缩量盘整。2022年4月底，股价逼近新低3.24元，市值仅为33亿元。作为典型的题材股，没有大资金关注，只有在行业景气或基本面预期反转之后才有可能爆发。

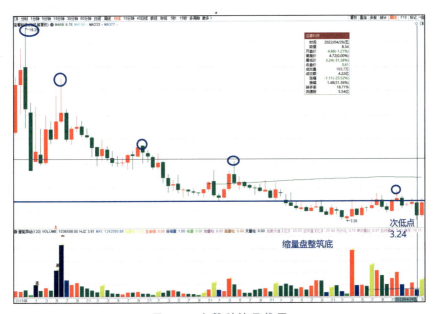

图8.16 宝馨科技月线图

从月线图可以看出宝馨科技的走势。缩小到周线图，一波到位11连阳。宝馨科技的涨幅分为三个阶段：第一波龙头是爱旭股份6板，第二波是京山轻机9天7板，第三波是宝馨科技8天6板，最后衰退筑顶，板块炒作结束。

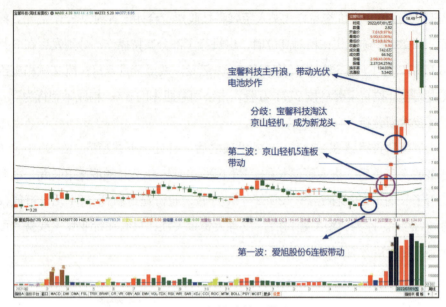

图 8.17　宝馨科技周线图

　　进一步缩小周期到日线图，可以看到宝馨科技的第一阶段筑底启动，此阶段爱旭股份最强，4 月 27 日—5 月 13 日，9 个交易日涨幅 95%。第二阶段主升加强，整个主升内部分为 5 浪小结构。启动始于 6 月 16 日，结束于 6 月 28 日，京山轻机为龙头，9 天 7 板，涨幅 114%。二浪调整时，宝馨科技淘汰京山轻机；三浪主升时，宝馨科技成为龙头，7 月 7 日—7 月 22 日，12 天 6 板，涨幅 105%。四浪调整期间，股价连续 2 天跌停；五浪衰退期间，股价连续 3 天涨停，最后于 8 月 2 日见顶结束。

　　上升过程中出现三次天量，分别为 6 月 13 日、6 月 21 日和 7 月 1 日。很多强势股在上升过程中第三次天量出现后，可能出现转折点，扛不住分歧见顶大跌，或抗住分歧爆发更大的主升高潮。

　　小结：中军趋势龙的力度和空间板的走势有很强的关联。宝馨科技最后这一波主升，集泰股份在 13 天内涨幅达 12 板，结束于 6 月 30 日。紧接着是赣能电力，在 7 月 8 日达到 9 板。也就是在这个阶段，绿色电力高标成为市场的空间板。此前，汽车板块涨势较好，主要是中通客车、海汽集团、浙江世宝等高标表现较好。因此，在跟踪中军趋势龙时，要注意空间板的走势。

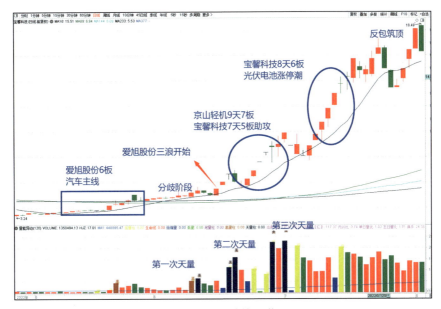

图 8.18　宝馨科技日线图

第三篇

短波情绪轮动

短波周期是中波周期内部的轮动，是主线炒作过程中的小周期变化。它同样可以分为四个方面：周期、题材类型、驱动力和三种策略。短波情绪周期主要由龙头企业驱动，旨在解决短线买卖的节奏问题。

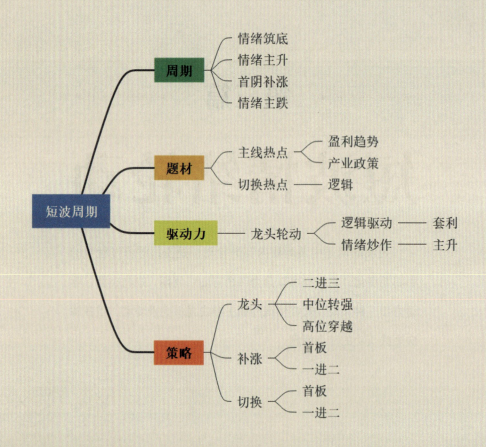

第九章　短波情绪轮动

> 长期趋势看盈利，短期趋势看情绪，A 股市场中一直存在短周期的规律，主要是题材炒作的节奏问题，以及龙头的波动规律，主要时间 1 到 2 周左右，多个短周期构成中周期，多个中周期构成长周期，所以短周期是 A 股波动的最基础周期。

第一节　短波情绪轮动的概念与类型

一、短波周期的定义

中波周期指的是行业板块的轮动，而短波周期是指板块内部的轮动，可以看作是中周期的次级波动。在一个完整的中周期中会产生多个短周期，其中，当中周期向上时，短周期的持续性较好；相反，当中周期向下时，短周期的持续性较差。短周期通常为 5 到 13 个交易日，但在注册制新规实施后，交易制度的改变使得短周期时间缩短至 5 到 8 个交易日。

题材炒作可分为轮动热点和主线热点。轮动热点的持续性相对较差，通常在 2 到 3 天内结束；而主线热点的持续性相对较好，通常在 5 到 8 天。一个短波周期基本上包含了主线热点和轮动热点的一次交替。在主线上升阶段，强者恒强，弱者恒弱；随后，主线出现分歧，主线中的强势股转弱，轮动中的弱势股转强。在整个过程中，龙头企业始终扮演着重要角色，起到引领和衔接的作用，完成周期的交替。

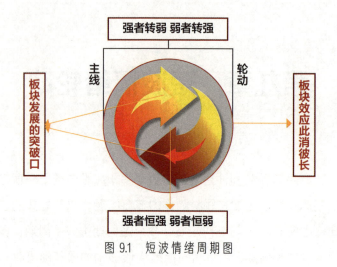

图 9.1　短波情绪周期图

二、短波周期的三种类型

1. 轮动模式

这是最常见的模式，大部分轮动热点都呈现这种走势，特别是在注册制新规实施之后更为常见。以板块为例，基本上是首板效应，一进二或者二进三分歧后诞生龙头，随后板块结束，龙头出现爆量补跌。从首板启动到最后结束，整个上升过程一般为 3 到 4 天。

2. 连板模式

在注册制新规实施之前较为常见，这种模式通常通过连板个股带动节奏。情绪分歧后，资金通过高价股的逆转来打开新周期，随后高价股由弱转强，进而由强变得更强。在这个过程中，可能出现多个一字板加速，最终在大分歧时结束。

3. 趋势模式

这种模式本质上是前两种模式的结合，可以是轮动 + 轮动，或者轮动 + 连板。趋势个股在前期走势通常较为纠结，但越往后，情绪加速越明显。注册制新规实施之后，这种模式尤为常见。

小结：短波周期本质上是中周期内部的轮动。在上升阶段，高位股向上打开空间；而在下降阶段，由高位股补跌形成。成交量对短波周期的力度产生重要影响。当成交量较大时，短波周期的力度更强；反之，成交量较小时，短波周期的力度相对较小。

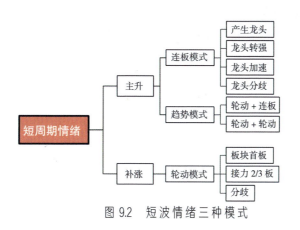

图 9.2　短波情绪三种模式

三、人工智能的炒作周期

2023 年春节后，人工智能大涨，成为市场主线热点。整个板块炒作可分为四个阶段：情绪筑底阶段（1 月 10 日—1 月 30 日），市场无明确主线，汽车与数字领域相互轮动；情绪主升阶段（1 月 30 日—2 月 9 日），人工智能成主线，同时催生汽车、有色、消费等轮动板块，持续性均较差；情绪筑顶阶段（2 月 8 日—2 月 22 日），汉王科技止步于 8 连板，人工智能低位补涨，市场的高标依然围绕该板块，盘面出现多个首板，汽车成为强势分支；情绪主跌阶段（2 月 22 日—3 月 10 日），人工智能赚钱效应减弱，空间板不断 A 杀，市场的高标逐渐演变为轮动题材的高标，这些高标的持续性较差。

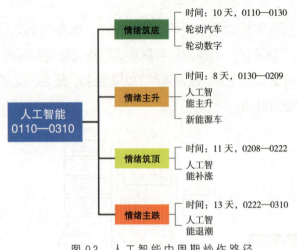

图 9.3　人工智能中周期炒作路径

1. 连板主升模型

人工智能主升期是典型的连板模式。2月2日，恒久科技止步于8连板，此时是人工智能启动第4天。经过前四天的淘汰赛，仅剩3个连板：达意隆5连板，智能智控4连板，汉王科技4连板。同时，盘面出现炸板潮。分歧后，汉王科技接替恒久科技继续炒作。

表 9.1　2023 年 2 月 2 日连板数据

情绪周期—连板股 2023.2.2(周四)					
概念	股票名称	股票代码	涨停类型		空间
数字经济	同为股份	002835	一字板	四进五	5
人工智能	达意隆	002209	一字板	四进五	5
人工智能	智能自控	002877	T 字板	三进四	4
人工智能	汉王科技	002362	一字板	三进四	4
半导体	先锋电子	002767	换手板	一进二	3
半导体	同兴达	002845	换手板	一进二	2
有色	翔鹭钨业	002842	换手板	一进二	2
有色	东方锆业	002167	一字板	一进二	2
次新股	福斯达	603173	换手板	独立	2
新能源车	光洋股份	002708	4%	三进四	4

续表

数字经济	东易日盛	002713	0.13%	补涨	2
国企改革	中成股份	000151	3.57%	补涨	2
信创	东方中科	002819	4.91%	补涨	2
人工智能	初灵信息	300250	炸板	补涨	2
特斯拉	天永智能	603895	6.95%	补涨	2
券商	红塔证券	601236	4%	补涨	2
汽车	欧克科技	001223	7%	补涨	2

2月6日，汉王科技6连板成为新的空间板，盘面炒作热点主要为人工智能分支。2月7日，汉王科技7连板，人工智能继续发酵，板块涨停潮。2月8日，汉王科技8连板炸板，主线人工智能开始分歧，新能源汽车启动首板，三六零和鸿博智能在此时启动，属于典型的补涨，试图开启新周期。

表9.2　2023年2月8日连板数据

概念	股票名称	股票代码	涨停类型		空间
情绪周期一连板股 2023.2.8（周三）					
AR\VR	捷荣技术	002855	弱转强	板块龙	4
新能源车	宇通重工	600817	一字连板	二进三	3
固态电池	金龙羽	002882	换手板	一进二	2
人工智能	三六零	601360	一字板	补涨	2
人工智能	物产金轮	002722	换手板	补涨	2
人工智能	雷柏科技	002577	T字板	一进二	2
人工智能	鸿博股份	002229	一字板	一进二	2
停复牌	中航电测	300114	一字板		5
人工智能	汉王科技	002362	9.07%	空间龙	8
人工智能	天娱数科	002354	–3.43%	分支龙	4
汽车	华锋股份	002806	2.47%	板块龙	4
停复牌	路畅科技	002813	1.34%	独立	3
新能源车	恒立实业	000622	3.75%	补涨	2
CPO	通宇通讯	002792	6.31%	一进二	2
光伏	拓日新能	002218	3.33%	一进二	2
固态电池	豪尔赛	002963	4.73%	一进二	2

2月9日，主升阶段告一段落，汉王科技低开震荡。从1月30日—2月9日，人工智能炒作波段呈连板模式，启动4~5天通过PK竞争产生汉王科技5连板，随后汉王科技以一字板加速，板块继续发酵，直到第8天汉王科技断板分歧，主升阶段告一段落，进入补涨阶段。

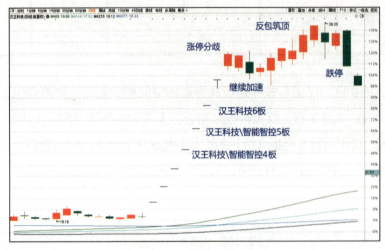

图 9.4　汉王科技日线图

2. 轮动补涨模式

汉王科技断板分歧后，人工智能开始换龙头炒作，当时最具代表性的是鸿博股份和三六零。2月8日汉王断板之时，市场出现4个2连板，包括三六零、鸿博股份、雷柏科技、物产金轮等。2月9日，三六零和鸿博股份一字板，其他两个淘汰，人工智能出现新龙头。

表 9.3　2023 年 2 月 8 日—9 日连板数据

情绪周期—连板股 2023.2.8(周二)					
概念	股票名称	股票代码	涨停类型		空间
ARIVR	捷荣技术	002855	弱转强	板块龙	4
新能源车	宇通重工	600817	一字连板	二进三	3
固态电池	金龙羽	002882	换手板	一进二	2
人工智能	三六零	601360	一字板	补涨	2

续表

人工智能	物产金轮	002722	换手板	补涨	2
人工智能	雷柏科技	002577	T字板	一进二	2
人工智能	鸿博股份	002229	一字板	一进二	2
停复牌	中航电测	300114	一字板		5
情绪周期—连板股 2023.2.9(周四)					
概念	股票名称	股票代码	涨停类型		空间
新能源车	宇通重工	600817	换手板	分支龙	4
新能源车	博菲电气	001255	换手板	补涨	2
固态电池	金龙羽	002882	一字板	分支龙	3
特斯拉	新朋股份	002328	T字板	补涨	2
人工智能	三六零	601360	T字板	补涨	3
人工智能	鸿博股份	002229	T字板	补涨	3
人工智能	金时科技	002951	换手板	补涨	2
军工	中航电测	300114	一字板	独立	6

以三六零为例，其属于典型的轮动。二进三时剩下鸿博股份和三六零，成为新的补涨龙头，三六零随后出现两个轮动小周期，2月14日弱涨停炸板，2月15日涨停，2月16日分歧，这是一个轮动小周期。2月20日弱转强反包涨停，2月21日涨停分歧，2月22日分歧，这是典型的轮动模型，轮动模式与连板模式的区别在于中间情绪无法加速。

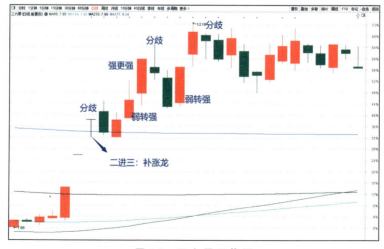

图 9.5　三六零日线图

鸿博智能是这个补涨小周期的龙头,2月10日三进四时淘汰三六零,成为市场新的空间板,2月13日鸿博股份5连板,作为小周期的龙头相对比三六零走势要强一点。

表 9.4　2023 年 2 月 10—13 日连板统计

情绪周期—连板股 2023.2.10(周五)					
概念	股票名称	股票代码	涨停类型		空间
人工智能	鸿博股份	002229	T 字板	补涨	4
人工智能	金时科技	002951	加速板	补涨	3
固态电池	金龙羽	002882	换手板	分支龙	4
军工	中航电测	300114		消息	7
人工智能	哈工智能	000584	一字板	独立	2
人工智能	剑桥科技	603083	1.97%	补涨	2
特斯拉	春兴精工	002547	0%	补涨	2
人工智能	恒烁股份	688416	7.73%	补涨	2
情绪周期—连板股 2023.2.13(周一)					
概念	股票名称	股票代码	涨停类型		空间
人工智能	鸿博股份	002229	换手板	补涨龙	5
风光储	南网能源	003035	换手板	一进二	2
风光储	茂硕电源	002660	一字板	一进二	2
风光储	科远智慧	002380	换手板	一进二	2
消费	新乳业	002946	换手板	一进二	2
军工	中航电测	300114	一字板	消息	8
人工智能	哈工智能	000584	一字板	独立	3
人工智能	金时科技	002951	−5.79%	补涨	4

鸿博股份断板分歧后,宁夏建材成为第二轮补涨高标,2月14日宁夏建材2连板,据悉,中建信息下属子公司信云智联具有人工智能技术。2月15日宁夏建材3连板,2月16日宁夏建材4连板,2月17日低开跌停。

在2月17日,宁夏建材低开跌停,锐明技术和智微智能三连板,成为新的空间板,开启第三轮补涨周期。然而,2月20日,冲击三进四的锐明技术和智微智能均跌停,人工智能进入退潮高峰期,这个阶段的特点是杀空间板。

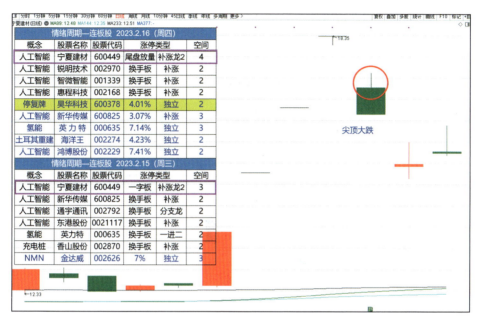

图 9.6　宁夏建材日线图

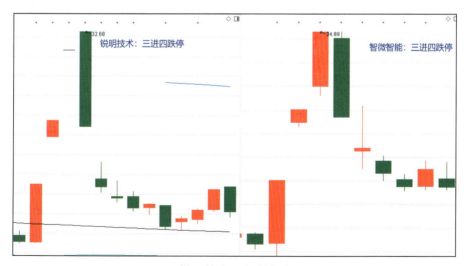

图 9.7　锐明技术和智微智能日线图

2月21日，元隆雅图在二进三的过程中当日直接炸板，次日低开大幅下跌。这是典型的退潮高峰期表现，越到后期，即使是二进三也都炸板，难以维持，市场情绪降至冰点，补涨阶段告一段落，随后进入切换轮动周期。

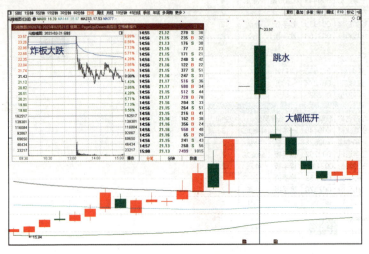

图 9.8　元隆雅图日线图

3. 切换轮动模式

在补涨模式结束后，市场进入切换模式。这时新题材板块容易产生高标，诞生新龙头，而原来的主线进入混沌期。例如，人工智能补涨结束后，2月24日晋拓股份连续4个涨停板成为市场新的高标，3月2日九牧王连续5个涨停板成为新的高度板，3月7日中公高科连续4个涨停板成为新的高度板。

晋拓股份

毫米波雷达概念，汽车板块分支，2月20日启动首板，当时香山股份、威孚高科首板；2月21日，雷科防务、晋拓股份首板；2月22日，晋拓股份连续第二个涨停板，协和电子、多伦科技首板；2月23日，板块发酵，晋拓股份连续第三个涨停板，多伦科技连续第二个涨停板，万安科技、神通科技首板。同时，晋拓股份成为市场新的高度板。

表 9.5　人工智能退潮期短波周期数据

情绪周期模型（2023）

时间	空间	空间板	次高	次高板	创空间	情绪	量总	上涨数	下跌数	涨停	跌停	连板	炸板率	北上
3月7日	4	中公高科	2	二个	1	分歧3	9330	435	4452	17	0	3	25%	-6
3月6日	3	中公高科	2	二个	1	分歧2	9513	2264	2484	17	3	3	40%	1
3月3日	5	华脉科技	2	中公高科		分歧1	8700	2170	2547	17	3	2	50%	21
3月2日	5	九牧王	4	华脉科技	1	加速2	9341	1650	3091	24	4	6	25%	8
3月1日	4	九牧王	3	华脉科技	1	加速1	9196	3376	1335	28	0	4	20%	70
2月28日	3	九牧王	2	三个	1	弱转强	7574	3735	1071	23	1	4	0	-13
2月27日	2	九牧王	1		0	分歧5	7541	1031	3778	16	0	1	66%	-19
2月24日	4	晋拓股份	3	二选一	0	分歧4	7263	1719	2981	15	0	3	40%	-51
2月23日	3	晋拓股份	2	二选一	1	分歧3	8079	1882	2882	22	2	3	40%	-22
2月22日	3	东易日盛	2	晋拓股份	0	分歧2	7840	2209	2484	24	1	2	33%	-47
2月21日	2	东易日盛	2	威孚高科	1	分歧1	9221	2892	1817	16	1	2	60%	19

表 9.6　2023 年 3 月 23 日连板数据统计

情绪周期一连板股 2023.2.23(周四)					
概念	股票名称	股票代码	涨停类型		空间
毫米雷达波	晋拓股份	603211	换手板	二进三	3
毫米雷达波	多伦科技	603528	一字板	补涨	2
绿色电力	三变科技	002112	换手板	一进二	2
新能源车	坤泰股份	002160	换手板	一进二	2
人工智能	东方中科	002819	−1.23%	补涨	2
汽车	协和电子	605258	6.77%	补涨	2

　　在轮动模式中，板块效应的出现往往是高标打出高度，缩量加速时，次日板块分歧，高标仍具一定溢价。例如毫米波雷达，晋拓股份连续第三个涨停板时缩量加速，板块效应显现，次日龙头开始大幅波动，第 5 天龙头大幅低开。

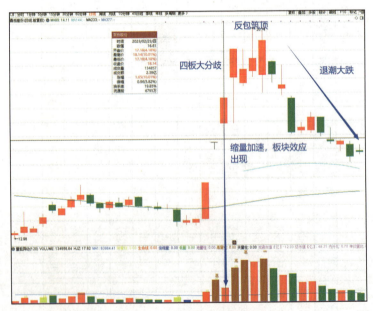

图 9.9　晋拓股份日线图

九牧王

纺织服饰板块的九牧王也是类似的。2 月 24 日，板块首板，包括联翔股份、牧高迪、九牧王等；2 月 27 日，九牧王连续第 2 个涨停板，欣贺股份首板；2 月 28 日，九牧王连续第 3 个涨停板，欣贺股份连续第 2 个涨停板，如意集团首板。此时，九牧王成为新的空间板。3 月 1 日，九牧王继续第 4 个涨停板，但板块基本已其他无涨停板。尽管之后九牧王走到第 5 个涨停板，但板块效应一般，随后龙头直接 A 形尖顶大幅回落。

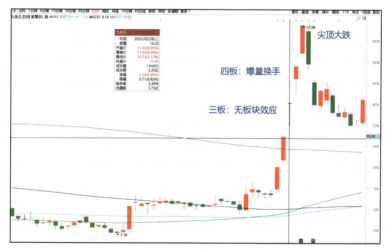

图 9.10　九牧王日线图

小结：轮动模式可能出现在中级别题材炒作的任何阶段。在上升阶段，持续性较差；相反，在主线分歧、筑顶退潮阶段，轮动板块地位上升，反而行情走得更远。晋拓股份和九牧王就是这样的例子，出现在人工智能的下降期。

第十章 低位二进三

第一节 低位二进三

一、参与龙头三种模式

前三板是一个题材启动的初期，主要以套利为主，持续性很差，尤其是首板和一进二，晋级率非常低。因此，要想参与龙头股票的竞争，至少需要从二板开始，主要有三种模式：

第一种：低位阶段的二板进三板。在这个阶段，晋级率为 30% 至 40%。一个轮动题材通常在 2 到 3 天内完成，到第三天开始出现分歧。此时，从二板进入三板的股票有概率成为板块龙头。如果次日龙头股票表现强劲，那么预期空间可能扩展到第 5 或第 6 板。若失败，则会转为套利操作。在这个阶段，主要有两种模式：切换二进三和补涨二进三。

第二种：中位阶段的弱势转强。中位阶段主要包括三进四、四进五、五进六三个阶段。尽管这些阶段的晋级率相对较高，大约在 40% 至 50%，但失败时的回撤幅度也很大。因此，不建议直接参与接力竞争，而是要关注在分歧后仍表现弱势但有望逆袭的个股。一旦成功，预期空间可以扩展到第 7 或第 8 板。

第三种：高位阶段的穿越。高位阶段主要是六进七、七进八、八进九这几个阶段。在 2022 年，全年有 98 只股票达到了 6 板及以上，其中 16 只股票成功晋级到了 9 板及以上。由此可见，成功概率在这个阶段显著提高。然而，位置越高，监管风险也越大。因此，在交易这类高位个股时，不能仅依赖技术分析，而需要关注情绪周期。

二、二进三的三种模式

在 2022 年，共有 2063 只 2 板个股，其中 737 只成功晋级二进三，晋级率为 35.7%。尽管失败的原因繁多，但成功的原因相对类似。总结归纳来说，主要有以下三种情况：

（1）情绪冰点的空间板：这种情况出现的次数较少，主要出现在跌停潮，剧烈的亏钱效应之后，往往是中级别周期低点的位置。

（2）切换二进三：这种情况出现的次数相当多，但能够成为强势股的较少，大部分属于套利。

（3）补涨二进三：这种情况出现的次数也相对较多，在题材炒作初期、中期、后期都会出现，初期还好，到了中后期多数以尖顶大跌收场。

三、情绪冰点的空间板

情绪冰点是指市场在经历大幅度下跌和恐慌情绪后，达到某种程度的共振并出现中级低点。在这种情况下，投资者可以通过观察连板数量和连板高度等信号，捕捉潜在的投资机会。例如，当连板数量回落至 5 以内，连板高度回落至 2 或 3，两市接近百股跌停时，可能出现情绪冰点。比如，2022 年 2 月的保利联合和 4 月的湖南发展等，这种模式在注册制新规之后，变得比较少了。

1. 案例分析：保利联合

保利联合从事基建和爆破工程施工。2022 年 1 月底，市场经历持续的下跌，题材大面积亏损，指数出现恐慌性下跌。沪深 300 指数 1 月 25 日出现中阴线破位，1 月 28 日出现长下影线，短期企稳后开始横盘反弹一个多月。

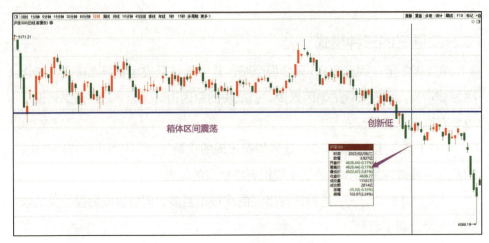

图 10.1　沪深 300 日线图

在情绪方面，1 月 27 日两市出现最大规模跌停潮 72 家，空间板回到 2 板，且连板个股仅有 3 家。此时的空间板包括万东医疗（医疗）、深南股份（数字经济）和保利联合（基建）。虽然处于情绪冰点，但 3 个 2 连板中的优胜者并不容易选出。越靠近冰点，二进三一旦失败，可能出现大幅下跌。

在这种情况下，如何判断哪个 2 连板股票有更大潜力？主要有三点：

第一，周线底部平台突破，横有多长，竖有多高，日线长期均线多头排列，保利联合最好。

第二，去弱留强。一般是在二进三和三进四的过程中发生，二进三深南股份、保利联合直接顶一字，万东医疗淘汰。三进四深南股份一字跌停，湖南发展继续顶一字，最终湖南发展晋级。

第三，板块效应，启动初期，首板或者二板有板块效应的往往更好。

表 10.1 2022 年 1 月情绪周期数据

情绪周期（2022）

时间	空	空间板	次	次高板	创空	创空间板	情绪	量总	涨停	跌	连板	炸板
1月28日	3	深南股份	3	保利联合	2	南凌科技	弱转强	8186	52	23	4	33%
1月27日	2	三选一	2	三选一	1		分歧5	8228	13	72	3	57%
1月26日	4	证通电子	4	二选一	1		分歧4	7940	48	31	9	18%
1月25日	5	安妮股份	4	新华联	1		分歧3	9366	27	54	9	25%
1月24日	4	岭南股份	4	安妮股份	1		分歧2	8640	51	31	13	19%
1月21日	7	金财互联	4	亚联发展	1		分歧1	9843	45	36	10	41%
1月20日	7	得利斯	6	二选1	1		加速1	11289	39	13	17	39%
1月19日	6	得利斯	5	二选1	3	零点有数	弱转强	10652	50	9	14	18%
1月18日	5	得利斯	5	金时科技	2	零点/天源	分歧1	11958	35	42	16	47%
1月17日	6	赛隆药业	5	二选1	2	神思电子	加速5	11195	90	4	26	21%
1月14日	5	赛隆药业	4	二选1	3	国联/国联	加速4	11068	58	7	17	41%
1月13日	6	新华联	5	亚世光电	2	博拓/国联	加速3	10934	53	7	26	33%
1月12日	8	开开实业	5	二选1	2	海辰药业	加速2	10610	85	0	19	0
1月11日	7	开开实业	4	亚太药业	4	安旭生物	加速1	10555	49	6	11	50%

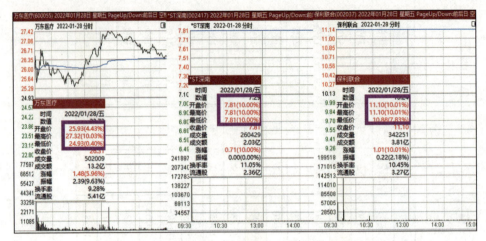

图 10.2   万东医疗、深南股份、保利联合分时图

　　注意两点：一是分仓，不要单吊某只个股。二是注意业绩利空，大波动的时候往往出现在特定时间，深南股份失败的原因就是公布业绩利空，可能会戴帽。

图 10.3   深南股份分时图

　　保利联合之所以能够成功，有几方面原因：首先，保利联合构筑了长达近 4 年的箱体；其次，换手二板突破了箱体的上轨；再次，在 PK 的过程中胜出，淘汰深南股份和万东医疗。

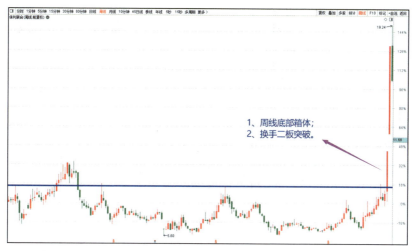

图 10.4　保利联合周线图

小结：在情绪冰点时，投资者应注意分仓操作，并通过观察竞价盘口确认个股的强弱，淘汰弱势股票，选择最有潜力的股票分仓关注，然后去弱留强。当然这种模式在注册制新规后会有很大变化，不可能像以往那样出现疯狂走势。

2. 案例分析：湖南发展——基建与绿色电力的典范

2022 年 4 月底，市场再次大跌，沪深 300 指数继续创新低，跌破 3 月中旬的重要低点。技术形态呈现双底特征，反弹即将到来。

图 10.5　沪深 300 日线图

表 10.2　2022 年 4 月情绪周期（2022）

时间	空间	空间板	次高	次高板	创空间	创空间板	情绪	量总	涨停	跌停	连板	炸板率
4月29日	6	湖南发展	4	五个	2	宏德股份	加速1	9584	203	2	28	12%
4月28日	5	湖南发展	3	六个	1		混沌	8407	66	35	19	34%
4月27日	4	湖南发展	4	新华百货	1		切换1	9174	128	29	13	28%
4月26日	3	湖南发展	3	新华百货	1	福瑞股份	大分歧4	8385	40	205	6	40%
4月25日	4	盛泰集团	3	泰慕士	1		大分歧3	8965	25	577	8	50%
4月22日	5	中兴商业	3	三个	2	戎美股份	大分歧2	7531	68	67	13	0%
4月21日	5	安记食品	4	中兴商业	1		大分歧1	8561	31	73	12	30%
4月20日	5	天龙股份	4	上海能源	2	华是科技	弱转强	8204	49	11	16	18%
4月19日	4	天龙股份	4	蓝焰控股	1		分歧3	7791	51	17	14	44%
4月18日	6	畅联股份	2	二选一	1	飞力达	分歧2	7781	73	38	12	40%
4月15日	5	步步高	5	畅联股份	1		分歧1	9108	38	37	11	50%
4月14日	5	广汇物流	5	东百集团	1		弱转强	8697	74	9	16	6%
4月13日	6	大理药业	4	一选一	2	冰川网络	分歧3	8731	50	46	18	50%
4月12日	5	大理药业	4	北部湾港	2	新宁物流	分歧2	9161	93	16	20	23%
4月11日	6	国统股份	4	一选一	1		分歧1	9634	50	43	15	34%
4月8日	6	中国武夷	6	海南瑞泽	1		弱转强	9261	63	18	16	11%
4月7日	5	中国武夷	5	海南瑞泽	2	纽泰格	分歧4	9227	29	31	12	52%
4月6日	7	中交地产	4	五选一	1	康芝药业	分歧3	9657	78	13	23	34%
4月1日	6	中交地产	4	中科金财	2	泰林生物	分歧2	9353	68	16	18	22%

市场情绪极度恐慌，由于年报和一季报披露叠加，题材股亏钱效应显著。4月25日，577家跌停，两市跌幅超过9%的有1900余家。4月26日，百股跌停，连板个股6家，空间高度回到3板，市场同样出现情绪冰点。

4月底市场恐慌的一个主要原因是人民币贬值，题材股大跌。然而，人民币贬值概念表现尚可。4月25日，两市跌停潮规模最大，人民币贬值达到小高峰。盛泰集团直接顶一字，成为空间龙头；泰慕士T字回封，市场次高；盘面有6只股票2连板，湖南发展就是其中的一个。

表10.3　2022年4月25日连板个股统计

连板股2022.4.25（周一）					
概念	股票名称	股票代码	时间	连板	涨停类型
纺织服饰	盛泰集团	605138	9:25	4	一字板
纺织服饰	泰慕士	001234	9:25	3	T字回封
纺织服饰	华纺股份	600448	9:54	2	换手板
次新+基建	上海港湾	605598	9:59	2	换手板
基建	东宏股份	603856	9:50	2	换手板
零售	新华百货	600785	9:38	2	换手板
房地产	天地源	600665	9:35	2	换手板
电力	湖南发展	000722	13:40	2	换手板
金融	民生控股	000416	11:10	4	地天板
纺织服饰	龙头股份	600630	9:30	3	−2.20%
电力	明星电力	600101	9:55	2	1.99%
服饰	红蜻蜓	603116	9:31	2	−3.59%
肝炎	葵花药业	002737	9:32	2	0%
零售	广百股份	002187	9:58	2	2.11%
纺织服饰	真爱美家	003041	9:33	2	4.90%
基建	宏润建设	002062	10:16	2	0.19%

4月26日，人民币贬值概念迅速退潮。龙头盛泰集团大幅低开9.45%，泰慕士低开4%，收盘跌停，人民币贬值结束，轮动热点结束，新周期有望诞生。

前一天共有6个2连板，分别是华纺股份（人民币贬值）、上海港湾（基建）、东宏股份（基建）、新华百货（零售）、天地源（房地产）和湖南发展（基建+绿电）。连板数量越多，选择难度越大。

第一，周线底部平台突破，横有多长，竖有多高，日线长期均线多头排列，湖南发展符合。天地源、新华百货、东宏股份、华纺股份都不符合。

第二，去弱留强，二进三华纺股份直接低开跌停淘汰，东宏股份跳水大跌淘汰，是最弱的两种走法。天地源大幅高开8.35%跳水，淘汰。上海港湾，早盘小幅高开1.98%，充分换手后，午后涨停，勉强晋级。

图10.6 天地源和上海港湾分时图

图10.7 新华百货和湖南发展分时图

最强的是新华百货与湖南发展，竞价直接一字板。新华百货封单强劲，分时基本未开板，类似上一次的深南电 A；湖南发展 9 点 27 分炸板，巨量成交，随后快速回封。最强的便是这两个，应关注。

4 月 27 日，三进四，市场情绪迅速修复，两市涨停股 128 家，盘中跌停股 174 家，收盘仅有 29 家跌停。炸板潮出现，情绪冰点中率先企稳的高标自然享受新周期溢价。然而，湖南发展与新华百货命运截然不同，类似深南电 A 与保利联合。情绪修复当天，新华百货 T 字大分歧，盘中差点触及天地板，尾盘换手回封。次日继续一字跌停，基本确认炒作结束。

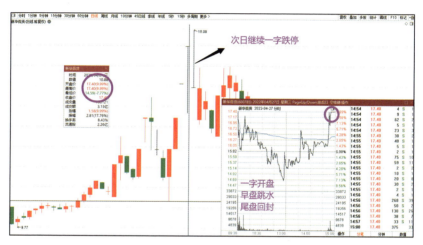

图 10.8　新华百货日线图

湖南发展三板出现分歧，四板直接顶一字。尽管盘中开板，但承接力强大。三进四过程中，无形之中 PK 掉新华百货。随后，湖南发展享受新周期溢价，直至八连板分歧。更重要的是湖南发展周线图出现大的箱体，换手 2 板突破了箱体上轨。

小结：保利联合与湖南发展成功，新华百货与深南电 A 失败。失败原因多样，如利空消息、板块地位等。成功原因相似，首先，大周期处于情绪冰点，周期越大，题材股高度越高。其次，个股处于周线底部突破，底部箱体时间越久越好，横有多长，竖有多高。再次，一般在二进三或者三进四淘汰其他个股，最终晋级者享受黑马待遇。

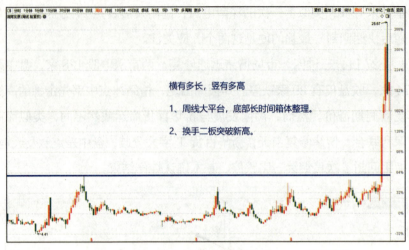

图 10.9　湖南发展周线图

四、二进三切换龙

主要有两种情况：一种是主线分歧时诞生的切换，此时由于主线尚未结束，短暂分歧之后资金仍会回流主线。因此，新题材的二进三高度有限，许多题材甚至无法走出三连板。另一种情况是主线退潮时诞生，通常伴随着大规模的跌停潮。这时，新题材容易成为新的主线，孕育新周期的龙头，有望打出连续 5~7 个涨停板的炒作强势股。

1. 案例分析：恒宝股份——数字经济概念

2022 年 1 月底市场出现持续跌停潮，新旧周期即将交替，1 月 28 日市场出现回暖，众多新兴板块崭露头角，出现首板潮，包括数字经济、旅游、新能源汽车和医药等。具体表现如下：

（1）数字经济：大幅下跌后的回升，翠微股份高位反包，京蓝科技连续 6 天涨停 5 次，深南股份连板 3 次，南凌科技和贵广网络各涨停 2 次。首次涨停的个股包括恒宝股份、德生科技、中嘉博创、创维数字、初灵信息和吴通控股。

（2）医药：首次涨停且大幅下跌后开始回升的个股有威尔药业、新天药业、星湖科技、第一医药和九安医疗。

（3）多胎：作为新兴板块，首次涨停的个股有奥锐特、爱婴室、悦心健康、沐邦高科、安奈儿、美吉姆、高乐股份、大东方以及再次涨停的高乐股份。

（4）旅游：新兴板块中首次涨停的个股有天目湖、桂林旅游、长白山、曲江文旅和众信旅游。

（5）新能源汽车：首次涨停的个股有恒立实业、延安必康、华翔股份和曙光股份。

（6）业绩预增：首次涨停的个股有天鹅股份、浙江东日、华斯股份和横店影视。

2月7日，数字经济板块呈现分歧，恒宝股份直接顶一字涨停，翠微股份高位反包连板2次，新智认知、云鼎科技、和科达、新炬网络和华虹计通首次涨停。旅游板块仅有岭南控股连续2次涨停，医药和多胎概念没有连板晋级。当天市场共有6家个股连板炸板，26家跌停。基建板块涨停潮爆发，成为市场表现最强劲的板块。

表 10.4　2022 年 2 月 7 日连板个股统计

连板数据 2022.2.07（周一）					
概念	股票名称	股票代码	时间	连板	涨停类型
电子雷管	保利联合	002037	9:25	4	一字加速
数字货币	翠微股份	603123	9:30	2	高开秒板
数字经济	恒宝股份	002104	9:25	2	一字加速
业绩预增	海航科技	600751	9:30	2	高开秒板
业绩预增	华斯股份	002494	14:27	2	换手秒板
次新＋油气	德石股份	301158	9:33	2	高开秒板
基建	冀东装备	000856	9:36	2	换手秒板
新能源车	恒立实业	000622	9:33	2	换手秒板
旅游	岭南控股	000524	14:44	2	换手板
预制菜	通程控股	000419	9:32	2	换手秒板
数字经济	深南股份	002417	10:50	4	地天 +2.9%
LED	万润科技	002654	13:12	2	1.19%
旅游	九华旅游	603199	9:30	2	2.60%

续表

医药	佛慈制药	002644	9:25	2	4.27%
放开生育	安奈儿	002875	10:28	2	6.25%
放开生育	沐邦高科	603398	9:32	2	6.75%

2月8日，二进三，冀东装备直接一字涨停，基建板块迎来连板潮，市场情绪持续发酵。数字货币公司恒宝股份高开6.84%秒板，早盘炸板换手后重新封板；翠微股份开盘上涨2.79%，经过反复震荡后，换手涨停。从盘口来看，恒宝股份较强；从时间周期来看，翠微股份属于高位穿越，恒宝股份则是新周期接力龙头。

图 10.10　翠微和恒宝股份分时图

一个热点启动后，并不意味着都能做二进三，数字这里主要是地位弱一点，基建太强了，次主线就容易分歧。有的板块启动力度弱，在2板就产生分歧；有的启动强，在4板甚至5板才分歧，大部分3板分歧概率较大。例如旅游板块，首板涨停潮后，一进二只剩岭南控股，即在二板诞生龙头，这样的热点较弱，第3天小幅高开0.46%，换手涨停。

图 10.11 岭南控股日线图

而基建板块则太强，2月7日首板涨停超过40家，2月8日一进二，9个两连板，共11家连板。2月9日二进三，4个三连板，共7个连板，第3天分歧仍较小，尚未产生龙头。

表 10.5 2022 年 2 月 8 日—9 日基建板块连板统计

一进二——连板数据 2022.2.08（周二）					
概念	股票名称	股票代码	时间	连板	涨停类型
基建	保利联合	002037	9:25	5	一字加速
基建	高争民爆	002827	14:34	2	高量换手
基建	冀东装备	000856	9:25	3	一字加速
基建	韩建河山	603616	14:29	2	换手分歧
基建	重庆建工	600939	14:01	2	换手板
基建	浙江建投	002761	9:30	2	高开秒板
基建	中国海诚	002116	9:25	2	一字加速
基建	宏润建设	002062	9:48	2	高开换手
基建	中岩大地	003001	9:25	2	一字加速
基建	华蓝集团	301027	11:29	2	换手分歧
基建	汇通集团	603176	9:25	2	一字加速

续表

二进三——连板数据 2022.2.09（周三）					
概念	股票名称	股票代码	时间	连板	涨停类型
基建	保利联合	002037	9:25	6	一字板
基建	冀东装备	000856	9:25	4	一字板
基建	汇通集团	603176	9:25	3	一字板
基建	重庆建工	600939	9:25	3	一字板
基建	浙江建投	002761	9:30	3	一字板
基建	中国海诚	002116	9:43	3	高量换手
基建	普邦股份	002663	9:25	2	一字加速

2月10日三进四继续小分歧，重庆建工、浙江建投、汇通集团晋级四板，中国海城淘汰。2月11日四进五大分歧，浙江建投、汇通集团晋级五板，重庆建工淘汰。2月14日五进六，浙江建投晋级，汇通集团淘汰，直到第6天才确认龙头。因此，二板确认龙头说明该热点承接力较弱，大部分在三四板产生龙头，超强的通常在五六板诞生。

恒宝股份三板基本可以确认为龙头，那么如何把握买点呢？一般来说，前三板主要以打板买点为主，因为前三板辨识度较低，市场地位尚未确立。除了买点信号外，还需关注板块的梯队。大原则是在板块小分歧时买龙头，如果板块大分歧，龙头溢价较低。大小分歧的判断主要看板块的亏钱效应，亏钱效应越大，分歧越大；亏钱效应越小，分歧越小。例如恒宝股份，一进二时虽然板块只有两个晋级，但后面的首板梯队表现不错，板块没有亏钱效应，属于小分歧。恒宝股份早盘爆仓后换手回封便是一个很好的买点，这是分歧转一致的信号。

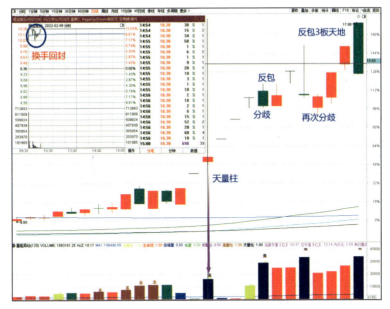

图 10.12　恒宝股份分时图

　　如何更精准地选到恒宝股份呢？这涉及前三板接力的大原则——强者恒强，即一定要选择竞价开盘强势的个股。如果没有强转更强的，才可以考虑次之的弱转强。2月7日的9个两连板中，次日开盘冀东装备最强，翠微股份和恒宝股份次之，其余均较弱，早盘开盘后基本被淘汰。

表 10.6　2022 年 2 月 8 日二进三竞价统计

二进三次日竞价 2022.2.08（周一）			
股票名称	股票代码	次日开盘	是否涨停
冀东装备	000856	一字	一字
翠微股份	603123	9.68%	秒板
恒宝股份	002104	6.85%	秒板
通程控股	000419	0.81%	冲高回落
海航科技	600751	2.96%	高开跳水
华斯股份	002494	−3.97%	低开震荡
德石股份	301158	−0.07%	低开低走
恒立实业	000622	平开	跳水大跌
岭南控股	000524	0.46%	午后涨停

小结：选股有两个原则。第一，强更强，优选竞价强的；第二，优选板块梯队好的。买点有两种情况：第一，分歧转一致，即涨停开板后换手回封，主要买点；第二，竞价买入，要根据盘面具体分析，一般要求高开 5% 以上。

2. 案例分析：大港股份——芯片半导体概念

2022 年 8 月 2 日大港股份首板。8 月 2 日和 3 日恰逢上一周期退潮高峰，盘面连续两天 20 家以上的跌停板。上一周期的主流板块是机器人，以中大力德为主导，光伏和新能源汽车则是轮动补涨。到 7 月底，题材炒作已进入尾声，盘面跌停潮正好确认了这一点。在这两天跌停潮中，领跌的正是新能源汽车、汽车和机器人三个板块。具体如下：

（1）8 月 2 日跌停潮：绿色电力 8 家，包括宝馨科技、集泰股份、金智科技、恒大高新、中旗新材、宏柏新材、穗恒远 A 和汇金通；新能源汽车 8 家，包括日上集团、宏创控股、路畅科技、通润装备、春兴精工、索菱股份、金龙羽和长虹华意；机器人 4 家，包括卓翼科技、汉王科技、鼎龙文化和惠程科技；其他 8 家，包括中天精装、龙头股份、美吉姆、北摩高科、精艺股份、鸿博股份、禾盛新材和万和电气。

（2）8 月 3 日跌停潮：新能源汽车 10 家，包括日上集团、瑞鹄模具、合力科技、通润装备、春兴精工、襄阳轴承、积成电子、兰黛科技、德联集团和铭科精技；机器人 6 家，包括卓翼科技、盛通股份、秦川机床、联诚精密、赛象科技和爱仕达；绿色电力 5 家，包括宝馨科技、山西路桥、宝明科技、顺钠股份和泰嘉股份；其他 4 家，包括精艺股份、鸿博股份、华斯股份和常润股份。

跌停潮是盘面切换的重要信号，跌停潮规模越大，切换的级别越高。千股跌停通常预示着月线级别的切换，对应风格切换。百股跌停通常是周线级别的切换，对应板块轮动。20 至 30 家左右的跌停是日线级别的切换，对应热点轮动。而 10 家左右的跌停则是预警信号，属于上升过程中的分歧。在此情况下，连续两天 20 家左右的跌停意味着热点将进行轮动。此时，投资者应关注盘面特征，新的投资主题处于启动初期，而旧的投资主题仍有部分补涨个股存在，盘面将陷入混沌状态。

表 10.7　2022 年 8 月情绪周期

情绪周期（2022）

时间	空间	空间板	次高	次高板	创空间	创空间板	情绪	量总	涨停	跌停	连板	炸板率
8 月 19 日	4	远大智能	3	四选一	0		分歧 1	11205	49	13	15	24%
8 月 18 日	5	川润股份	3	三选一	1		反包 3	10544	71	4	13	38%
8 月 17 日	6	宝塔实业	4	川润股份	1		反包 2	10749	61	4	15	38%
8 月 16 日	5	宝塔实业	4	中京电子	1		反包 1	10206	72	1	16	33%
8 月 15 日	4	宇环数控	4	宝塔实业	1		切换	9768	70	7	12	29%
8 月 12 日	4	东旭蓝天	3	五选一	1		分歧 1	10000	54	7	12	29%
8 月 11 日	8	大港股份	5	奥维通信	1		切换	10673	62	4	17	20%
8 月 10 日	7	大港股份	5	南方精	1		加速 3	9670	69	2	11	39%
8 月 9 日	6	大港股份	4	南方精	1		加速 2	9531	63	1	16	36%
8 月 8 日	5	大港股份	3	南方精	1	科信技术	加速 1	9531	92	5	14	22%
8 月 5 日	5	绿康生化	4	大港股份	1		分歧 3	9955	51	8	8	50%
8 月 4 日	4	天沃科技	4	绿康生化	1	江苏北人	分歧 3	8994	60	8	8	27%
8 月 3 日	4	日盈电子	3	二选一	1		分歧 2	11151	34	25	9	57%
8 月 2 日	6	鸣志电器	5	秦川机床	2	悦安新材	分歧 1	11811	42	29	20	26%
8 月 1 日	7	襄阳轴承	5	二选一	2	赛为智能	弱转强	9935	76	9	18	28%

表 10.8　2022 年 8 月 3 日连板股统计

连板股 2022.8.3（周三）

概念	股票名称	股票代码	时间	连板	涨停类型	概念	股票名称	股票代码	时间	连板	涨停类型
汽车配件	日盈电子	603286	9:35	4	换手板	锂电池	德联集团	002666	9:25	5	天地板
转型光伏	绿康生化	002868	9:25	3	一字板	油气	道森股份	603800	9:56	3	炸板
氢能	天沃科技	002564	9:48	3	换手板	军工	悦安新材	688786	10:21	3	炸板
军工	青岛双星	000599	9:25	3	一字板	军工	航天发展	000547	10:25	3	炸板
军工	中天火箭	003009	9:55	2	换手板	机器人	博杰股份	002975	9:34	2	1.11%
军工	恒久科技	002808	9:43	2	换手板	机器人	中京电子	002579	10:44	2	1.49%
军工	长城军工	601606	11:09	2	换手板	机器人	龙洲股份	002682	9:25	2	天地板
半导体	大港股份	002077	9:34	2	换手板	机器人	爱仕达	002403	9:25	2	天地板
借壳	群兴玩具	002575	14:30	2	换手板	机器人	派斯林	600215	10:46	2	3.61%
						芯片	华亚智能	003043	10:02	2	-2.77%
						风电	联德股份	605060	9:35	2	7.62%
						次新股	德明利	001309	9:39	2	2.84%

8月3日，大港股份一进二。当天盘面情况如下：机器人低位补涨一进二炸板潮，军工一进二最强，4个两连板。空间板还是在光伏和汽车，最高的是汽车配件日盈电子4板，次高的是绿色电力天沃科技和绿康生化3板。

8月4日，大港股份进入二进三。空间板块日盈电子高开2.79%，随后冲高回落跳水，早盘未能成功晋级。由于此时正值情绪低点附近，高标仅是分歧，最高失败，次高上位。次高的3个三连板包括绿康生化、天沃科技和青岛双星。青岛双星高开6.12%，但随后大跌，形成实体大阴线被淘汰出局。绿康生化直接顶一字，连续4个一字板；天沃科技高开2.73%，换手涨停。以下是日线图。

图10.13　大港股份日线图

当日有5个二连板，其中3个为军工股，均未成功。中天火箭冲高回落，形成实体大阴线；长城军工冲高回落跳水；军工板块的4个连板全部失败，而且是大分歧。这意味着军工板块只是轮动。相反，大港股份意外晋级，全天烂板，而且下方梯队出现了两个二连板助攻，分别是飞龙股份和多伦科技。这里我们可以发现，在情绪冰点时，军工板块是第一个出现的板块。但在二进三的过程中，军工板块出现大分歧，未能诞生龙头。青岛双星领先一天启动，却未能抗住首次分歧。

表 10.9 2022 年 8 月 4 日连板个股统计

情绪周期—连板股 2022.8.4（周四）					
概念	股票名称	股票代码	时间	连板	涨停类型
转型光伏	绿康生化	002868	9:25	4	一字连板
特高压	天沃科技	002564	9:53	4	弱转强
半导体	大港股份	002077	10:17	3	分歧换手
半导体	多伦科技	603528	9:34	2	换手板
半导体	飞龙股份	002536	9:37	2	T 字板
军工	淳中科技	603516	13:24	2	换手板
军工	富森美	002818	10:57	2	换手板
机器人	精伦电子	600355	10:33	2	换手板
军工	恒久科技	002808	9:36	3	天地板
绿色电力	物产金轮	002722	9:30	2	-2.73%
半导体	亚翔集成	603929	9:31	2	0.88%

为什么大港股份三板会爆量？二进三的个股主要分为两种类型：补涨和切换。补涨个股多数不会分歧，要么形成一字板，要么直接高开秒板。如果分歧出现，往往意味着结束。切换的三板属于新题材，新题材尚未得到市场认可。作为轮动来看，新题材基本在 2~3 天内完成，高标三板之后溢价就相对较低。除非这个热点升级为盘面的主流热点，否则就像军工板块那样，无法抗住分歧。三板青岛双星直接大跌。

那么大港股份如何参与呢？买点主要有两种：一种是分歧转一致，日内换手回封；另一种是次日弱转强，半路或打板买入。两者各有优缺点。日内分歧转一致，如果失败，次日容易低开走弱；次日弱转强的确定性更高，但买点可能会让人感到不舒服，可能会出现大幅高开，甚至一字开。这一笔交易主要有三个预期，如下：

（1）强势走势：三进四分歧转强涨停，出现板块效应，该股将享受板块和周期双重溢价，目标为 6 到 7 板，也就是 3 到 4 个板的空间。

（2）普通走势：三进四震荡或涨停，未出现板块效应，该股将变成套利，预计该股在第四、第五天结束。

（3）弱势走势：分歧转弱。连套利的机会都没有，止损出局。

因此，操作思路建议分批入场。二进三时进场一笔，次日弱转强加仓。例如，大港股份早盘炸板回封后，可以进场一笔；尾盘再次出现炸板回封，也有机会上车。最终全天换手30.85%，成交金额达到22.2亿元。次日大幅高开6.86%后秒板，高开基本确认弱转强，再加一笔。需要注意的是，龙头的买点通常非常快，从集合竞价到开盘5~10分钟。一旦龙头涨停，板块效应出现，龙头必然享受一字板加速。

除了关注个股本身的强弱之外，还需注意高标之间的竞争关系。例如，8月5日，高标绿康生化继续一字板，连续5个一字板。该股主要受到消息面影响：8月1日，公司发布公告称，看好光伏胶膜行业未来发展前景，拟以现金方式收购江西纬科100%股权；同时，董事会同意出售浦潭热能100%股权。这种消息面刺激产生的高度板对盘面情绪影响较小。实际上，高度板是天沃科技的4板，该股高开4.27%，开盘后直接秒跌停。这种走势与大港股份刚好相反，这就意味着大港股份很可能成功切换。8月6日，天沃科技一字跌停，大港股份一字涨停。因此，在新龙头确立的过程中，往往伴随着旧补涨龙的大跌。

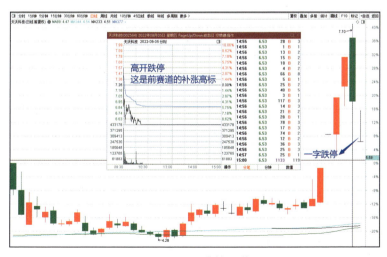

图10.14　天沃科技日线图

那么，如何把握大港股份的卖点呢？一旦成为龙头，该股的卖点就变得相对简单：在下一次分歧时卖出。分歧的过程遵循弱者先跌，龙头最后分歧。因此，当板块出现亏钱效应时，龙头分歧爆量时便是卖出的时机。同时，由于龙头是这一波行情的发动者，顶部结构可能会反复，经常会出现双顶或多重顶。

以大港股份为例，其分歧日是 8 月 11 日。当天，连板梯队仅剩下文一科技 3 板和大港股份尾盘 8 板，而苏州固锝 3 板炸板，大为股份 2 板炸板。与此同时，市场启动了多个新的题材首板，如消费电子有 15 家涨停，券商有 6 家涨停。盘面即将再次产生高低切换。

表 10.10 2022 年 8 月 11 日热点复盘

热点复盘 2022.8.11（周四）（涨停 68、跌停 4）					
概念	情绪周期		空间龙头	助攻	首板
军工 3		第 9 天	奥维通信 5 板	富森美 2 板	宝塔实业 2 板	
半导体 9		第 7 天	大港股份 8 板	文一科技 3 板	同兴达反包	6
绿色电力 14	光伏 6	第 4 天	鹿山新材 3 板	东旭蓝天 3 板	威腾电气 2 板	3
	热泵 4		日出东方 3 板	创元科技 2 板	冰山冷热 2 板	海信家电
	储能 2					2
	其他 2	风电：豪迈科技 2 板；电网：中超控股				
新能源车 3		第 4 天				3
机器人 3			赛象科技 2 板	宇环数控 2 板	科瑞技术 2 板	
消费电子 15		第 1 天	国光电器 2 板	科瑞技术 2 板		13
券商 6		第 1 天				6
数字经济 3		第 1 天				3
医药 3		第 1 天				3
消费 2			麦趣尔 2 板			莲花健康
跌停板 4	圣泉集团、中大力德、晋拓集团、皇氏集团					

大港股份经过两天调整，8 月 16 日反包新高，8 月 19 日再创新高后跳水跌停。当天两市共有 13 家跌停。双顶形成，次日一字跌停，板块进入退潮阶段。随后，8 月 24 日—9 月 1 日，市场出现持续跌停潮。

表 10.11 2022 年 8 月 19 日—9 月 5 日情绪周期复盘

情绪周期（2022）

时间	空间	空间板	次高	次高板	创空间	创空间板	情绪	量总	涨停	跌停	连板	炸板率
9 月 5 日	3	传艺科技	3	天顺股份	1		切换	7698	52	7	8	33%
9 月 2 日	5	欢瑞世纪	3	桂发祥	1		弱转强	7469	58	6	10	23%
9 月 1 日	4	欢瑞世纪	3	保利联合	1		分歧 3	7950	41	14	7	30%
8 月 31 日	3	欢瑞世纪	3	北纬科技	1		分歧 2	10023	28	54	6	33%
8 月 30 日	4	万和电气	3	二选一	1		分歧 1	8386	33	13	6	45%
8 月 29 日	4	黑芝麻	3	二选一	1		弱转强	8459	56	5	9	25%
8 月 26 日	6	德龙汇能	3	二选一	1		分歧 1	9292	37	23	9	30%
8 月 25 日	5	德龙汇能	4	捷荣技术	0		弱转强	9865	55	24	10	29%
8 月 24 日	5	神雾节能	4	德龙汇能	1		分歧 2	11261	29	31	12	33%
8 月 23 日	5	深纺织 A	4	神雾节能	1	科信新高	分歧 1	10024	65	3	11	35%
8 月 22 日	5	远大智能	4	二选一	1		弱转强	10269	59	6	11	35%
8 月 19 日	4	远大智能	3	四选一	0		分歧 1	11205	49	13	15	24%

小结：我们需要特别关注大港股份这种模式。在启动初期，它没有板块效应，但在形态上呈现三浪主升趋势，分为二进三分歧和三进四转强阶段，随后持续上涨。大部分主题投资的启动通常先由龙头股票引领，然后龙头股票超预期表现带动整个板块效应。2022年9月的南天信息和12月的英飞拓都是这种模式的典型案例。

3. 案例分析：新华制药——新冠医药概念

2022年12月5日，新华制药出现首板。此前的情绪低点发生在11月22日和23日，两市共有20家公司跌停。22日当天，央企重估涨停潮出现，随后从22至25日成为央企重估的主要炒作时期。25日，房地产板块启动涨停潮；28日，板块出现一进二连板潮。晚间，证监会新闻发言人就资本市场支持房地产市场平稳健康发展回答记者提问，进一步明确具体政策措施，包括上市公司融资新的5条政策。

此外，早些时候，央行和银保监会正式发布了《关于做好当前金融支持房地产市场平稳健康发展工作的通知》，提出了保持房地产融资平稳有序、积极做好"保交楼"金融服务、积极配合做好受困房企风险处置、依法保障住房金融消费者合法权益、阶段性调整部分金融管理政策以及加大住房租赁金融支持力度等六大方面共16条措施。

受此消息影响，11月29日房地产板块大爆发，两市共有96家公司涨停，其中房地产产业链50家，医药15家，消费复苏14家。在此期间，尽管医药板块有所表现，但一直处于轮动地位，未能上升为主线板块。11月30日，房地产板块高潮爆发，有8家公司连板，10家公司连板爆炒；12月1日，中交地产和中国武夷晋升至6连板；12月2日，房地产板块龙头中国武夷和中交地产跌停，房地产板块炒作结束。

在房地产预期炒作结束前，12月1日信创板块首板涨停潮、消费板块涨停潮出现，市场迅速出现新的承接板块，但这一阶段的持续性较差，市场的高点几乎每天都在变化。直至12月6日，市场再度陷入情绪低谷，当天有11家公司跌停，连板数量达到7家，连板高度为4板的英飞拓。当天，领跌

表 10.12　2022 年 11 月 22 日—12 月 6 日情绪周期复盘

情绪周期（2022）

时间	空间	空间板	次高	次高板	创空间	创空间板	情绪	量总	涨停	跌停	连板	炸板率
12 月 6 日	4	英飞拓	3	如意集团	1		分歧 1	9985	32	11	7	56%
12 月 5 日	5	永顺泰	3	人民网	1		弱转强	10555	53	3	13	31%
12 月 2 日	7	安奈儿	5	毅昌科技	1		分歧 1	8650	58	9	11	27%
12 月 1 日	6	中交地产	6	中国武夷	1		加速 3	10588	58	3	13	19%
11 月 30 日	7	中国科传	7	通润装备	0		加速 2	9317	51	2	18	38%
11 月 29 日	6	中国科传	6	通润装备	2	泰林生物	加速	9685	98	1	17	26%
11 月 28 日	5	中国科传	5	通润装备	1		切换 2	7589	40	6	13	13%
11 月 25 日	4	中国科传	4	中成股份	0		切换	7404	35	12	8	11%
11 月 24 日	4	云中马	4	英联股份	0		分歧 5	7485	46	4	8	38%
11 月 23 日	6	粤传媒	3	云中马	2	中铁装配	分歧 4	8310	45	20	13	7%
11 月 22 日	5	粤传媒	4	太龙药业	1		分歧 3	8852	42	19	8	43%

的便是医药板块，毅昌科技、嘉事堂、一心堂、特一医药和丰原药业均跌停。而新华制药和贵州百灵则出现一进二炸板现象。

2022 年 12 月 6 日晚间，中共中央政治局会议着重强调："更好地平衡疫情防控与经济社会发展，更好地协调发展和安全"，为进一步优化疫情防控措施指明了方向。

次日，国务院联防联控机制综合组发布了优化疫情防控的"新十条"。在养老院、福利院、医疗机构、托幼机构、中小学等特殊场所之外，将不再要求核酸检测阴性证明，也不再查验健康码和行程码。同时，对于跨地区流动人员，不再进行查验和落地检。

在股市中，12 月 7 日医药股迎来了爆发式的涨停潮。贵州百灵和新华制药连续三天涨停板，熊去氧胆酸概念表现最为抢眼。近期，《Nature》杂志发表了一篇重要学术论文，指出合成的熊去氧胆酸（UDCA）类胆汁酸药物可能对治疗新冠病毒具有有效性。

表 10.13　2022 年 12 月 7 日热点复盘

热点复盘 2022.12.7（周三）（涨停 48、跌停 3）						
概念	细分	时间	空间龙头	补涨助攻		首板
消费复苏 7	扩散	第 8 天	东百集团 2 板	人人乐 2 板	小商品城 2 板	4
数字经济 6		第 5 天	英飞拓 5 板	人民网 5 天 4 板		4
医药医疗 21	治疗 6	第 1 天	贵州百灵 3 天 2 板			6
	熊去氧胆		新华制药 3 天 2 板			7
	抗菌材料		如意集团 4 板	安奈儿		3
	医药 3					3
央企重估 3		第 3 天	中粮资本 3 板			2
跨境贸易 3		第 1 天	小商品城 2 板			2
养鸡 2		第 1 天				2
锂电池 3		第 1 天				3
跌停板 4	房地产：城建发展、阳光股份、深深房 A；园城黄金					

12 月 8 日，一进二，市场呈现出两个方向的发展，医药板块出现小幅分歧，消费板块逐渐复苏。医药板块的宣泰医药、新华制药、千红制药 2 板。消费板块多个细分领域表现强劲，包括零售、物流、跨境贸易、旅游、食品饮料等，

但整体上并不算特别强烈。与此同时，市场启动了地产、可降解等热点板块，但板块效应同样不明显。

表 10.14　2022 年 12 月 8 日热点复盘

热点复盘 2022.12.8（周四）（涨停 46、跌停 10）						
概念	细分	时间	空间龙头	补涨助攻		首板
消费复苏 18	零售 4	第 3 天	人人乐 3 板	深中华 A2 板		2
	物流 3	第 3 天	三羊马 3 板			2
	跨境贸易 6	第 2 天	焦点科技 2 板	跨境通 2 板		4
	旅游 2	第 2 天	桂林旅游 2 板			1
	食品饮料 3	第 1 天	青岛食品 2 板			2
医药医疗 10	治疗 5	第 2 天	如意集团 5 板			4
	熊去氧胆		宣泰医药 2 板	新华制药 2 板	千红制药 2 板	
	中药 2					2
地产基建 6		第 1 天				6
可降解 4		第 1 天				4
军工 2		第 1 天				2
烟花爆竹 2		第 1 天				2
央企改革 2		第 1 天				2
农业 4	民和股份、圣农发展、益生股份、敦煌种业					
信创 3	英飞拓、人民网、信雅达					
其他 3	安奈儿、中油资本、科拓生物					

12 月 9 日，二进三，医药板块继续出现分歧。宣泰医药 3 板被炸，新华制药成功晋级 3 板，且板块效应依然良好。新华制药的涨停板出现分歧，早盘高开 1.85%，经过换手后快速上涨，13 点 56 分炸板跳水。这分时盘口和大港股份几乎一模一样，但只要在盘中敢回封，且板块亏损效应不大，分歧转一致的时候就是盘中买点，次日高开后弱转强就是加仓买点。新华制药的走势与大港股份类似，次日高开 8.8%，9 点 33 分回封。昨日炸板的宣泰药业低开后弱转强，4 天 3 板，连续 4 天涨幅达到 106%，当天医药板块出现涨停潮，确认了主线地位。

需要注意的是这个情绪拐点的确认。当龙头股弱转强超预期时，板块整体会出现补涨涨停潮，板块效应逐渐显现，情绪发酵。板块效应推动龙头股进一步上涨，直至下一次分歧结束。这是一个典型的情绪周期。

表 10.15　2022 年 12 月 12 日热点复盘

热点复盘 2022.12.12（周一）（涨停 44、跌停 5）						首板
概念	细分	时间	空间龙头	补涨助攻		首板
消费复苏 5	新零售 2	第 5 天	人人乐 5 板			1
	食品饮料 3		庄园牧场 2 板			2
医药医疗 25	熊去氧胆酸	第 4 天	新华制药 4 板	宣泰医药 40	千红制药 4 天 3 板	1
	抗原检测 2		明德生物 2 板			1
	感冒药 5					5
	中药 8		贵州百灵反包			7
	口罩 4					4
	其他 2					2
计算机 5	数据要素 3	第 1 天				3
	其他		汉王科技 2 板			1
光伏 3		第 1 天				3
房地产 3	世联行、大悦城、万通发展					
其他 3	锂电池：金圆股份；跨境电商：焦点科技；次新：光华股份					

新华制药的卖点在哪里？买在分歧弱转强，卖在一致转分歧。板块效应一旦出现，次日龙头加速，此时跟风者率先分歧，龙头最后分歧，龙头卖出的时间就是板块大分歧时。12 月 13 日，新华制药一字涨停，早盘短暂开板后快速回封，医药小分歧。消费复苏板块进一步发酵，但细分概念仍较分散。

表 10.16　2022 年 12 月 13 日热点复盘

热点复盘 2022.12.13（周二）（涨停 57、跌停 4）						首板
概念	细分	时间	空间龙头	补涨助攻		首板
消费复苏 18	新零售 4	第 6 天	人人乐 6 板			3
	食品饮料 4		庄园牧场 3 板	黑芝麻 2 板		2
	旅游餐饮 5		西安饮食 2 板			4
	服饰 2					2
	传媒 2					2
	电商 1					1
	春运 6	第 1 天	富临运业 2 板	三羊马反包		4

续表

医药医疗 15	熊去氧胆酸	第5天	新华制药5板			
	感冒药5	第2天	多瑞医药2板	华北制药2板	哈药股份 2板	2
	中药4		贵州百灵2板	太龙药业2板		2
	抗病毒面料		如意集团			3
	其他2		英特集团2板			1
基建地产6		第1天				6
养殖5		第1天				5
跌停板4	元成股份、光华股份、欧克科技、炜冈科技					

12月14日，医药板块出现大分歧。两市共有10家公司跌停，其中医药板块就占据8家，包括丰原药业、毅昌科技、盘龙药业、龙津药业、康缘药业、贵州三力、太龙药业以及千红制药。新华制药在高开后出现跳水，尾盘时回封。而消费复苏板块则出现小分歧，食品饮料板块涨停潮爆发。当天，新的题材首板涌现，半导体板块也涨停潮爆发。值得注意的是，每当主线热点即将分歧时，往往伴随着新题材的首板涌现，这是资金高低轮动的信号。

表 10.17　2022 年 12 月 14 日热点复盘

热点复盘 2022.12.14（周三）（涨停 49、跌停 10）						
概念	细分	时间	空间龙头	补涨助攻		首板
消费复苏 17	新零售4	第6天	人人乐7板	大连友谊2板	步步高2板	1
	食品饮料9		黑芝麻3板	海南椰岛2板		7
	旅游餐饮2		西安饮食3板	西安旅游2板		
	化妆品1					1
	供销社1					1
医药医疗9	新冠药2		赛隆药业2板			1
	抗病毒面料		美邦服饰2板	安奈儿		3
	检测消毒2					2
半导体10		第1天	安泰科技2板			9
机器人4		第1天				4
数字经济3		第1天				3
光伏2		第1天				2
医药8	丰原药业、毅昌科技、盘龙药业、龙津药业、康缘药业、贵州三力、太龙药业、千红制药					
其他	元成股份、跨境通					

因此，12 月 14 日是新华制药主升浪结束并卖出的时间点。但作为市场的核心龙头，尖顶概率较小。次日低开震荡之后，12 月 16 日直接反包涨停。当天医药板块再次成为最强板块之一，紧随其后的是消费板块。然而，12 月 19 日医药板块再次出现跌停潮，板块二次大分歧，筑顶结束进入退潮。新华制药早盘低开 2.39%，瞬间跌停，全天大幅波动。这便是新华制药反包结束后的卖点。

表 10.18　2022 年 12 月 19 日热点复盘

热点复盘 2022.12.19（周一）涨停 26、跌停 17)						
概念	细分	时间	空间龙头	补涨助攻		首板
消费复苏 4		第 9 天		黑芝麻 3+2	全聚德 2 板	1
				生意宝 2 板		
医药医疗 2		第 8 天		中国医药 3 板		1
房产基建 4		第 3 天	格力地产 7 板	交地产 3 天 2 板		2
养老服务 6		第 1 天				6
数字经济 5		第 1 天	生意宝 2 板			4
医药 8	太龙药业、英特集团、以岭药业、贵州百灵、特一药业、赛隆药业、珍宝岛、众生药业					
信创 2	国联股份 + 竞业达 2 板					
消费 3	大连友谊、永顺泰、诺邦股份					
其他 4	银宝山新、乐通股份、镇海股份、宁波远洋					

小结：龙头股票与板块之间的关系在不同阶段表现不同。在启动初期，龙头股票强于板块内的大部分个股，板块分歧后诞生龙头。龙头股转弱时，板块炒作终止；龙头股转强时，板块二波启动。板块效应进一步确认龙头地位后，开始进入淘汰赛阶段，直至龙头股二次分歧。龙头股再次分歧时，板块内部高低轮动补涨，例如新华制药在 15 日断板，中国医药首板一字。然而，到了 19 日，板块再次出现跌停潮，基本炒作即将结束，龙头股开始退潮。

五、二进三补位龙

切换通常发生在大分歧之后，最佳的补涨时机是小分歧阶段。不同阶段的补涨空间差异较大：上升期补涨空间可达 4~7 板，筑顶期为 3~4 板，而退潮期补涨基本仅限于 2~3 板。补涨个股在结束时，大部分为尖顶，回撤在 20% 以上。补涨的难点之一在于进场时机，很多补涨个股二进三基本直接顶一字，参与度不高，开板就结束。

那么如何选择补涨二进三呢？

第一，选择启动力度强的板块。轮动的板块一般不会产生补涨，因为轮动热点持续时间较短，板块高度基本在 3~4 板。只有板块效应好、一进二连板潮明显、承接力强、资金认可度高的板块，补涨才有空间。

第二，选择辨识度高的个股。在板块效应好的情况下，龙头股基本在五六板诞生。当板块首次分歧时，会出现内部高低切换，扩散出新的分支。这些新分支中二板个股容易成为补位龙。从连板梯队来看，一般是连板高度在 5/6/7 板，或者炸板，次高的就是 2 连板，此时连板数量较少，2 连板辨识度较高。

第三，优选分支龙。同样是补涨，一种是同一概念上升过程中的补涨，补涨高度主要取决于龙头的高度，提前龙头结束。另一种是上升过程中，扩散出来的新分支龙头，主要发生在现有概念分歧诞生新的题材首板时。

第四，回避退潮期。退潮期通常发生在跌停潮之后，特别是二次跌停潮。当龙头完成反包筑顶之后，此时的补涨高度基本在 3~4 板，且结束时呈尖顶状态。

1. 案例分析：基建板块补涨

基建板块在春节后启动，作为首个炒作板块，其炒作逻辑在热点轮动模型中已经详细推演。在这里，我们重点解读补位龙产生的时间。基建板块的总龙头为浙江建投，启动力度为 11 天 10 板，2 月 7 日—2 月 21 日。在此期间，共诞生了 3 个代表性补位龙：2 月 11 日的正平股份 2 板，2 月 15 日的诚邦股份 2 板，以及 2 月 22 日的韩建河山 3 板。

正平股份：龙头产生前的补涨，水利建设分支

2月11日，基建板块启动第五天，连板高度只剩下浙江建投和汇通集团。同时，低位有一个两连板正平股份。基建板块仅剩三家连板，正平股份的辨识度相当高。当天，两市共有10家跌停板，正平股份被视为潜在补涨龙。一方面，题材首次产生分歧，预期将产生龙头；另一方面，低位扩散出分支水利建设。2月10日，水利建设首板涨停潮，包括海峡环保、龙泉股份、顺控发展、深水规院、正平股份和海天股份。2月11日，正平股份晋级一进二，

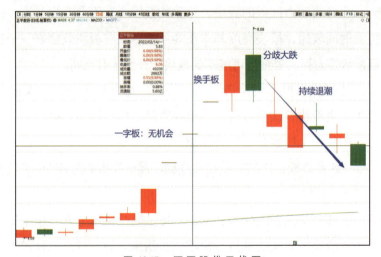

图 10.15 正平股份日线图

其余均被淘汰。2月14日，基建龙头浙江建投6板诞生，正平股份二进三直接一字。竞价后难以参与，2月17日见顶大跌。

诚邦股份：龙头首阴补涨，浙江基建分支

2月15日，浙江建投7板被炸，首阴日一般都是大分歧日，伴随炸板潮或跌停潮。同时当天启动新的首板，浙江基建分支，诚邦股份以2B身位加入。宁波富达、浙江富润、杭州园林、园林股份和宁波联合均首板。此时，基建连板只剩下3个：正平股份4板，诚邦股份和中化岩2板。新的补涨龙有望从这两个中诞生。

表 10.19　2022 年 2 月 15 日连板复盘

连板复盘 2022.2.15(周二)

概念	股票名称	股票代码	时间	连板	涨停类型	概念	股票名称	股票代码	时间	连板	涨停类型
基建水利	正平股份	603843	9:25	4	一字加速	基建	浙江建投	002761	14:24		4.5%
基建水利	诚邦股份	603316	10:48	2	换手板	数字货币	中科金财	002657	9:30	3	−2.0%
基建水利	中化岩土	002542	9:25	2	一字加速	三胎概念	高乐股份	002348	9:45	3	−4.6%
三胎概念	美吉姆	002621	14:08	4	高量换手	酒店	华天酒店	000428	9:43	3	3.1%
农业	天鹅股份	603029	9:53	2	一字高量	农业	天禾股份	002999	14:30	2	0.5%
传媒影视	金逸影视	002905	9:25	2	一字加速	复牌	天沃科技	002564	9:25	2	1.1%
传媒影视	浙文影业	601599	10:35	2	高量换手	游戏	祥源文化	600576	9:46	2	2.2%
传媒影视	华媒控股	000607	14:39	2	换手板	新能源车	瑞鹄模具	002997	11:26	2	2.7%
医药	诚达药业	301201	9:39	2	换手涨停	5G	世嘉科技	002796	10:24	2	2.8%
医药	精华制药	002349	9:43	2	高开秒板	房地产	华脉控股	600421	14:20	2	4.2%
消费电子	瑞玛精密	002976	9:32	2	高开秒板	污水处理	利科达	002816	9:25	2	4.4%
复牌	华通热力	002893	9:25	2	一字连板	乡村振兴	联诚精密	002921	10:16	2	6.7%
锂电池	鞍重股份	002667	9:56	2	换手板	大数据	荣联科技	002642	14:51	2	7.3%
						北京冬奥	金一文化	002721	14:57	2	8.0%

2月16日，诚邦股份直接顶一字，中化岩土低开1.68%，表现为弱势震荡。诚邦股份直接淘汰中化岩土。补位龙在二进三时容易直接一字板，若非提前预期，隔日挂单或早盘竞价挂单，基本没有成交机会。2月22日，诚邦股份7板后次日见顶大跌，直接A杀。中化岩土二进三失败，次日也直接A杀。

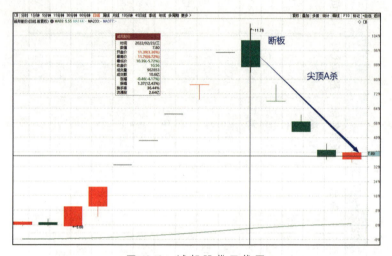

图 10.16　诚邦股份日线图

韩建河山：龙头浙江建投特停后的补涨

2月21日，浙江建投6+4板。此时，盘面基建已开始逐步走弱。东数西算一进二连板潮，基建板块当天还有4个连板：诚邦股份一字6板，元成股份4板，韩建河山2板。2月22日，浙江建投特停，元成股份低开跌停，诚邦股份一字7板，韩建河山小幅高开后尾盘换手涨停。然而，盘面上东数西算更为强势，二进三连板潮，基建力度已减弱。

表 10.20　2022 年 2 月 21 日热点复盘

热点复盘 2022.2.21（周一）中波（第十轮）短波（第 2 个第 2 天）					
概念	细分	时间	空间板	补涨助攻		首板
基建 7		第 11 天	浙江建投 6+4	华体科技 3 板		3
			诚邦股份 6 板	韩建河山 2 板		

续表

			宁波建工 4 板	真视通 2 板	亚康股份 2 板	
东数西算 42		第 2 天	美利云 2 板	华建集团 2 板	浙大网新 2 板	27
			数据港 2 板	贵广网络 2 板	佳力图 2 板	
			延华智能 2 板	直真科技 2 板	依米康 2 板	
			首都在线 2 板	云赛智联 2 板	沙钢股份 2 板	
医疗医药 11		第 2 天	九安医疗 2 板			10
优化生育 8		首板	美吉姆 12 天 8 板			7
清洁能源 3						3
教育 3						3
房地产 2			泰禾集团 2 板			1
家居装修 3			浙江永强 3 板			2
农业 2			天鹅股份 6 板			1
数字货币 2						2
其他 14		鞍重股份 6 板、元成股份 4 板、奥维通信 5 天 3 板、浙农股份 2 板等				
		金种子酒 4 板、甘源食品、新力金融、三维股份、哈工智能、精功科技、江苏神通、中嘉博创、道森股份、江西长运等				
跌停板		0				

2月23日，诚邦股份断板大跌，韩建河山低开跌停。补涨票直接 A 杀，主要原因是基建春节后即开始炒作，已过去两周。东数西算成为市场主流，此时补涨力度减弱。

小结：补涨可发生在任何时候，包括龙头产生期、龙头首阴、龙头转强、

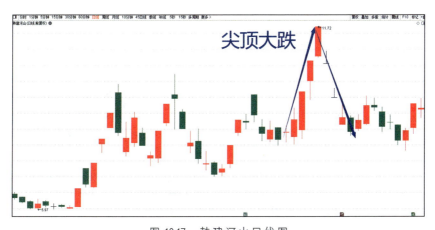

图 10.17 韩建河山日线图

龙头退潮等。其中最具代表性的是龙头首阴前后，此时二进三容易上位成为新龙头，这个时间节点至关重要。另外，多数龙头产生的分支概念，也有同概念的补涨。

2. 案例分析：东数西算板块补涨

东数西算作为基建板块分歧时产生的板块，一经启动便引发涨停潮，以美利云和直真科技的7板为高点。然而，这个板块的炒作力度并不如基建板块，且没有具有代表性的分支扩散出现。直到龙头首阴后，补涨个股才逐渐浮现，其中具有代表性的有真视通（3月2日达到2板）和城地香江（3月9日达到2板）。

真视通：典型的龙头首阴补涨

2月25日板块分歧，只剩下两个连板，直真科技和美利云6板，无新的分支热点诞生。2月28日分歧加大，美利云和直真科技7板，依然无分支热点产生，3月1日美利云8板炸，此时出现首板题材，佳力图中位反包，真视通、广西广电、广电网络、中富通、海鸥股份首板。3月2日只有真视通晋级2板，这个2板属于典型的反包，不属于分支扩散，次日就结束了。

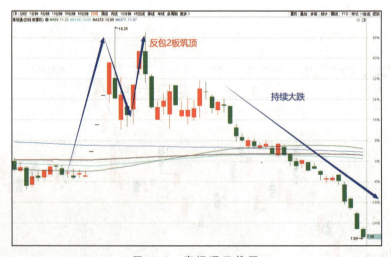

图 10.18　真视通日线图

城地香江：板块退潮反抽补涨

城地香江 2 板是一个典型的板块退潮反抽补涨个股。3 月 8 日，美利云创新高后跳水大跌，盘面分歧严重，两市共有 58 家跌停板。东数西算再次出现首板个股，如立昂技术、中嘉博创和城地香江。这样的首板与基建炒作有所不同，基建炒作属于分支扩散，而这些首板更像是轮动补涨，上涨空间有限，尤其是在跌停潮之后。3 月 9 日，立昂技术、中嘉博创和城地香江都晋级至 2 板；3 月 10 日，城地香江晋级至 3 板；3 月 11 日，城地香江大幅低开 7.4%；3 月 12 日，城地香江直接跌停，止步于 3 板。大部分退潮反抽的补涨高度基本在 3/4 板，结束呈尖顶状。

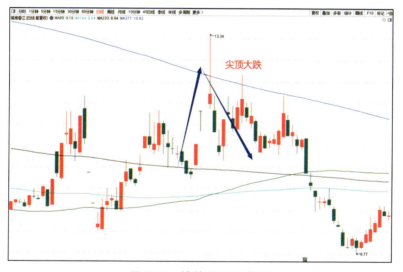

图 10.19　城地香江日线图

小结：东数西算的补涨效果相对较差，主要原因在于热点产生的时机不太好。在基建板块大涨之后，东数西算跟随其后，很难产生与基建板块同等级别的炒作力度。在多数情况下，炒作力度是逐渐减弱的，地位也相对较低。包括后面出现的地缘冲突概念，整体的涨幅和赚钱效应都呈现下降趋势。

3. 案例分析：房地产板块补涨

房地产板块在 3 月中旬启动。3 月上半个月指数再度探底创新低，市场情绪随之降低。3 月 15 日，市场出现百股跌停，而房地产板块则于 3 月 16 日启动。启动当天，房地产并非最强板块，与旅游、汽车、大金融、光伏、半导体、传媒等多个板块共同表现出色。次日，房地产板块涨幅最高，紧随其后的是汽车板块。最终，地产板块的领涨个股包括宋都股份（7 个涨停板）、北玻股份（9 个涨停板）和天保基建（9 个涨停板），此外，还有 3 月 25 日的海泰发展（2 个涨停板）、3 月 29 日的中交地产（3 个涨停板）、3 月 31 日的海南瑞泽和 4 月 1 日的国统股份（各 2 个涨停板）。

海泰发展：高辨识度补位新龙头

房地产和基建板块的启动表现相似，承接力度良好。3 月 23 日，天保基建晋级五进六，苏州高新被淘汰，房地产板块产生了龙头股。然而，当天板块的连板效应依然非常好，北玻股份 7 板领先一天启动，天保基建 6 板，阳光城 5 板，荣安地产、广田集团各 4 板，信达地产和世联行各 2 板。这种 2 板的辨识度相对较低，大多数属于隔日套利，一般不作为首选。

表 10.21　2022 年 3 月 22 日热点复盘

热点复盘 2022.3.22（周二）中波（第十轮）短波（第 5 个第 5 天）							首板
概念	细分	时间	空间板	补涨助攻			首板
新冠医药 11	新冠防疫	第 10 天	中欣氟材 4 板	合富中国 4 板	浙江震元 2 板		3
	中药	第 3 天	盘龙药业 4 板	益盛药业 3 板	精华制药 3 板		2
房地产产业链 28	房地产 13	第 5 天	宋都股份 7 板	阳光城 4 板	光大嘉宝 2 板		5
			天保基建 5 板	荣安地产 3 板	华夏幸福 2 板		
			苏州高新 5 板		宁波建工 2 板		
	建筑节能 3	第 3 天	北玻股份 6 板	广田集团 3 板	耀皮玻璃 3 板		
	恒大系 12	首板	广田集团 3 板	嘉凯城 2+1			10
汽车 5		第 5 天	国机汽车 3 板	野马电池 2 板			3
农业 4		第 2 天	京粮控股 2 板	粤海饲料 2 板			2

续表

航空高铁 8		首板	晋亿实业 2 板			7
储能 4		首板				4
数字货币			海联金汇 4+1			1
油气 2						2
大金融 3			香溢融通 2 板			2
业绩 2						2
医药 4	北大医药、北化股份、神奇制药、威尔药业					
其他 4	云南能投、德邦股份、青海春天、中路股份					

　　3 月 24 日，房地产板块继续接力，北玻股份 8 板，天保基建 7 板，阳光城 6 板，广田集团 5 板，信达地产 3 板，阳光股份 2 板。梯队非常完整，说明板块正处于接力上升周期。

　　3 月 25 日，市场出现大分歧，16 家连板个股炸板，9 家个股跌停。房地产板块明显分化，仅剩下北玻股份（9 板）、天保基建（8 板）和海泰发展（2 板）这 3 个连板个股。海泰发展的 2 板辨识度相当高，预期天保基建将出现首阴，但板块炒作并未出现跌停潮，因此海泰发展成为新的龙头股。

　　3 月 28 日，市场分歧加大，两市共 17 家个股跌停，8 家连板个股炸板。房地产板块依然是最强板块，天保基建 9 板，海泰发展二进三直接顶一字，后排出现助攻，华夏幸福、中国国贸、三湘印象、中交地产等 2 板。这个二进三的买点仍然相当不舒服，如果没有预先准备并在集合竞价就出手，盘中就没有机会了，随后便连续出现一字板。另外，卖出补涨个股的时机很简单，下一次出现分歧时就是卖出的时机。

表 10.22 2022 年 3 月 25 日连板复盘 2022.3.25（周五）

情绪周期—连板复盘个股统计

概念	股票名称	股票代码	时间	连板	涨停类型
房地产	北玻股份	002613	10:26	9	换手板
房地产	天保基建	000965	9:51	8	换手板
房地产	海泰发展	600082	10:38	2	换手板
新冠医药	盘龙药业	002864	9:25	8	一字板
新冠医药	京新药业	002020	10:45	2	换手板
新冠医药	亚太药业	002370	9:39	2	高量换手
停复牌	粤水电	002060	9:55	5	T字板
氢能	冠城大通	600067	11:03	4	高量换手
5G	武汉凡谷	002194	9:35	3	换手板
关税豁免	富佳股份	603219	9:25	2	一字板
关税豁免	上海三毛	600689	9:53	2	换手板
关税豁免	龙头股份	600630	9:30	2	换手板
关税豁免	华升股份	600156	9:25	2	一字板
关税豁免	跃岭股份	002725	9:30	2	换手板
粮食危机	京粮控股	000505	9:38	2	换手板

概念	股票名称	股票代码	时间	连板	涨停类型
次新股	万控智造	603070	9:25	4	尾盘炸
新冠医药	星湖科技	600866	9:30	4	-0.24%
新冠医药	精华制药	002349	9:39	2	-7.18%
新冠医药	莱隆药业	002898	9:40	2	5.19%
新冠医药	华润双鹤	600062	11:04	2	6.22%
新冠医药	华森制药	002907	9:25	3	9.33%
新冠医药	中欣氟材	002915	10:58	2	2.29%
新冠医药	国药股份	600511	10:19	2	6.87%
房地产	信达地产	600657	9:25	4	5.56%
油气	宝莫股份	002476	9:32	2	-4.28%
氢能	英力特	000635	9:43	2	4.11%
锂电池	红星发展	600367	10:13	2	7.04%
预制菜	双塔食品	002481	10:29	2	2.15%
关税豁免	德昌股份	605555	9:30	2	0.52%
关税豁免	久祺股份	300994	9:30	2	4.84%
关税豁免	比依股份	603215	9:25	2	2.88%

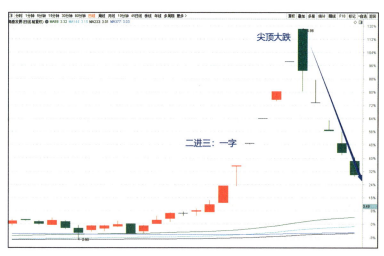

图 10.20　海泰发展日线图

中交地产：分歧结束，龙头首阴补涨

海泰发展是在房地产板块即将分歧时诞生，而中交地产则是在分歧即将结束时出现。在分歧过程中，后排个股先出现分歧，龙头股最后分歧，当龙头股爆量时，分歧达到高潮。3 月 29 日，天保基建断板，为龙头股首阴，盘面共 17 家个股跌停，8 家连板个股炸板，同时市场出现新冠医药和多胎概念等新的题材首板。前一天，房地产板块共有 6 个连板个股，其中 4 个 2 连板，仅中交地产晋级，其他 3 个均被淘汰。

表 10.23　2022 年 3 月 29 日连板统计

连板复盘 2022.3.28（周一）					
概念	股票名称	股票代码	时间	连板	涨停类型
房地产	天保基建	000965	9:50	9	高开加速
房地产	海泰发展	600082	9:30	3	一字板
房地产	华夏幸福	600340	9:56	2	换手板
房地产	中国国贸	600007	9:32	2	高开加速
房地产	三湘印象	000863	9:49	2	换手板
房地产	中交地产	000736	10:00	2	换手板

续表

连板复盘 2022.3.29（周二）					
概念	股票名称	股票代码	时间	连板	涨停类型
房地产	海泰发展	600082	9:25	4	一字加速
房地产	中交地产	000736	9:47	3	炸板
房地产	渝开发	000514	9:31	2	换手板
房地产	天房发展	600322	10:44	2	凹板天量

二进三的过程中波动很大，因为从房地产首板到 3 月 28 日的炒作已经过了 9 天。此时，天保基建断板，低位的 2 板个股大多属于跟风套利，大部分都会失败。华夏幸福平开后跳水跌停，中国国贸高开 0.96% 后冲高回落跳水，三湘印象高开 6.55% 后早盘冲高回落炸板，中交地产平开跳水跌停，早盘迅速弱转强上板，日内地天板，11 点 28 分炸板，尾盘换手回封。4 个两连板个股全部经历剧烈波动。

在补涨二进三的过程中，有时会直接顶一字，有时会出现大分歧。例如，海泰发展直接一字板，但中交地产却经历了较大波动。原因在于它们出现时的时间周期不同。海泰发展出现在板块首次分歧初期，此时连板高度尚未断板，同时该股的辨识度很高，次日必然抢筹直接顶一字。而中交地产出现在龙头股

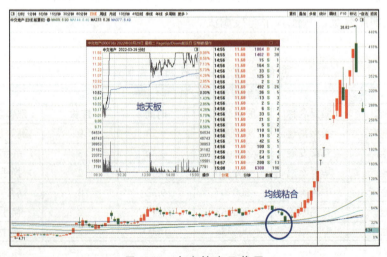

图 10.21 中交地产日线图

首阴时，此时板块分歧高潮，板块内出现跌停板，补涨的二板次日必然大分歧。

在龙头股首阴时，要注意两点：第一，板块分歧的大小。大分歧对应大规模跌停潮，龙头股大跌；小分歧对应小规模跌停，龙头股爆量，承接力好。第二，次日板块修复力度。正常走法是龙头股弱转强反包，板块修复；弱势走法是龙头股转弱，板块跌停潮，情绪退潮。对于前者，要重点关注二进三的补位龙头；对于后者，则需要重新关注新的首板。

3月29日，天保基建表现强势，全天分时震荡回落，尾盘跳水后出现资金抢筹，一路拉升。像这种核心个股盘中一旦走弱，尾盘很容易出现恐慌性跳水。同时，当天房地产板块并未退潮，跌停板数量为6个，包括阳光股份、阳光城、广田股份、北玻股份、宋都股份、华夏幸福；涨停板数量为6个，包括海泰发展4板，中交地产3板，渝开发2板，天房发展2板，世荣兆业、美好置业首板。

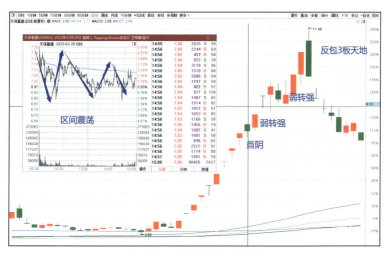

图 10.22　天保基建日线图

那么如何把握中交地产的买点呢？二进三的操作思路都是类似的，预期成为补位龙头，分两次进场。首先，在二进三时先进一笔；其次，次日弱转强时加仓；再次，次日若不达预期，则止盈止损。3月30日，中交地产直接顶一字，竞价确认弱转强，这种走法非常经典，可以加仓。但是，加仓的买

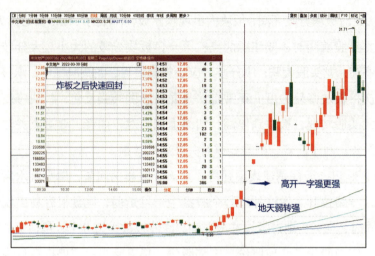

图 10.23　中交地产日线图

点很可能要打板，而且要在竞价过程中密切关注。

海南瑞泽：龙头高位反包首板扩散出的分支

3月30日，天保基建弱转强反包，房地产板块涨停潮中，大量首板出现，同时扩散出新的分支建筑材料概念。首板包括菲林格尔、亚士创能、坚朗五金、海南瑞泽、东方雨虹、江山欧派和三棵树。

3月31日，天保基建反包2板，一进二炸板潮中，16家连板炸板，15家晋级。房地产一进二中，南国置业、中国武夷和沙河股份晋级；建筑材料板块中，建艺集团和海南瑞泽晋级。

4月1日，二进三时，天保基建二次断板。房地产板块继续大涨，补位龙头中交地产6板，中国武夷、沙河股份、南国置业晋级3板。显然，这个小周期的龙头是中交地产，而这3个三连板是中交地产超预期带出的结果。一旦中交地产分歧，基本就会先结束。相反，海南瑞泽属于新扩散出的分支，反而容易有新的高度。这里需要注意，同样是2板，海南瑞泽启动前10天都没有涨停板，更容易成功；相反，像地产板块很多二板，前面都出现过涨停，容易失败。

海南瑞泽二板分歧爆量，二进三弱转强，出现买点；建艺集团冲高跳水淘汰。4月6日，海南瑞泽直接一字板；4月7日，分歧爆量涨停板，此时是

表 10.24　2022 年 3 月 31 日连板复盘

连板复盘 2022.3.31（周四）

概念	股票名称	股票代码	时间	连板	涨停类型	概念	股票名称	股票代码	时间	连板	涨跌幅
房地产	天保基建	000965	14:18	2D11	T字板	中药	贵州百灵	002424	13:40	5	0.0%
房地产	海泰发展	600082	9:25	6	一字板	新冠医药	中国医药	600056	9:47	3	−9.6%
房地产	中交地产	000736	13:56	5	T字板	房地产	天房发展	600322	9:30	4	−6.1%
房地产	渝开发	000514	14:40	4	T字板	房地产	世荣兆业	002016	9:31	3	2.9%
房地产	南国置业	002305	9:25	2	一字板	房地产	津滨发展	000897	9:40	2	−3.3%
房地产	中国武夷	000797	9:25	2	一字板	房地产	光大嘉宝	600622	13:25	2	−0.7%
房地产	沙河股份	000014	10:20	2	T字板	房地产	大龙地产	600159	13:14	2	0.3%
建筑材料	建艺集团	002789	11:05	2	换手板	房地产	信达地产	600657	13:53	2	4.1%
建筑材料	海南瑞泽	002596	13:37	2	换手板	房地产	三湘印象	000863	14:55	2	9.4%
中药	太安堂	002433	13:55	3	换手板	水泥	四川金顶	600678	9:30	2	1.3%
中药	青海春天	600381	11:28	2	换手板	基建	中工国际	002051	11:11	2	2.3%
数字货币	中科金财	002657	11:02	3	换手板	建筑材料	菲林格尔	603226	14:36	2	−3.6%
数字货币	楚天龙	003040	9:34	2	换手板	中药	人民同泰	600829	13:28	2	−1.1%
跨境电商	联络互动	002280	13:55	3	换手板	特高压	保变电气	600550	13:55	2	5.1%
战略合作	金浦钛业	000545	9:52	3	T字板	有色	有研新材	600206	14:30	2	9.5%
						次新股	江苏博云	301003	13:00	2	13.2%

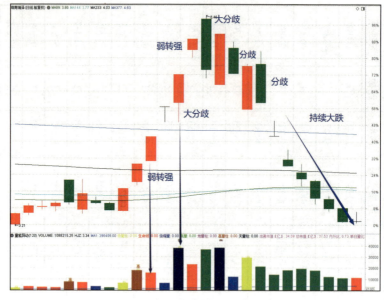

图 10.24　海南瑞泽日线图

卖出的时候。补位龙一般都是在分歧时卖出，虽然后面还有一个涨停板。

国统股份：龙头高位反包 2 板扩散出的分支

3月31日，天保基建反包2板，盘面再次出现新的分支首板——水利建设。粤水电9天6板，正平股份、渤海股份、创业环保和国统股份首板。4月1日，盘面分歧加大，房地产连板潮，多只个股跌停炸板分歧，中交地产晋级6板。基建板块中，只有国统股份换手2板。由于没有板块效应，国统股份炸板放天量，与海南瑞泽类似。

4月6日，地产板块继续接力连板潮。国统股份二进三地天板，日内大波动，正平股份、冀东装备、厦工股份、北新路桥首板助攻。国统股份相对于地产来说，属于扩散出来的分支，主线仍是地产。随着地产不断超预期，国统股份继续被资金挖掘。另外需要注意的是，补涨龙在7板附近容易出现大波动。4月6日，中交地产已经7板，板块达到高潮。

表 10.25　2022 年 4 月 1 日连板统计

连板复盘 2022.4.01（周五）

概念	股票名称	股票代码	时间	连板	涨停类型	概念	股票名称	股票代码	时间	连板	涨停类型
房地产	中交地产	000736	11:09	6	换手板	房地产	海泰发展	600082	9:32	7	-2.84%
房地产	中国武夷	000797	9:25	3	一字板	战略合作	金浦钛业	000545	9:31	4	1.74%
房地产	沙河股份	000014	10:40	3	换手板	建筑材料	建艺集团	002789	9:59	3	-3.27%
房地产	海南瑞泽	002596	9:59	3	换手板	新能源车	神驰机电	603109	9:35	2	3.14%
房地产	南国置业	002305	10:56	3	换手板	农业	农发种业	600313	9:39	2	-6.54%
房地产	同达创业	600647	9:34	2	换手板	跌停板 16					
房地产	深天地 A	000023	9:58	2	换手板	医药 5	中国医药、北大医药、创新医疗、贵州百灵、美诺华				
房地产	阳光股份	000608	11:12	2	换手板						
基建	国统股份	002205	10:31	2	换手板	基建地产	禾都股份、北玻股份、浙江建投				
数字货币	中科金财	002657	10:19	4	换手板	其他	中欣氟材、新力金融、万控智造、南威软件、新金路、京粮控股、美利云、梦网科技				
数字货币	楚天龙	003040	9:54	3	T字板						
天然气	雪峰科技	603227	10:49	2	换手板	跌停分歧 8					
NC 膜	泰林生物	300813	9:25	2	一字板	渝开发 8.51%、阳光城 -8.24%、三湘印象 -5.17%、津滨发展 -5.16%、世荣兆业 -6.21%、莱茵生物 -6.14%、吉翔股份 -6.47%、奥普家居 1.51%					
中药	瑞康医药	002589	9:37	2	T字板						
网络游戏	鼎龙文化	002502	9:57	2	换手板						
网络游戏	中科云网	002306	10:06	2	换手板						
航运	盛航股份	001205	9:31	2	换手板						
特高压	顺钠股份	000533	9:34	2	换手板						

表 10.26　2022 年 4 月 6 日连板统计

连板复盘 2022.4.06（周三）

概念	股票名称	股票代码	时间	连板	涨停类型
房地产	中交地产	000736	9:25	7	一字板
房地产	南国置业	002305	9:25	4	一字板
房地产	中国武夷	000797	9:25	4	一字板
房地产	沙河股份	000014	9:30	4	换手板
房地产	深天地 A	000023	10:04	3	换手板
房地产	京能置业	600791	11:23	2	换手板
房地产	栖霞建设	600533	9:39	2	T字板
房地产	华夏幸福	600340	9:39	2	T字板
房地产	南山控股	002314	9:36	2	换手板
房地产	三木集团	000632	13:20	2	T字板
AMC	同达创业	600647	9:25	3	一字板
房地产	海南瑞泽	002596	9:30	4	T字板
基建	国统股份	002205	14:05	3	地天板
数字货币	楚天龙	003040	10:50	4	换手板
医药	瑞康医药	002589	9:25	3	一字板
医药	海南海药	000566	15:00	2	换手板
高送转	盛航股份	001205	10:46	3	T字板
元宇宙	引力传媒	603598	13:59	2	换手板
元宇宙	博瑞传播	600880	9:31	2	换手板
元宇宙	美盛文化	002699	14:33	2	换手板
旅游	天目湖	603136	13:34	2	换手板
银行	齐鲁银行	601665	9:44	2	换手板
次新股	鹿山新材	603051	13:04	2	换手板

概念	股票名称	股票代码	时间	连板	涨停类型
基建	雪峰科技	603227	10:31	3	炸板
基建	顺钠股份	000533	9:31	3	-5.71%
元宇宙	鼎龙文化	002502	10:03	3	炸板
AMC	经纬纺机	000666	10:01	2	炸板
旅游	金陵饭店	601007	13:39	2	炸板
港口	重庆港	600279	9:59	2	炸板
数字货币	亚联发展	002316	10:13	2	炸板
房地产	深物业 A	000011	13:25	2	炸板
房地产	凤凰股份	600716	14:18	2	炸板
职业教育	盛通股份	002599	9:47	2	炸板
海南	海汽集团	603069	10:08	2	炸板
医药	康芝药业	300086	11:24	2	炸板

跌停板 16

金浦钛业、莱茵生物、中天服务、中科云网、北玻股份新莱应材、海泰发展、新力金融、亚星化学、永吉股份、斯达半导、万控智造、新泉股份、兴通股份、伯特利等那么，国统股份的买卖点如何把握呢？4月6日，国统股份地天弱转强是第一次进场机会。4月7日高开9.09%，竞价确认转强。三板烂板或大波动时，次日高开5个点以上，基本上就确认转强，此时是二次加仓时机。4月13日，该股再次大分歧，此时是离场的时机。买在分歧弱转强，卖在一致转分歧。另外，国统股份这个2板与海南瑞泽相似，在启动前10个交易日，甚至更长时间没有涨停板，说明是新的分支龙头。

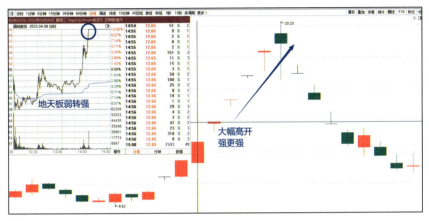

图 10.25　国统股份日线图

小结：地产和基建的补涨为什么效果会更好？主要原因有两点：一方面，地产的启动时间刚好是指数大跌之后，情绪退潮之后产生的，这与2月初基建的启动环境类似，但东数西算则不是，而是在基建高潮之后出现的。另一方面，启动期板块效应好。3月中旬地产和2月初的基建类似，东数西算启动效应也很好。此时，高标的力度很重要。中级别的题材炒作，龙头高度基本要走到9~10板；小级别炒作龙头高度5~7板；轮动热点龙头炒作高度只有3~4板。

第十一章　中位弱转强

> 大部分题材都是轮动的，基本 2~3 天结束，只有极少部分题材有希望走二波，中位转强指启动之后产生的龙头，在 4、5、6 板位置产生分歧，抗住分歧之后走二波，从而带起板块新的炒作周期。

第一节　中位的定义及结构

中位弱转强个股是指在新题材启动接力过程中，处于三进四、四进五、五进六等关键位置的股票。这些位置的波动率非常大，大部分股票在此见顶后大幅回落，而小部分能抵抗分歧并走出第二波上涨，成为新的龙头。因此，在中位阶段直接参与接力的风险较大，投资者可重点关注分歧之后弱转强的股票。特别是在注册制新规实施之后，这种模式将成为主流，多数强势股往往通过断板形式涌现。根据题材龙头在中位分歧后的轮动规律，一般有以下三种结构：

（1）尖顶大跌：原主线热点继续强势，切换热点地位下降，龙头尖顶大跌。这种情况非常常见。

（2）反包筑顶：原主线热点继续强势，但力度减弱，属于尾声期。此时短暂分歧之后，切换龙头反包新高，例如 2022 年消费板块的步步高、徐家汇、房地产的新华联等。

（3）主升高潮：原主线热点经历弱修复后，强分歧大跌，切换热点地位上升。龙头弱转强走出三浪主升，例如九安医疗、翠微股份、浙江建投、天保基建、新华制药、天鹅股份、竞业达等。

在这三种走法中，直接筑顶是大概率事件，反包筑顶和反包主升是小概率事件。中位转强能否成功，关键取决于当下盘面情绪周期所处阶段，以及龙头的地位是补涨还是切换。通常做法是等待板块分歧，关注龙头的承接力，判断是否具备二波。

第二节　中位弱转强模式的四个阶段

中位弱转强的模式主要可分为四个阶段，具体如下：

（1）启动阶段：涉及 3~6 个板块，其主要特征为高量不破。龙头股票主要分为两类：主流热点和轮动热点龙头。

（2）分歧阶段：分歧的时间长短与热点地位密切相关。对于轮动热点，调整时间通常在 4~13 天之间；而对于主线热点，调整时间会更短，一般在 1~3 天，常见 K 线有两种，一种是阳包阴弱转强，一种是爆量弱转强。少部分也会出现 5~13 天，这些现象通常出现在切换周期中。

（3）反包阶段：股价创新高，反包构筑双顶，随后大跌结束。

（4）主升阶段：股价在创新高后短暂回调，继而继续涨停。此时发生 2 次反包，通常伴随着盘面热点的切换。在整个过程中，应重点关注多次弱转强的个股，这些股票更容易形成主升趋势。

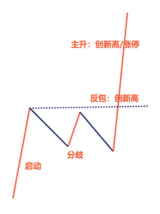

图 11.1　中位弱转强模式

一、翠微股份：主升高潮

翠微股份属于数字经济概念，2022 年 1 月的牛股，从轮动热点演变成为主升热点的典型案例，启动力度弱，主升力度强。

1. 启动阶段

数字货币概念，中位弱转强模型，启动浪 5 板，板块效应不佳，属于轮动热点。在中间阶段，强势分歧 4 天，启动第二波，高度 5 板，带动板块效应，第 5 板被炸。

自 12 月底开始，市场炒作的主线一直是医药。1 月 4 日盘面出现 19 家跌停板，主要是后排跟风大跌，医药却是情绪高潮，一进二连板潮。此时盘面出现新的题材首板，如冬奥会、农业养殖、数字货币、水利建设、新能源车、电子烟等，其中冬奥会概念最强。在主线热点没有结束之前，出现新的题材，大部分持续性都不会好，属于轮动热点。

1 月 4 日，数字人民币 APP 在各大移动商店上架，普通 C 端用户通过绑定手机号即可开通数字人民币软钱包。伴随着这一消息的推出，下载数量开始持续爆发。加之，随着 2 月 4 日冬奥会的临近，数字人民币推广提速，当天盘面数字货币启动首板，板块效应一般，5 个首板，分别是翠微股份、御银股份、二三四五、浙数文化、亚联发展。当时盘面最强的是医药、元宇宙、冬奥会等概念。

1 月 5 日，高低切换，主线医药大分歧，轮动热点发酵。医药炸板潮，龙津药业 10 板，连板数量快速下降，两市 35 家跌停。轮动的冬奥会概念发酵连板潮，数字货币仅翠微股份晋级，这种盘口是非常经典的，一般轮动热点就是 2 到 3 天，主线分歧完之后，资金回归主线，轮动结束。

1 月 6 日，主线龙头首阴，轮动热点分歧。龙津药业低开 9.38% 秒跌停，尾盘炸板，龙头分歧，冬奥会概念分歧，数字货币翠微股份继续晋级，但是板块没有助攻梯队。这次主线分歧时，冬奥会轮动明显更强。

表 11.1 2022 年 1 月 4 日连板统计

连板数据 2022.1.4（周二）

概念	股票名称	股票代码	时间	连板	涨停类型	概念	股票名称	股票代码	时间	连板	涨停类型
医药	龙津药业	002750	10:25	9	换手板	文交所	博瑞传播	600880	9:33	3	T字板
	精华制药	002349	9:25	7	一字板	冬奥会	冰山冷热	000530	9:25	4	一字板
	华森制药	002907	9:42	4	换手板		贵广网络	600996	9:44	2	换手板
	柳药股份	603368	10:03	2	换手板	地下管网	顾地科技	002694	9:30	4	T字板
	大极集团	600129	9:30	2	T字板	预制菜	春雪食品	605567	10:03	3	换手板
	同仁堂	600085	9:33	2	换手板	服装	开开实业	600272	9:25	2	一字板
	新天药业	002873	9:37	2	换手板	电子烟	金时科技	002951	9:47	3	换手板
	紫鑫药业	002118	9:39	2	换手板	钢铁	攀钢钒钛	000629	13:09	2	换手板
	华润三九	000999	9:33	2	T字板	汽车	万里股份	600847	11:18	2	换手板
	东北制药	000597	9:32	2	换手板	元宇宙	浙文互联	600986	11:21	4	炸板+35
	健民集团	600976	11:16	2	换手板	元宇宙	天神娱乐	002354	10:57	4	炸板+21
	奥锐特	605116	9:30	2	换手板	新冠检测	海利生物	603718	13:36	2	炸板
	千金药业	600479	11:05	2	换手板	电力	西昌电力	600505	10:14	2	炸板
	汇鸿集团	600981	9:34	3	换手板	医药	佛慈制药	002644	14:32	2	炸板
	北化股份	002246	9:39	3	换手板	医药	济川制药	600566	13:09	2	炸板
	河化股份	000953	9:30	2	T字板	医药	浙江震元	000705	14:57	2	炸板

跌停板 19	山子股份、长江材料、勤上股份、仙坛股份、凯莱英、拱东医疗、中再资环、西藏珠峰、昊华科技、国机通用、法拉电子、星湖科技、永安期货、福莱特、内蒙新华、金辰股份、合力科技、美邦股份、德业股份

表 11.2　2022 年 1 月 5 日—6 日连板统计

连板数据 2022.1.5（周三）

概念	股票名称	股票代码	时间	连板	涨停类型
医药	龙津药业	002750	9:45	10	高量换手
医药	精华制药	002349	10:12	8	高量换手
医药	沃华医药	002107	11:18	2	高量换手
疫情	欣龙控股	000955	10:06	2	T字板
医药	开开实业	600272	9:25	3	一字板
地下管网	顾地科技	002694	9:25	5	一字板
冬奥会	冰山冷热	000530	10:19	5	T字板
冬奥会	贵广网络	600096	9:30	3	T字板
冬奥会	金一文化	002721	11:29	2	换手板
冬奥会	莱茵体育	000558	11:07	2	换手板
冬奥会	神思电子	300479	14:19	2	换手板
数字货币	二三四五	002195	9:43	2	换手板
数字货币	翠微股份	603123	9:25	2	一字连板
元宇宙	正和生态	605069	9:25	2	一字连板
元宇宙	云南旅游	002059	10:35	2	换手板
元宇宙	湖北广电	000665	10:24	2	换手板
设立公司	宋都股份	600077	9:25	2	一字加速
收购	皇庭国际	000056	10:56	2	换手板
中标	金莱特	002723	10:21	2	换手板
预制菜	惠发食品	603536	11:22	2	高量换手
央企改革	岳阳兴长	000819	14:01	2	换手板

连板数据 2022.1.6（周四）

概念	股票名称	股票代码	时间	连板	涨停类型
股权变更	顾地科技	002694	9:25	6	一字加速
冬奥会	冰山冷热	000530	9:30	6	一字加速
冬奥会	莱茵体育	000558	9:36	3	高开加速
数字货币	翠微股份	603123	9:46	3	高量换手
氢能	京城股份	600860	10:43	2	换手板
氢能	雪人股份	002639	10:49	2	换手板
医药	开开实业	600272	9:33	4	高量换手
元宇宙	正和生态	605069	9:30	3	一字加速
设立公司	宋都股份	600077	9:25	3	一字加速
幽门螺杆菌	均瑶健康	605388	9:25	2	一字加速
幽门螺杆菌	交大昂立	600530	9:25	2	一字加速
疫情口罩	嘉麟杰	002486	9:30	2	一字加速
油气	泰山石油	000554	9:30	2	高开换手
锂电池	金圆股份	000546	11:20	2	换手板

表 11.3　2022 年 1 月 7 日连板统计

连板数据 2022.1.7（周五）

概念	股票名称	股票代码	时间	连板	涨停类型
地下管网	顾地科技	002694	9:25	7	一字加速
地下管网	韩建河山	603616	9:39	2	高量换手
医药新冠	开开实业	600272	10:01	5	地天板
医药新冠	亚太药业	002370	9:25	2	一字加速
医药新冠	安旭生物	688075	11:23	2	换手板
元宇宙	正和生态	605069	14:31	4	高量换手
数字货币	翠微股份	603123	9:25	4	一字分歧
房地产	宋都股份	600077	9:25	4	一字连板
房地产	新华联	000620	9:57	2	换手板
幽门螺杆菌	交大昂立	600530	9:52	3	高量换手
氢能	京城股份	600860	9:37	3	高量换手
冬奥会	广田集团	002482	9:30	2	一字加速
次新股	上海港湾	605598	11:04	2	换手板
食品饮料	青海春天	600381	9:48	2	T字回封
食品饮料	青岛食品	001219	10:24	2	换手板

概念	股票名称	股票代码	时间	连板	涨停类型
冬奥会	冰山冷热	000530	9:43		-4.11%
冬奥会	莱茵体育	000558	9:37	4	-7.21%
幽门螺杆菌	均瑶健康	605388	9:25	3	-0.77%
冬奥会	嘉麟杰	002486	9:25	3	-7.20%
油气	泰山石油	000554	9:25	3	1.52%
核电	中核科技	000777	9:30	2	-3.15%
数字货币	御银股份	002177	9:40	2	9.37%
卫星导航	云鼎科技	000409	9:58	2	0.59%
传媒娱乐	华媒控股	000607	11:11	2	-3.67%
医药	新天药业	002873	11:03	2	0.82%
传媒娱乐	中原传媒	000719	9:35	2	9.39%

1月7日，主线跌停潮，盘面情绪大分歧，11家连板炸板，21家跌停板，其中医药7家，精华制药、汉森制药、益盛药业、佛慈制药、龙津药业、国新健康、雅本化学跌停。空间板顾地科技7板，次高开开实业地天5板，翠微股份直接顶一字，盘中反复开板，冬奥会概念淘汰。像这种没有板块助攻

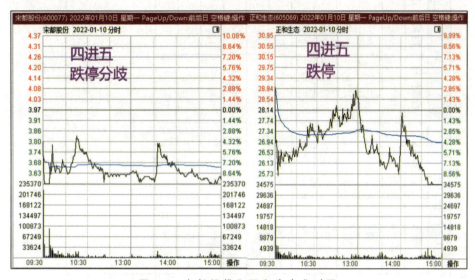

图 11.2　宋都股份和正和生态分时图

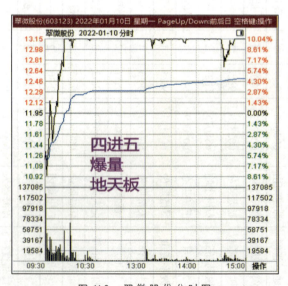

图 11.3　翠微股份分时图

的连板龙头都是率先分歧的，翠微股份已经超预期。

1月10日，主线强修复。顾地科技低开秒跌停，开开实业弱转强晋级6板，成为新的空间板，该股炒作新冠医药，医药板块再度涨停潮，强修复。由于四板股是中位，所以3个四板分歧很大，宋都股份低开秒跌停，全天弱势震荡，正和生态高开跳水，收盘跌停，这两个直接被淘汰。

翠微股份低开弱转强，日内地天板，盘中反复炸板，换手20.58%，晋级5板，成为日内次高板，依然无板块效应，市场最强的板块还是新冠医药。

小结：轮动热点和主线热点之间的关系，主线高潮时一般就会产生轮动热点首板，然后主线分歧加大，轮动热点情绪发酵，主线大分歧，轮动高潮，随后反过来，主线修复，轮动分歧，除非主线结束，轮动才会加强或者出现新的轮动热点，所以很多轮动热点持续性就2~3天。

在这个小周期内，医药是主线，其他热点都是轮动，数字货币在其中算是非常弱的题材。与数字货币类似的题材有很多，但数字货币的龙头却超出预期。空间龙头是开开实业，炒作新冠医药概念，5板地天，5进6更强，次日大幅高开秒板，加速晋级7板，医药板块爆发涨停潮。翠微股份作为中位股继续补跌分歧，直到开开实业止步连板，盘面出现分歧。

1月11日—18日，市场的主线基本还是医药。1月11日，开开实业补涨7板，反包筑顶；1月18日跌停确认结束。1月18日，塞隆药业7板天地板，两市42家跌停，其中医药医疗24家跌停，亚宝药业、龙津药业、亚太药业、汉森制药、济民医疗、诚意药业、双成药业、奥瑞特、太龙药业、开开实业、尖峰集团、奥泰生物、迦南科技、北化股份、西陇科学、基蛋生物、九安医疗、明德生物、济民医疗、润达医疗、济南高新、奥美医疗、中源协和、星湖科技跌停。1月19日，塞隆药业低开跌停，医药板块二次大分歧，炒作结束。

周期与龙头

表 11.4　2022 年 1 月情绪周期

情绪周期（2022）

时间	空间	空间板	次高	次高板	创空间	创空间板	情绪	量总	涨停	跌停	连板	炸板率
1月18	5	得利斯	5	金时科技	2	零点/天源	分歧1	11958	35	42	16	47%
1月17	6	赛隆药业	5	二选1	2	神思电子	加速5	11195	90	4	26	21%
1月14	5	赛隆药业	4	二选1	3	国联水产	加速4	11068	58	7	17	41%
1月13	6	新华联	5	亚世光电	2	博拓/国联	加速3	10934	53	7	26	33%
1月12	8	开开实业	5	二选1	2	海辰药业	加速2	10610	85	0	19	0
1月11	7	开开实业	4	亚太药业	4	安旭生物	加速1	10555	49	6	11	50%
1月10	6	开开实业	5	翠微股份	3	安旭生物	弱转强	10512	62	10	16	6%
1月7	7	顾地科技	5	开开实业	2	安旭生物	加速	12070	38	21	15	42%
1月6	6	冰山冷热	6	顾地科技	1	红日药业	弱转强	11365	77	3	14	30%
1月5	10	龙津药业	8	精华制药	2	神思电子	分歧1	13049	45	34	21	45%
1月4	9	龙津药业	7	精华制药	1		加速2	12661	91	19	25	28%
12月31	8	龙津药业	6	精华制药	2	耐普矿机	加速1	10600	54	11	21	37%
12月30	7	龙津药业	2	二选一	3	迦南科技	弱转强	10177	78	3	25	11%
12月29	6	龙津药业	4	二选一	2	迦南科技	分歧1	9971	58	8	18	18%
12月28	5	龙津药业	3	二选一	2	雅本化学	加速1	10025	55	11	9	44%
12月27	4	龙津药业	3	二选一	2	广生堂	弱转强	9746	56	14	11	31%
12月24	6	延华智能	4	亚联发展	1	陇神龙发	分歧3	11316	48	28	7	50%

2. 分歧切换

在医药板块分歧后，强者依然强势，其他轮动热点地位自然下降，进入分歧阶段。在分歧阶段需要关注两点：一是，轮动热点承接力，这主要看龙头股；二是，主线热点何时结束，此时会再度产生切换。

首先，对于承接力，表现出优秀承接力的个股在技术面上会有两个重要特征：

（1）天量不破：即股价在天量柱 K 线上方调整，一般不会有效跌破天量柱 K 线最低点。天量柱是该股历史最大成交量，如翠微股份的第 5 个涨停板就是天量柱。

（2）10 天线不破：即股价调整过程一般不破 10 天线，短暂跌破后，很快会被大阳线收复。翠微股份符合这两个特征。

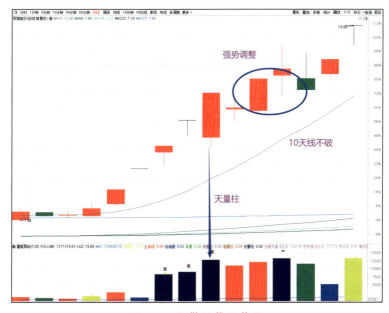

图 11.4　翠微股份日线图

事实上，不仅仅是翠微股份，很多轮动热点龙头股票也会出现双顶和一次反包现象。例如冬奥会龙头冰山冷热在 1 月 12 日反包涨停两板，水利建设龙头顾地科技 1 月 12 日反包新高。二次反包的概率较小。从经验来看，题材股在上升过程中出现多次弱转强更容易成为强势股。翠微股份1月10日的5个涨停板是第一次弱转强，1月12日反包新高是二次转强，那么1月17日的反包就是第三次了。

其次，主线热点何时结束和再度切换，除了技术面外，更重要的是板块市场地位。如果医药板块未结束，数字经济就很难成为主线；或者说，如果旧龙头未结束，新龙头就很难诞生。当然，在某些特定时间，市场可能同时容纳双主线，但这需要足够的成交量。1月17日医药再次高潮，高潮标志着跟风连板潮，一进二连板潮，数字经济首板涨停潮，翠微股份二次反包，这是切换的前奏。

表 11.5　2022 年 1 月 17 日连板统计

概念	细分	龙头	助攻	跟风首板、二板
数字经济 (37)	数字货币	翠微股份 10 天 7 板	金财互联 3 板	创：数字认证、雄帝科技、新开晋； 主：京北方、神州信息、德生科技、博彦科技、神思电子、御银股份、东信和平、楚天龙、中科金财；
	数据中心			创：零点有数、先进数通； 主：浪潮软件、海量数据、城地香江、南威软件、天源迪科、京蓝科技、数据港、神州数码、浙数文化、常山北明；
	5G 物联网	富通信息 3 天 2 板		中嘉博创、天利科技、华胜天成；
	其他			创：新点软件、数字政通； 主：税友股份、竞业达、深南股份、太极股份、轻纺城；
新冠相关 (22)		千红制药 5 板	精华制药 3 板	奥美医疗 2 板、大洋生物 2 板、河化股份 2 板、济民医疗 2 板、海正药业 2 板；
				翰宇药业 2 板、舒泰神 2 板、拓新药业 3 天 2 板；北化股份、泰达股份；
				锐特、新和成、众生药业、广生堂、塞力医疗、建研；
		赛隆药业 6 板		海辰药业 5 天 3 板；双成药业 / 华软科技

热点之间的切换核心在于：此消彼长，或成王败寇。盘面特征往往表现为一边涨停潮，一边跌停潮。1月18日确认切换，医药跌停潮，数字经济连

表 11.6　2022 年 1 月 18 日连板统计

连板数据 2022.1.18（周二）

概念	股票名称	股票代码	时间	连板	涨停类型	概念	股票名称	股票代码	时间	连板	涨停类型
预制菜	得利斯	002330	9:25	5	一字连板	医药	赛隆药业	002898	9:25	7	天地板
饮新	中农联合	003042	10:40	4	地天板	医药	精华制药	002349	11:03	3	6.90%
饮新	泰慕士	001234	9:30	2	换手板	元宇宙	引力传媒	603598	9:25	5	2.90%
电子烟	金时科技	002951	10:24	5	地天板	汽车	广东鸿图	002101	9:34	3	3.20%
数字货币	金财互联	002530	9:25	4	一字加速	煤炭	晋控煤业	601001	11:15	2	9.80%
数字货币	翠微股份	603123	9:45	2	T字回封	数字货币	御银股份	002177	9:39	2	-3.80%
数据中心	海量数据	603138	9:25	2	一字加速	数据中心	浙文互联	600986	9:46	2	-4%
数据中心	零点有数	301169	9:25	2	一字加速	电力	滨海能源	000695	9:42	2	2.94%
数据中心	天源迪科	300047	10:00	2	高量+30	元宇宙	博瑞传播	600880	9:45	2	-3.67%
数据中心	吉视传媒	601929	9:25	2	T字回封	数字经济	神思电子	300479	9:25	2	2.01%
数据中心	浙数文化	600633	9:25	2	一字加速	数据中心	荣联科技	002642	13:07	2	-2.94%
数据中心	深南股份	002417	9:30	2	一字加速	数据中心	延华智能	002178	9:36	2	4.13%
光通信	富通信息	000836	9:25	2	一字加速	数字货币	京北方	002987	9:25	2	0.92%
国产软件	浪潮软件	600756	9:25	2	一字加速	数据中心	神州数码	000034	9:38	2	7%
医药新冠	塞力医疗	603716	9:37	2	T字加速						
新能源车	沪光股份	605333	14:14	2	换手板						
医药医疗跌停板	亚宝药业、龙津药业、亚太药业、汉森制药、济民医疗、诚意药业、双成药业、奥赛特、大龙药业、开开实业、尖峰集团、奥赛生物、北化股份、迦南科技、西陇科学、西藏药业、基蛋生物、九安医疗、明德生物、济民医疗、润达医疗、济南高新、奥美医疗、中源协和、星湖科技											

板潮。具体来看，医药板块大分歧，开开实业反包筑顶新高后跌停，塞隆药业7个涨停板天地板，两市共42家跌停，医药板块24家跌停。数字经济连板潮，并且扩散至软件板块，翠微股份直接顶一字，新龙头诞生。接下来展示了一个连板图。

3. 主升高潮

在中位弱转强的阶段，板块可能迎来第二波上涨，但具体的表现取决于该板块在市场中的地位，即是轮动还是主流，主要还是次要。例如数字经济板块，在启动阶段，它处于典型的轮动地位；医药板块结束后，数字经济的地位上升为主线。板块效应越好，龙头股的高度就越高。那么，如何参与主升期呢？对于这类强势股，核心原则是要在分歧弱转强当天或次日早盘买入，而在一致高潮转分歧时谨慎进场。具体可分为以下几点：

第一，反包首板买点。这是大部分龙头股都会出现的情况，一般资金会在半路或打板时买入，以打板为主。以翠微股份为例，该股在14日出现跳水大跌，收出上阴线。次日早盘高开后短暂换手，快速封板。值得注意的是，

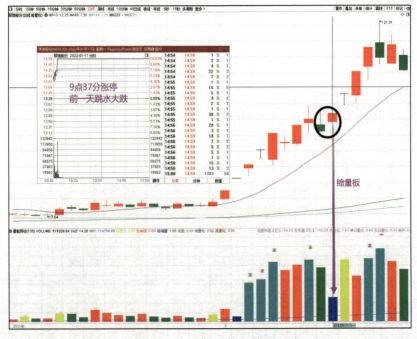

图 11.5　翠微股份日线图

反包首板前往往会出现典型的分歧，这个分歧可能是个股本身（如大阴线或长上影线），也可能是市场情绪的分歧（如跌停潮或炸板潮）。

　　第二，上升过程中分歧转强的买点。这个分歧可能发生在 2 板，也可能发生在 3 板，越往上，性价比越低。再以翠微股份为例，二板时出现反复的炸板，伴随着医药板块的退潮，此时出现分歧。这种一字板比较特殊，有两个买点：一个是日内 T 字回封，另一个是次日早盘弱转强。T 字回封主要看当日板块的赚钱效应和亏钱效应，亏钱效应较小的情况下，日内可回封；亏钱效应较大时则需谨慎。当天医药板块出现跌停潮，但数字经济板块涨停潮，板块效应很好。次日转强买点的确定性较高，但位置也较高，而且对于这种核心龙头的买点，基本在开盘的 5~10 分钟内，需提前准备。补充一点，对于龙头股来说，当日分歧越大，次日早盘强弱越容易判断，买点一般在半路为主。例如翠微股份，T 字板次日早盘低开 1%，最低回撤 4.75%，随后快速弱转强，出现半路买点。注意，半路买点尽量用在龙头股分歧后的买点，否则半路失败的概率会较大，特别是跟风个股。

图 11.6　翠微股份分时图

　　1 月 20 日，三进四小分歧，翠微股份继续涨停。但此时买点的确定性降低，需要结合盘面情况。此时，连板股进入淘汰赛阶段。以数字经济板块为例，

表 11.7 2022 年 1 月 20 日连板统计

连板数据 2022.1.20（周四）

概念	股票名称	股票代码	时间	连板	涨停类型
预制菜	得利斯	002330	10:46	7	弱转强
次新股	中农联合	003042	11:06	6	弱转强
次新股	秦慕士	001234	9:37	4	高开加速
次新股	兰州银行	001227	10:56	3	地天板
数字货币	金财互联	002530	9:25	6	一字加速
数字货币	翠微股份	603123	10:24	4	换手板
数字货币	亚联发展	002316	9:35	3	T字加速
数字货币	中科金财	002657	11:04	2	换手板
数据中心	海量数据	603138	9:56	4	换手板
数据中心	吉视传媒	601929	9:34	4	T字加速
动视暴雪	哈森股份	603958	9:35	2	T字换手
动视暴雪	安妮股份	002235	9:25	2	一字连板
医药	精华制药	002349	9:34	2	一字加速
元宇宙	岭南股份	002717	11:22	2	换手板
元宇宙	引力传媒	603598	14:30	2	换手板
商业连锁	天虹股份	002419	9:25	2	一字加速
拟投资	壶化股份	003002	10:57	2	换手板

概念	股票名称	股票代码	时间	连板	涨停类型
绿色电力	宏润建设	002062	10:47	3	6.88%
地下管网	韩建河山	603616	13:44	3	1.72%
预制菜	通程控股	000419	10:04	2	7.70%
工业互联	金奥博	002917	11:21	2	6.05%
医药	富祥药业	300497	9:25	2	-7.30%
医药	奥翔药业	603229	14:10	2	-3.90%
医药	尖峰集团	600668	13:11	2	-1.78%
数据中心	雪迪龙	002658	9:58	2	3.84%
元宇宙	中广天择	603721	14:07	2	4.60%
元宇宙	湖北广电	000665	14:06	2	9.90%
数字货币	汇金科技	300561	11:15	2	13.70%

晋级 3 板的有翠微股份、海量数据、吉视传媒、浪潮软件、零点有数共 5 个，最高板是金财互联的 5 板。翠微股份属于二波主升龙头，辨识度很高，所以当三进四板块出现分歧时，翠微股份早盘跳水后依然能够 V 形反转，换手晋级 4 板。当天晋级 4 板的有翠微股份、吉视传媒、海量数据。

1 月 21 日，四进五大分歧。盘面分歧加大，两市共有 36 家跌停板，弱修复的医药板块再次出现跌停潮，数字经济板块也出现较大分歧。3 个 4 连板均失败：海量数据跌 6.92%，吉视传媒尾盘炸板跌 6.23%，翠微股份跌 4.03%。仅剩金财互联晋级 7 板，全天反复炸板，成交额达到 28.8 亿，换手率为 34.6%。在这里，我们来谈谈翠微股份的卖点问题。个股的卖点与市场地位密切相关，有两大原则：

反包龙头会先于接力龙头结束，例如翠微股份会先于金财互联结束。

中位票会先于接力龙头结束，例如在海量数据、吉视传媒炸板后，金财互联仍能回封。

当四进五时，翠微股份率先出现分歧，此时即为卖出信号。由于数字经济是盘面的主流热点，龙头股分歧时，板块会先进行内部高低切换，轮动到低位补涨，少数高位股还会有反复，但整体都是要往下补跌的，进入退潮阶段。

五进六阶段，数字经济板块出现高低切换，低位连板潮。在 1 月 24 日，数字经济板块出现一进二连板潮，同时市场继续跌停潮。翠微股份冲高跳水，次日一字跌停，确认见顶。因此，在卖出时，不要过于追求卖在最高点。一旦板块再次出现分歧，且发包龙头股票断板，就应该卖出。连续两天不涨停的情况下，基本需要清仓。特别是在跌停潮，盘面一旦出现跌停潮，高位股随时可能补跌。

小结：翠微股份是一个经典案例，走出两波 5 板，带动数字经济板块走向高潮。这取决于翠微股份二波启动时的板块地位。有些股票中位转强的高度仅为 2~3 天，那是因为它们未能带动板块效应，或者板块并非市场的主线。另外，不要过分关注技术图形，这应作为次要因素。

表 11.8　2022 年 1 月 21 日连板统计

连板数据 2022.1.21（周五）

概念	股票名称	股票代码	时间	连板	涨停类型	股票名称	股票代码	时间	连板	涨停类型
数字货币	金财互联	002530	10:27	7	高量+29	泰慕士	001234	9:58	7	天地板
数字货币	亚联发展	002316	11:25	4	换手回封	翠微股份	603123	9:51	5	-4.01%
动视暴雪	安妮股份	002235	10:13	3	一字放量	中科金财	002657	9:50	3	2.03%
动视暴雪	哈森股份	603958	10:58	3	换手板	吉视传媒	601929	9:33	5	6.23%
元宇宙	岭南股份	002717	10:51	3	一字加速	兰州银行	001227	10:20	3	5.26%
白酒	天虹股份	002419	11:10	3	T字换手	华远地产	600743	10:24	2	0.86%
收购	吉翔股份	603399	9:58	2	换手板	银星能源	000862	10:11	2	-3.48%
预制菜	汇嘉时代	603101	9:57	2	换手板					
停复牌	万里股份	600847	9:44	2	T字换手					
房地产	新华联	000620	14:32	2	换手板					
医药医疗 19	拓新药业、海辰药业、富祥药业、安旭生物、东方生物、亚太药业、奥瑞特、众生药业、奥翔药业、龙津药业、华北制药、赛隆药业、信邦制药、九安医疗、安图生物、济民医疗、济南高新、开开实业、长春高新									
传媒 6	浙文互联、引力传媒、奥飞娱乐、博瑞传播、贵广网络、姚记科技									
预制菜 4	得利斯、仙坛股份、通程控股、福成股份									
地下管网 3	韩建河山、红润连建设、顾地科技									
次新股 3	中农联合、三羊马、泰慕士									
其他 5	电子纸：亚世光电；数字货币：京北方；电力：上海电力；冷链：海立股份；猪肉：正虹科技									

表 11.9　2022 年 1 月 24 日连板统计

情绪研究院—连板数据 2022.1.24（周一）

概念	股票名称	股票代码	时间	连板	涨停类型	概念	股票名称	股票代码	时间	连板	涨停类型
元宇宙	岭南股份	002717	9:31	4	一字加速	数字货币	亚联发展	002316	9:30	5	-3.15%
动视暴雪	安妮股份	002235	9:31	4	高量换手	航运	盛航股份	001205	9:41	2	3.18%
数字货币	恒银科技	603106	9:34	2	T字加速	纺织机械	杰克股份	603337	9:42	2	3.11%
数字货币	证通电子	002197	9:25	2	一字加速	医药医疗 10	千红制药、精华制药、龙津药业、亚太药业、赛隆药业、河化股份、赛力医疗、开开实业、九安医疗、尖峰集团				
数字货币	南天信息	000948	9:33	2	换手板						
数据中心	皇氏集团	002329	9:35	2	换手板	传媒 4	吉视传媒、完美世界、引力传媒、博瑞传播				
数据中心	京蓝科技	000711	9:25	2	一字加速						
数据中心	新炬网络	605398	10:44	2	换手板	消费 3	汇嘉时代、仙坛股份、未伊份				
房地产	新华联	000620	14:32	3	地天板	次新股 3	兰州银行、泰慕士、中农联合				
房地产	财信发展	000838	9:42	2	换手板	电子烟 3	华宝股份、金时科技、大胜达				
房地产	粤宏远 A	000573	9:44	2	换手板	基建 2	宏润建设、华远地产				
跨境电商	人人乐	002336	9:46	2	换手板	其他 7	恒誉环保、豪美新材、动力源、贵航股份、华电能源、哈森股份、冰山冷热				
体育概念	曲江文旅	600706	10:33	2	换手板						

二、浙江建投：主升高潮

浙江建投属于基建概念，是2022年2月的大牛股。浙江建投是继主流热点龙头分歧后继续强者恒强的经典案例，同类型的还有天保基建、新华制药。

1. 浙江建投的启动

关于基建的启动期，这里就不展开解读，可以参考基建热点轮动规律解析。浙江建投的启动与翠微股份完全不同。翠微股份是轮动热点龙头，而浙江建投是主线热点龙头。2月11日，浙江建投与汇通集团达到5板，淘汰赛剩下最后两个。2月14日，汇通集团跳水大跌，而浙江建投一字加速确认龙头地位。建投的启动非常经典：4板天量大分歧，5板弱转强，6板一字加速。这种中间有换手的龙头反而能走得远。有些个股启动就连续一字板，反而走不远，一旦断板就结束了。

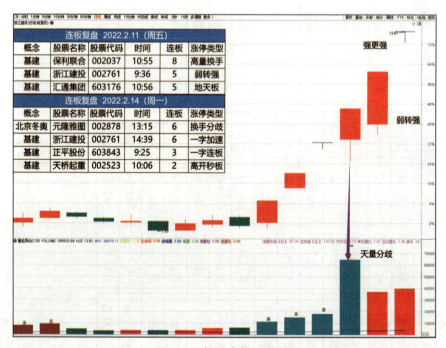

图11.7　浙江建投日线图

2. 分歧切换

2月15日，浙江建投炸板分歧。这里有一个非常典型的情绪周期，也是短线个股的节奏：4板爆量—5板转强—6板加速—7板分歧。有的个股中间加速的时间可能2~3天，这种基本就是主升周期。历史上最经典的就是顺控发展，中间加速3天，从爆量分歧到下一个爆量分歧时间9天。有的就没有加速，走的是分歧—转强—分歧这种典型的轮动周期。

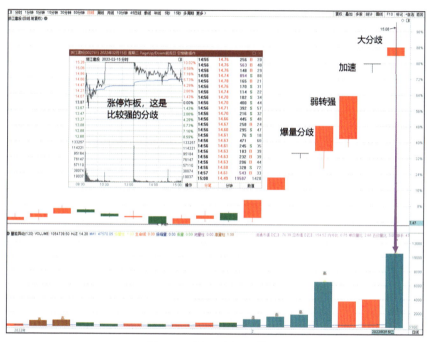

图11.8 浙江建投日线图

龙头首阴断板，盘面情绪也出现了亏钱效应，14家炸板，连板炸板率超过50%，14家跌停。这个分歧情绪还算比较温和的。大分歧日最主要的特征就是炸板潮和跌停潮，相对来说炸板潮更温和一点，容易出现在上升过程的首次分歧，跌停潮则更容易结束。

表 11.10　2022 年 2 月 15 日连板统计

连板复盘 2022.2.15(周二)

概念	股票名称	股票代码	时间	连板	涨停类型	概念	股票名称	股票代码	时间	连板	涨停类型
基建水利	正平股份	603843	9:25	4	一字加速	基建	浙江建投	002761	14:24	7	4.5%
基建水利	诚邦股份	603316	10:48	2	换手板	数字货币	中科金财	002657	9:30	3	-2.0%
基建水利	中化岩土	002542	9:25	2	一字加速	三胎概念	高乐股份	002348	9:45	3	-4.6%
三胎概念	美吉姆	002621	14:08	4	高量换手	酒店	华天酒店	000428	9:43	3	3.1%
农业	天鹅股份	603029	9:53	2	一字高量	农业	天牧股份	002999	14:30	2	0.5%
传媒影视	金逸影视	002905	9:25	2	一字加速	复牌	天华科技	002564	9:25	2	1.1%
传媒影视	浙文影业	601599	10:35	2	高量换手	游戏	祥源文化	600576	9:46	2	2.2%
传媒影视	华媒控股	000607	14:39	2	换手板	新能源车	瑞鹄模具	002997	11:26	2	2.7%
医药	诚达药业	301201	9:39	2	换手涨停	5G	世嘉科技	002796	10:24	2	2.8%
医药	精华制药	002349	9:43	2	高开秒板	房地产	华媒控股	600421	14:20	2	4.2%
消费电子	瑞玛精密	002976	9:32	2	高开秒板	污水处理	和科达	002816	9:25	2	4.4%
复牌	华通热力	002893	9:25	2	一字连板	乡村振兴	联诚精密	002921	10:16	2	6.7%
锂电池	骏重股份	002667	9:56	2	换手板	大数据	荣联科技	002642	14:51	2	7.3%
						北京冬奥	金一文化	002721	14:57	2	8.0%

3. 主升高潮

浙江建投只分歧了一天，次日（2月16日）就弱转强。板块再度涨停潮，这是因为基建本来就是主线热点，所以分歧之后资金继续做多基建，强者恒强。这与数字货币不同，数字货币是轮动热点，只有等盘面主线热点结束之后才有机会上升为主线热点。2月15日换手43%，2月16日换手50%，两天累计换手93.4%。越是大牛股中位换手越要充分。近年来看到比较极端的换手出现在盘龙药业，2018年3月23日换手75%，随后弱转强走了7个板。2019年5月22日金力永磁，当日换手67%，随后弱转强7个板。2021年3月25日顺控发展，当日换手72%，随后弱转强7个板。分歧越大，换手越充分，空间越大。

图11.9　浙江建投日线图

2月17日，建投一字加速2板，当天情绪分歧，连板炸板潮，10家晋级，16家炸板，数字货币大分歧，基建小分歧。

2月18日，建投高开5.65%，换手后10点56分涨停，反包第3天，诚邦股份5板，元成股份、宁波建工3板助攻，浙江永强2板助攻。随着基建反包力量减弱，当天东数西算首板涨停潮，资金有高低切的信号。

2月19日，建投高开8.28%，短暂换手9点35分涨停，反包第4天，诚邦股份6板，元成股份4板，基建反包力度继续减弱，当天东数西算一进二连板潮，15家2连板，资金明显流向低位热点。

2月22日，建投特停，诚邦股份7板，韩建河山3板，中国海诚2板，板块梯队已经很弱了，东数西算继续高潮，11个2连板晋级3板，15个连板。同时，基建从建投首板开始算，已经炒作11天，炒作基本告一段落。

2月23日，诚邦股份跳水大跌，韩建河山跌停，基建无涨停板。

2月24日，诚邦股份跌停，韩建河山继续一字跌停，补涨个股持续大跌，两市34家跌停，基建跌停潮，板块退潮。

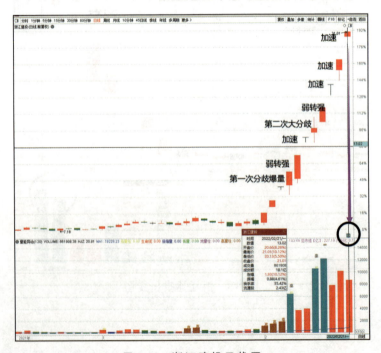

图11.10　浙江建投日线图

那么，如何把握浙江建投的买卖点呢？核心就是一句话：买在分歧弱转强，卖在一致转分歧。以下是几个代表性买点：

（1）反包首板：2月16日，反包首板容易出现分歧炸板，一般买点就是半路和换手回封。

（2）上升过程分歧转强：没有出现，弱转强次日就开始加速，只有反包2板时尾盘出现炸板，T字回封机会。这个节奏和翠微股份的反包2板很像。

小结：浙江建投这一波上涨11天10板，非常清晰地有两个情绪周期。第一次4板爆量，到7板炸板结束。爆量一般指历史最大换手，下方量柱颜色也会出现变化。这是根据成交异动编写的一个指标。第二次7板、8板爆量，弱转强之后3天加速。随着新题材的启动以及监管的干预，突然结束。

三、步步高和畅联股份：轮动热点

零售板块于4月中旬启动，主要预期为上海解封与后疫情时代概念。轮动热点产生了步步高和徐家汇这两个具有代表性的题材龙头，随后反包筑顶结束。

1. 启动

2022年3月医药和房地产板块炒作后，4月市场出现退潮。一方面，春季行情炒作结束，获利回吐。另一方面，年报和一季报披露高峰期，业绩利空频出。与此同时，美联储开启加息周期，3月16日美联储会议宣布加息，将联邦及基金利率目标区间上调了25个基点至0.25%至0.5%，进入加息周期，A股指数大幅波动。以沪深300为例，3月2日反弹见顶后开始下跌，3月15日加速下跌，10个交易日累计跌幅13.76%。短暂反弹后，4月初再度下跌，直至4月26日千股跌停结束。市场预期5月初美联储将提高加息幅度。

表 11.11　2022 年美国 CPI 增幅、加息幅度与基准利率

月份	美国 CPI 同比增幅 (%)	加息（基点）	基准利率区间
1	7.5	0	0~0.25%
2	6.4	0	0~0.25%
3	8.5	25	0.25%~0.5%
4	8.3	0	0.25%~0.5%
5	8.6	50	0.75%~1%
6	9.1	75	1.5%~1.75%
7	8.5	75	2.25%~2.5%
8	8.3	0	2.25%~2.5%
9	8.2	75	3%~3.25%
10	7.7	0	3%~3.25%
11	7.1	75	3.75%~4%
12		50	4.25%~4.5%
数据来源：美联储官网、作者整理			

从情绪角度看，4 月日均跌停 19 家，基本每隔两天左右就有一次大规模跌停。4 月 25 日更是接近千股跌停，盘口亏钱效应极为明显。

4 月 11 日，首板启动。房地产基建板块退潮，两市 43 家跌停，其中房地产 20 家，基建分支龙头国统股份 6 板。当天盘面启动多个题材首板，包括物流、预制菜、农业、商贸零售，其中物流板块效应最好，18 家首板。零售板块仅有 4 家首板，显然盘面发生切换。

4 月 12 日，一进二，题材切换。地产基建继续分歧，天保基建天地板，国统股份 7 板被炸。相反，物流板块一进二连板潮，零售板块 4 个晋级，只有新华百货淘汰。旧主线大分歧，新题材诞生，经典分歧切换，一进二是确认时间。

表 11.12　2022 年 4 月情绪周期（2022）

时间	空间	空间板	次高	次高板	创空间	创空间板	情绪	量总	涨停	跌停	连板	炸板率
4月29日	6	湖南发展	4	五个	2	宏德股份	加速 1	9584	203	2	28	12%
4月28日	5	湖南发展	3	六个	1		混沌	8407	66	35	19	34%
4月27日	4	湖南发展	4	新华百货	1		切换 1	9174	128	29	13	28%
4月26日	3	湖南发展	3	新华百货／	1	福瑞股份	分歧 4	8385	40	205	6	40%
4月25日	4	盛泰集团	3	泰慕士	1		分歧 3	8965	25	577	8	50%
4月22日	5	中兴商业	3	三个	2	戎美股份	分歧 2	7531	68	67	13	0%
4月21日	5	安记食品	4	中兴商业	1		分歧 1	8561	31	73	12	30%
4月20日	5	天龙股份	4	二选一	2	华是科技	弱转强	8204	49	11	16	18%
4月19日	4	天龙股份	4	蓝焰控股	1		分歧 3	7791	51	17	14	44%
4月18日	6	畅联股份	2	二选一	1	飞力达	分歧 2	7781	73	38	12	40%
4月15日	5	步步高	5	畅联股份	1		分歧 1	9108	38	37	11	50%
4月14日	5	广汇物流	5	东百集团	1		弱转强	8697	74	9	16	6%
4月13日	6	大理药业	4	二选一	2	冰川网络	分歧 3	8731	50	46	18	50%
4月12日	5	大理药业	4	北部湾港	2	新宁物流	分歧 2	9161	93	16	20	23%
4月11日	6	国统股份	4	二选一	1		弱转强	9634	50	43	15	34%
4月8日	6	中国武夷	6	海南瑞泽	1		分歧 4	9261	63	18	16	11%
4月7日	5	中国武夷	5	海南瑞泽	2	纽泰格	分歧 3	9227	29	31	12	52%
4月6日	7	中交地产	4	五选一	1	康芝药业	分歧 3	9657	78	13	23	34%
4月1日	6	中交地产	4	中科金财	2	泰林生物	分歧 2	9353	68	16	18	22%

表 11.13　2022 年 4 月 11 日热点复盘

热点复盘 2022.4.11（周一）						
概念	细分	时间	空间龙头	补涨助攻		首板
房地产 7	Reits		中交地产 2 板	天保基建 2 板	空港股份 2 板	1
	建筑材料		宁波富达 3 板	名雕股份 2 板		1
基建产 6			国统股份 6 板	北新路桥 4 板		2
			北部湾港 3 板	安徽建工 2 板		2
医药 4	退潮反弹		大理药业 4 板	第一医药 2 板		2
物流 18		首板	广汇物流 2 板			14
			东百集团 2 板			2
农业 4		首板				4
预制菜 6		首板				6
商贸零售 4		首板				4
房地产 20	天房发展、天地源、中国国贸、中国武夷、华远地产、沙河股份等					
锂电池 6	江特电机、融捷股份、天齐锂业、金圆股份、科大制造、宋都股份					
次新股 6	立航科技、鹿山新材、汇通集团、罗曼股份、齐鲁银行、盛航股份					
数字货币 2	楚天龙、证通电子					
汽车配件 3	拓普集团、伯特利、湖南天雁					

4 月 13 日，二进三。物流板块继续发酵，广汇物流顶一字 4 板，3 板连板潮，中储股份炸板，新宁物流炸板，小分歧。商超零售小分歧，三江购物、友好集团炸板，东百集团继续一字板，步步高晋级。基建和地产板块无连板，全天来看市场再度出现大分歧，两市 46 家跌停，剧烈亏钱效应，整体题材情绪继续退潮。

表 11.14 2022 年 4 月 12 日连板复盘

连板复盘 2022.4.12（周二）

概念	股票名称	股票代码	时间	连板	涨停类型
医药	大理药业	603963	10:05	5	换手板
医药	第一医药	600833	9:44	3	换手板
港口	北部湾港	000582	10:53	4	弱转强
房地产	空港股份	600463	9:34	3	换手板
基建	乾景园林	603778	11:01	2	换手板
农业	新农开发	600359	10:15	2	换手板
摘帽	东方网络	002175	9:25	2	一字加速
新疆基建	国统股份	002205	9:40	7	9.26%
房地产	天保基建	000965	10:28	3	天地板
浙江基建	宁波富达	600724	10:32	4	地天板
基建	安徽建工	600502	10:03	3	-0.32%
物流	万林物流	603117	10:22	2	炸板
医药	华润双鹤	600062	9:48	2	换手板

概念	股票名称	股票代码	时间	连板	涨停类型
物流	广汇物流	600603	9:25	3	一字板
物流	畅联股份	603648	11:29	2	换手板
物流	保税科技	600794	9:25	2	一字板
物流	中储股份	600787	10:22	2	换手板
物流	东方网络	002175	9:25	2	一字板
物流	中国铁物	000927	10:15	2	换手板
物流	长久物流	603569	14:30	2	换手板
物流	飞马国际	002210	11:30	2	换手板
物流	三羊马	001317	14:19	2	换手板
商业零售	东百集团	600693	9:25	3	一字板
商业零售	步步高	002251	9:30	2	换手板
商业零售	三江购物	601116	10:34	2	换手板
商业零售	友好集团	600778	14:03	2	换手板

表 11.15　2022 年 4 月 13 日连板复盘

连板复盘 2022.4.13（周三）

概念	股票名称	股票代码	时间	连板	涨停类型
医药	大理药业	603963	13:34	6	高量换手
物流	广汇物流	600603	9:25	4	一字板
物流	长久物流	603569	9:44	3	换手板
物流	保税科技	600794	9:25	3	一字板
物流	飞马国际	002210	13:02	3	T字板
物流	三羊马	001317	10:15	3	换手板
物流	中国铁物	000927	9:25	3	一字板
物流	畅联股份	603648	9:25	3	一字板
零售百货	东百集团	600693	9:25	4	一字板
零售百货	步步高	002251	9:25	3	一字板
零售百货	大连友谊	000679	9:30	2	T字板
游戏	冰川网络	300533	10:21	2	换手板
游戏	大晟文化	600892	9:33	2	换手板
业绩预增	中煤能源	601898	13:08	2	换手板
业绩预增	九安医疗	002432	9:50	2	换手板
食品	惠发食品	603536	11:04	2	换手板
工业母机	宇环数控	002903	10:10	2	换手板
港口	厦门港务	000905	9:47	2	T字天量

概念	股票名称	股票代码	时间	连板	涨停类型
港口	北部湾港	000582	9:41	5	3.58%
房地产	空港股份	600463	14:55	4	炸板
基建	乾景园林	603778	9:25	3	天地板
农业	新农开发	600359	11:05	3	5.05%
摘帽	东方网络	002175	9:36	3	0.54%
零售百货	三江购物	601116	9:38	3	-5.90%
零售百货	友好集团	600778	9:39	3	0.87%
零售百货	上海九百	600838	9:56	3	-1.45%
零售百货	南宁百货	600712	9:42	2	2.54%
物流	中储股份	600787	9:43	3	0.31%
物流	新宁物流	300013	9:46	3	11.78%
物流	海容冷链	603187	10:06	2	2.34%
旅游	云南旅游	002059	11:29	2	-1.04%
旅游	张家界	000430	9:57	2	7.89%
酿酒	金种子酒	600199	10:30	2	6.44%
酿酒	皇台酒业	000995	10:26	2	5.72%
券商	中银证券	601696	13:48	2	3.78%

表 11.16　2022 年 4 月 14 日连板复盘

连板复盘 2022.4.14（周四）

概念	股票名称	股票代码	时间	连板	涨停类型	概念	股票名称	股票代码	时间	连板	涨停类型
物流	广汇物流	600603	9:25	5	一字板	煤炭＋业绩	平煤股份	601666	13:51	2	换手板
物流	畅联股份	603648	14:46	4	换手板	煤炭＋业绩	安源煤业	600397	13:13	2	换手板
物流	长久物流	603569	9:30	4	换手板	房地产	渝开发	000514	10:00	2	换手板
物流	东方嘉盛	002889	14:40	2	换手板	房地产	京能置业	600791	9:25	2	一字板
零售百货	东百集团	600693	13:26	5	T字板	化工	氯碱化工	600618	13:39	2	换手板
零售百货	步步高	002251	10:10	4	换手板	环保	同兴环保	003027	9:30	2	换手板
零售百货	大连友谊	000679	9:46	3	换手板	工业母机	宇环数控	002903	13:26	3	换手板
业绩预增	九安医疗	002432	9:40	3	换手板	医药	华润双鹤	600062	10:15	2	炸板
新冠检测	贝瑞基因	000710	14:22	2	换手板						

4月14日，三进四，分歧加大。从前三板启动来看，物流明显更强，零售要弱一点。另外，在新题材启动初期，市场环境并不好，指数继续走弱，在11日、14日都出现了40家以上跌停的跌停潮，领跌板块主要是基建和地产。新旧切换就是这样的，旧题材持续大跌，新题材持续大涨。步步高三进四高开跳水，V形反转快速回封，全天出现天量柱，东百集团继续一字5板。物流板块广汇物流一字5板，畅联股份和长江物流晋级4板。这里要注意，龙头不一定就是最高的，比如广汇物流和东百集团，领先板块启动一天，这种属于身位票。龙头是在板块首次分歧之后最后剩下的连板个股。

2. 分歧定龙

4月15日，四进五，分歧进一步加大，37家个股跌停。零售板块，步步高小幅高开1.75%，短时涨停，弱转强；东百集团低开后迅速跌停，冲高回落，最终回封跌停，步步高脱颖而出成为龙头。物流板块出现大分歧，广汇物流跌幅达6.37%，立即跌停；长久物流则高开回落跌停，唯有畅联股份晋级5板，尽管物流龙头诞生，但全天盘面表现不如步步高强劲。

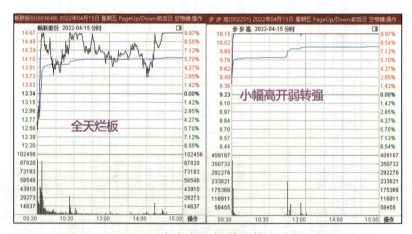

图 11.11　步步高和畅联股份分时图

4月18日，五进六，分歧加剧，龙头补跌，38家个股跌停。畅联股份低开7.45%，瞬间跌停，9点53分跌停炸板，尾盘收获地天板。步步高高开6.47%，快速跌停后 V 形反转涨停，波动巨大。这与市场整体环境相关，大周期盘面处于退潮阶段，所以小周期轮动中产生的龙头容易出现尖顶。尽管物流板块在小周期开始时强于零售板块，但从龙头角度来看，零售反而强于物流。畅联股份 6 板虽然地天，但盘口表现是受步步高影响，步步高涨停后，畅联股份跌停炸板。

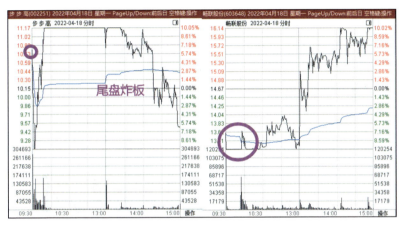

图 11.12　步步高和畅联股份分时图

3. 反包筑顶

4 月 19 日，市场出现转折。第 7 天，步步高一字跌停，9 点 52 分炸板后反核，尾盘成功涨停，日内地天板。畅联股份低开 9.2%，迅速跌停，盘中无资金反核。步步高成为小周期核心标的，而被淘汰的畅联股份直接尖顶大跌。由于是龙头次日还有资金反核，第 3 天再度低开秒跌停，随后连续跌停。在这种情况下，对于被淘汰的个股要特别谨慎，尤其是当整体市场处于弱势时。

晋级个股步步高日内地天板，银座股份 3 板、中兴商业 2 板协助攻势。4 月 20 日，步步高反包 2 板，中兴商业 3 板，茂业商业、通程控股、新世界、国芳集团各获得首板，整体板块效应一般。4 月 21 日，步步高反包 3 板，当天盘面大幅退潮，两市 73 家跌停，龙头反包时 3 板是重要压力位，容易出现大波动，投资者需特别小心。步步高尽管尾盘回封，但分时图两次大跳水，日内振幅高达 17.8%。4 月 22 日，高开 4.8%，早盘震荡后跳水跌停，反包结束，两市 67 家跌停，退潮继续。

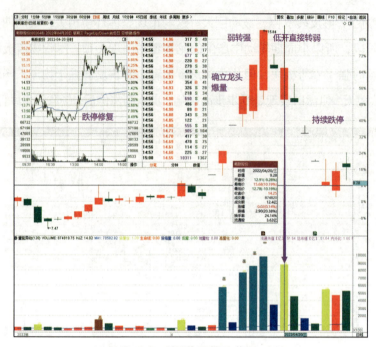

图 11.13　畅联股份日线图

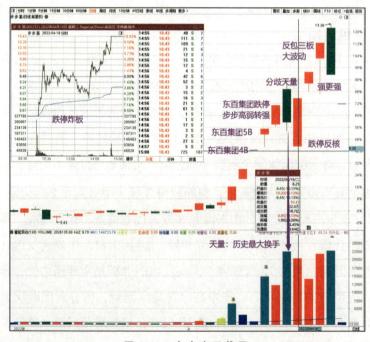

图 11.14　步步高日线图

小结：步步高和畅联股份是在地产和基建轮动结束之后出现的题材，这两个板块之间本身也存在竞争关系。作为龙头，既要关注板块内部的竞争，同时也要留意板块与板块之间的竞争关系。后者很多投资者容易忽视。步步高结束意味着新的题材周期即将开始。

四、泰慕士：人民币贬值概念

4月底人民币大幅贬值，市场处于退潮期。纺织板块随之出现轮动大涨，龙头股票呈尖顶态势。尖顶的龙头股票大多处于大周期下行阶段，或在上升过程中的小题材轮动。补涨的龙头股票也大多呈现尖顶态势。

1. 首板启动

4月21日，步步高反包3板，然而零售板块出现大分歧，7家跌停，物流板块4家跌停，两市共有73家股票跌停。通常情况下，题材周期结束时市场的跌停潮规模约为20~30家。如果遇到大小周期共振退潮，跌停家数可能达到40~80家，甚至百股跌停。旧题材周期即将结束，新题材周期将开启。当日出现新的首板题材，包括纺织服饰、次新股和非银金融，其中纺织服饰相对较强。

4月22日，一进二，盘面继续大分歧，两市共有67家跌停。纺织板块一进二发酵，同时外贸分支也出现。零售板块部分补涨尚未结束，绿电和地产板块又出现轮动首板。这段时间几乎每天都有轮动首板，关键在于观察一进二的情况以及当前盘面的主要逻辑和事件。时间上，低位轮动热点通常先看2~3天。后续我们会具体展开讲解策略调整。

4月25日，二进三，纺织板块大分歧，盘面千股跌停。4月底市场最大的事件是人民币贬值。4月25日晚间，中国人民银行宣布自5月15日起，下调金融机构外汇存款准备金率1个百分点，即外汇存款准备金率由现行的9%下调至8%。当天指数暴跌，上证指数下跌5.13%。疫情防控和美联储加息双重影响，外资大幅流出，市场陷入恐慌。需要注意的是，跌停潮规模越大，对应的波动级别越大。下跌并不可怕，反而要珍惜这样的大跌。几乎每一轮

表 11.17 2022 年 4 月 21 日热点复盘

概念	细分	时间	空间龙头	补涨助攻		首板	其他	
				热点复盘 2022.4.21（周四）				
商超零售 3	第九天		步步高 9 天 8 板	中兴商业 4 板	国芳集团 2 板	1	大晟文化 3 板	游戏
食品饮料 4	第九天		安记食品 5 板	会稽山 4 天 3 板		2	哈空调	核电
业绩预增 4	第七天		新华制药 2 板	智能自控 2 板		3	中信国安	石墨烯
纺织服饰 6	卡位		盛泰集团 2 板			5	南京化纤	化纤
次新股 5	卡位		三羊马 2 板			4		
非银金融 3	卡位		民生控股 2 板			2		
房地产 10			渝开发、光明地产、信达地产、天保基建、亚通股份、沙河股份、万通发展、光大嘉宝、锦和商业、南国置业					
农业 7			中水渔业、万向德农、粤海饲料、农发种业、敦煌种业、新农开发、冠农股份					
化肥 8			泸天化、司尔特、湖北宜化、丰上集团、六国化工、四川美丰、粤桂股份、河化股份					
商超零售 6			东百集团、上海九百、大连友谊、大连重工、银座股份、中百集团、华联股份					
旅游酒店 7			华天酒店、金陵饭店、岭南控股、同庆楼、曲江文旅、云南旅游、天目湖					
物流 4			长久物流、畅联股份、原尚股份、联明股份					

表11.18 2022年4月22日热点复盘

概念	细分	时间	空间龙头	朴涨助攻	首板	其他	
商超零售8		第10天	中兴商业5板	新华都2板	7	民生控股3板	金融
业绩预增7		第8天		国芳集团3板	8	哈空调2板	核电
纺织服装21		第2天	盛泰集团3板	泰慕士2板	16	中信国安2板	石墨烯
				戎美股份2板		厦门信达	
				龙头股份2板		青海华鼎	
外贸6	扩散			上海三毛2板	6	龙嬾科技	
饮新股8	第二天	第2天	兴通股份2板		6	菲达环保	公告
绿色电力8	首板			青岛食品2板	8	东宏股份	公告
房产基建6	首板				6		
医药2					2		
油气2					2		
农业11			生物股份、宏辉果蔬、丰乐种业、金河生物、傲农生物、冠农股份、农发种业、新农开发、中水渔业、敦煌种业				
食品11			京粮控股、国投中鲁、味知香、春雪食品、惠发食品、得利斯、海欣食品　酒店旅游：曲江文旅、西安饮食、华天酒店、同庆楼				
化工5			丰山集团、华尔泰、红星发展、蓝丰生化、新疆天业				
医药5			康华生物、复旦复华、新华制药、众生制药、奥翔药业				
软件传媒8			卫士通、直真科技、美利云、广西广电、湖北广电、大晟文化、贵广网络				
物流零售教育6			畅联股份、长久物流、步步高、茂业商业、凯文教育、传智教育				
汽车地产6			天龙股份、飞龙股份、隆鑫通用；渝开发、天保基建、光大嘉宝				

中级别板块上涨都是在大跌之后。只是，在很多时候散户在大跌过程中严重套牢，当新一轮周期开启时，板块会轮动，会出现新的领涨板块。所以，择时对于散户来说非常重要，要在正确的时间做正确的事。

在板块方面，当天纺织服饰板块也出现分歧。泰慕士晋级 3 板，而盛泰集团领先一天启动。前一天轮动的题材首板基本没有晋级。

表 11.19 2022 年 4 月 25 日连板统计

连板股 2022.4.25（周一）					
概念	股票名称	股票代码	时间	连板	涨停类型
纺织服饰	盛泰集团	605138	9:25	4	一字板
纺织服饰	泰慕士	001234	9:25	3	T 字回封
纺织服饰	华纺股份	600448	9:54	2	换手板
次新＋基建	上海港湾	605598	9:59	2	换手板
基建	东宏股份	603856	9:50	2	换手板
零售	新华百货	600785	9:38	2	换手板
房地产	天地源	600665	9:35	2	换手板
电力	湖南发展	000722	13:40	2	换手板
金融	民生控股	000416	11:10	4	地天板
纺织服饰	龙头股份	600630	9:30	3	−2.20%
电力	明星电力	600101	9:55	2	1.99%
服饰	红蜻蜓	603116	9:31	2	−3.59%
肝炎	葵花药业	002737	9:32	2	0%
零售	广百股份	002187	9:58	2	2.11%
纺织服饰	真爱美家	003041	9:33	2	4.90%
基建	宏润建设	002062	10:16	2	0.19%

4 月 26 日，三进四，龙头尖顶。经历第三天分歧后，盘面最具代表性的两只个股次日大幅低开直接走弱。泰慕士跌停，盛泰集团跌停。随后，这两个标的持续大跌，龙头尖顶。

小结：人民币贬值概念在零售和物流板块之后诞生。一进二发酵后，确

图 11.15　盛泰集团和泰慕士分时图

立了自己在小周期中的地位。但是整体市场大面积的跌停潮表明更大的周期处于下行趋势。这个时候，小周期题材轮动的高度会逐渐降低，到最后甚至出现 A 股杀跌。因此，龙头股票的顶部结构与当前所处的中周期以及题材的承接力有很大关系。

第十二章　高位穿越龙

高位指股价已经走完主升，成为盘面的总龙头，随后股价分歧之后继续走强，技术形态上走出五浪的结构。穿越要么重新带起板块，进入到更大级别上涨，要么就是反包筑顶。

第一节　定义

低位启动主要针对题材启动前三板的套利，大部分涨停板无法超过 3 板。中位转强则是在第 4 板、5 板、6 板分歧后，预期股票走出第二波涨势。第二波结束后，题材股面临大分歧，题材开始进入退潮。穿越龙头主要是指在经受住跌停潮之后，走五浪结构。

在题材炒作中，大部分个股都是一波走位，少部分能够出现中位转强，总龙头往往能走穿越。分歧过程中，穿越龙头基本以横盘代替下跌，不会跌破 10 天线，调整时间在两周以内，量能出现天量不破。该股基本是前面题材中位弱转强的龙头，代表性个股包括 1 月的九安医疗，2 月的翠微股份，3 月的浙江建投、美利云、中国医药，5 月的新华制药，6 月的中通客车、7 月的巨轮智能，11 月的竞业达，12 月的西安饮食、安奈儿。

主要有两种形态，一种是 N 字运动，另一种是平台突破。如图 12.1 的模型图。

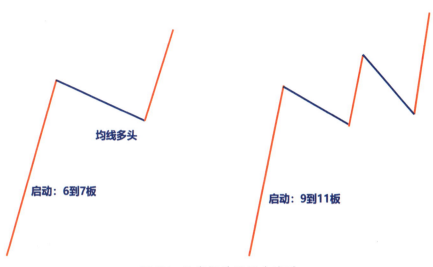

图 12.1　N 字运动和平台突破

第二节　九安医疗

2021 年 9 月中旬，指数见顶后，连续调整 7 周。11 月 10 日见底，日线出现 ABC 调整结构。情绪面上，11 月 5 日出现跌停潮，此时盘面新一轮中周期即将开启。

图 12.2　上证指数日线图

一、启动初期板块环境

这一波医药炒作最早从 11 月初开始。11 月 5 日，盘面出现 23 家跌停板，新冠原料药拓新药业启动首板，无板块效应。11 月 6 日，拓新药业第二板，仍无板块效应。11 月 9 日，拓新药业第三板，诚意药业、共同药业首板助攻。当时盘面主流热点是新能源汽车产业链。11 月 10 日，拓新药业第 4 板，且涨幅达到 20cm。此时，新冠医药板块爆发涨停潮，天宇股份、本立科技、海南海药、威尔药业、翔翔药业、丰原药业首板助攻。当天主线仍是新能源汽车产业链。11 月 11 日，拓新药业断板，奥翔药业第二板、振德医疗、济川制药首板，板块情绪迅速退潮。显然，此时医药仍是轮动热点。11 月 12 日，拓新药业再度超预期，6 天 5 板，龙头弱转强，医药板块修复，振德医疗、济川药业第 2 板，翰宇药业、舒泰神、恩华药业首板。主线仍在新能源汽车。11 月 15 日，拓新药业特停。这一波医药炒作属于典型的轮动热点，九安医疗正是在拓新药业特停断板之后开启的。

图 12.3 拓新药业日线图

二、九安第一波炒作

1. 轮动热点，产生龙头

九安医疗启动初期个股刚好处于月线周期底部。消息面 2021 年 11 月初，九安医疗获得美国 FDA 认证，11 月 15 日首板，随后股价开始暴涨，12 月 1 日 13 天 12 板，这个启动力度非常强，单月涨幅 242%。

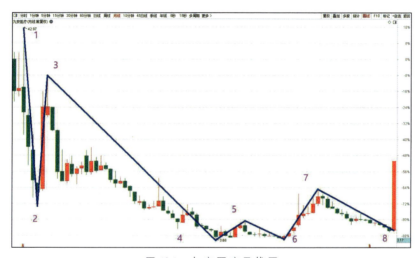

图 12.4　九安医疗月线图

首板，11 月 15 日，拓新药业特停。当天盘面刚出现分歧，16 家跌停，11 家连板炸板。医药启动新的首板，9 家涨停，翰宇药业第二板、多瑞医药、雅本化学、众生药业、新天药业、特一药业、新华医疗、羚锐制药、九安医疗首板。新能源汽车继续涨停潮，主线热点炒作尚未结束，医药地位仍是轮动。

表 12.1 2021 年 11 月 15 日连板统计

连板数据 2021.11.15（周一）

概念	股票名称	股票代码	时间	连板	涨停类型	概念	股票名称	股票代码	时间	连板	炸板
汽车配件	沪光股份	605333	11:25	7	高量分歧	新能源车	京泉华	002885	11:25	3	炸板
汽车电子	日盈电子	603286	9:25	2	一字加速	新能源车	苏奥传感	300507	13:04	2	炸板
汽车电子	铜峰电子	600237	9:40	2	T字分歧	新能源车	亿利达	002686	10:12	2	触板
汽车电子	四维图新	002405	9:25	2	T字+47	新能源车	贵航股份	600523	14:00	2	炸板
汽车电子	拓邦股份	002139	13:57	2	高量+19	风能	金盘科技	688676	10:45	3	炸板
汽车电子	嵘泰股份	605133	13:49	2	换手板	医药	尖峰集团	600668	9:32	2	炸板
元宇宙	宝鹰股份	002047	10:26	3	换手板	汽车	合力科技	603917	9:45	2	炸板
元宇宙	德艺文创	300640	13:10	2	换手板	储能	四方股份	601126	9:35	2	炸板
BIPV	中利集团	002309	9:25	3	一字加速	储能	思源电气	002028	10:02	2	炸板
风能	通达动力	002576	9:49	2	换手板	电力	亿嘉和	603666	10:52	2	炸板
次新股	翰宇药业	300199	9:25	2	一字加速	电子烟	集友股份	603429	13:00	2	炸板
次新股	严牌股份	301081	9:32	2	高开加速						
化工	江山股份	600389	13:37	2	换手板						

11月16日，汽车板块依然是盘面的主线热点。医药板块只有九安医疗和特一医药晋级第二板。

11月17日，汽车板块继续涨停潮，主线小分歧。资金沿着主线挖掘低位首板，锂电池启动首板，融捷股份、永兴材料、天齐锂业、科达制造、鹏辉能源、科恒股份、盛新锂能、中银绒业、金银河、胜利精密、中矿资源首板。医药板块九安医疗和特一医药晋级第三板，属于轮动热点。

11月18日，新能源车主线分歧，嵘泰股份止步第4板，但亏损效应不大，锂电池继续涨停潮，西藏珠峰、科达制造、永兴材料第2板，众源新材、倍杰特、西藏矿业、东华测试、川能动力首板。特一医药淘汰，九安医疗成为新冠疫情的新龙头，当天涨停板反复炸板，成交量明显放大，与工业母机的宇晶股份并列成为市场的空间板。

2. 中位转强，龙头强更强

11月19日，市场情绪上升减弱。宇晶股份地天板炸板，淘汰。九安医疗弱转强5板成为新的空间板，奥翔药业、西陇科学首板助攻，但未出现板块效应。主线汽车板块小分歧，无跌停板，市场陷入短暂的混沌。

11月22日、23日，汽车板块再度涨停潮，主线板块强势。11月24日，九安医疗8板，医药出现补涨首板，如华森制药、健麾信息、漱玉平民、新华医疗、众生药业、兰卫医学等，但主线热点仍在汽车。

11月25日，九安医疗9板，新冠医药板块发酵，众生药业、兰卫医学、新华制药等晋级2板，丰原药业、未名医药、亚宝药业、威尔药业、双鹭药业、舒泰神、新天药业、奥瑞特、千金药业、欣龙控股、奥锐特、康泰医学等首板涨停，新能源车小分歧。

为何主线热点新能源车的高标一直在6板以下轮动，九安医疗却能走到9板呢？新能源车2021年上半年已启动，9月中旬开始调整，10月中旬再次启动，此时已是尾声期，属于轮动补涨，高标难突破6板。

表 12.2　2021 年 11 月 19 日连板统计

连板数据 2021.11.19(周五)						热点复盘 2021.11.19(周五)			
概念	股票名称	股票代码	时间	连板	涨停类型	概念	空间龙头	补涨助攻	首板
医药医疗	九安医疗	002432	9:40	5	弱转强	元宇宙 9	天下秀 2 板		8
次新	中捷精工	301072	13:51	3	弱转强	汽车 9			9
次新股	镇洋发展	603213	9:30	2	高开加速	次新股 9	中捷精工 3 板	镇洋发展 2 板	7
元宇宙	天下秀	600556	9:32	2	高开换手	氢能 6	康盛股份 2 板	阳煤化 T2 板	4
氢能源	阳煤化工	600691	11:12	2	换手板	环氧树脂 5			5
氢能源	康盛股份	002418	10:04	2	触板	光伏 4			3
绿色电力	苏博特	603916	10:02	2	换手板	医药 3	九安医疗 5 板		2
工业母机	宇晶股份	002943	13:41	5	地天板	锂电池 3			3
锂电池	西藏珠峰	600338	10:09	3	炸板 +50	快速物流 3			3
工业母机	华明装备	002270	10:44	3	炸板	高端装备 3			3
次新股	汇绿生态	001267	10:13	2	触板	消费 3			3
						科技 3			3
						军工 2			2
						跌停板		齐翔腾达	

图 12.5 汽车板块周线图

相较之下，医药医疗板块在 2021 年 7 月已见顶，与指数呈现共振见顶现象，九安医疗启动时板块已经从高点下来调整 4 个月，具备超跌反弹特征。

图 12.6 医药医疗周线图

11 月 26 日，九安医疗分歧一天后，弱转强反包 3 板，走出 13 天 12 板。但此过程中医药板块整体表现一般，每次都是在九安医疗超预期时出现补涨首板，次日分歧。这是因为主线一直是新能源车的补涨轮动，医药处于次要地位。

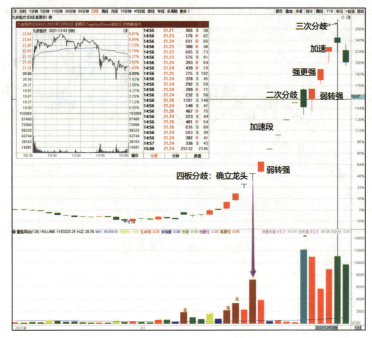

图 12.7　九安医疗日线图

3. 第一轮穿越

13 天 12 板的九安医疗已经成为市场新的总龙头，且随着汽车板块筑顶结束，新冠医药有望接替汽车成为未来新的主线。一个主线结束，市场要诞生新的主线，往往会先出现一些强势股。

12 月 2 日，反包 4 板被炸，九安医疗进入调整期。调整 5 天后股价低点未回踩天量柱高点，但盘中有击穿 10 天线。12 月 13 日出现反包首板，收复10 天线，这是大部分强势股的首个重要买点，当天无板块效应，压力位是反包 3 板。

12 月 14 日反包 2 板，医药开始出现补涨首板小高潮，包括金海高科、粤万年青、天瑞仪器、济民医疗、天龙股份、环球印务、国新健康、达嘉维康、拓新药业、兰卫医学等。

12 月 15 日反包 3 板，而且是缩量加速，大部分个股在穿越过程中三板是

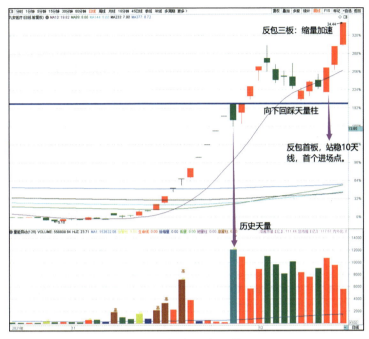

图 12.8 九安医疗日线图

第一道坎，容易出现天地板，或者地天板，一旦突破过去，空间有望进一步打开。

12 月 16 日，九安医疗炸板，穿越总龙头见顶确认信号是跌停板。对于这种人气龙头，很多资金都会等跌停后才会清仓，不跌停则不轻易放弃。

12 月 17 日再度出现弱转强，这是穿越过程的第二次进场信号，最后能走多远，没有人知道。对于这类个股如何克服恐高心理呢，有两点要记住。

第一，市场在没有出现大的亏钱效应之前，资金往往沿着高位去操作，高位辨识度高，低位太多太乱。

第二，严格按照情绪周期指导操作。买在分歧弱转强，卖在一致转分歧。越是这样人气高的个股，节奏反而越清晰，谨慎买在加速段。同时大部分资金会等一个跌停。

12 月 20 日高开缩量加速，盘面继续普涨，地产、医药、元宇宙、氢能、风光储、消费、次新、特高压等多个板块出现涨停潮。其中医药基本都是首板

表 12.3　2021 年 12 月 20 日连板统计

连板数据 2021.12.20(周一)

概念	股票名称	股票代码	时间	连板	涨停类型
军工	西仪股份	002265	9:25	11	一字连板板
军工	湖南天雁	600698	11:14	2	换手连板
次新	三羊马	001317	9:25	10	一字加速
次新	汇绿生态	001267	13:00	4	换手板
次新	运机集团	002188	10:24	2	换手板
次新	炬申股份	001202	9:30	2	高开加速
氢能	蓝科高新	601789	11:26	8	换手板
氢能	兰石重装	603169	9:25	5	一字连板
氢能	京城股份	600860	9:41	4	尾盘回封
氢能	长城电工	600192	11:29	4	高量换手
氢能	龙泉股份	002671	9:25	3	一字加速
氢能	纳尔股份	002825	9:31	2	高开加速
特高压	风范股份	601700	9:25	6	一字加速
特高压	白云电器	603861	9:25	2	T字换手
特高压	开普检测	003008	9:34	2	换手换手
风光储	金山股份	600396	9:25	6	高量换手
风光储	漳州发展	000753	9:25	3	T字换手
风光储	江苏阳光	600220	9:25	2	一字连板
风光储	动力源	600405	9:32	2	换手板
风光储	鑫铂股份	003038	11:12	2	换手板
物流	龙洲股份	002682	9:25	6	一字加速

概念	股票名称	股票代码	时间	连板	涨停类型
物流	富临运业	002357	11:24	5	高量换手
元宇宙	湖北广电	000665	9:32	6	T字高量
元宇宙	川大智能	002253	9:25	3	一字连板
元宇宙	华扬联众	603825	9:30	2	高开加速
元宇宙	延华智能	002178	9:25	2	T字换手
元宇宙	宝鹰股份	002047	9:25	2	一字加速
房地产	蓝光发展	600466	10:13	4	弱转强
房地产	渝开发	000514	9:42	4	弱转强
房地产	大龙地产	600159	9:30	4	弱转强
房地产	嘉凯城	000918	9:30	2	高开加速
房地产	财信发展	000838	11:23	2	换手回封
房地产	汇通能源	600605	10:13	2	换手板
汽车	金麒麟	603586	10:28	3	换手回封
汽车	威帅股份	603023	9:25	2	一字加速
电子烟	陕西金叶	000812	11:12	6	高量 +32
医疗	九安医疗	002432	9:32	2	高开加速
医疗	创新医疗	002173	9:31	2	高开加速
锂电池	中铝国际	601068	11:12	7	换手板
白酒	中锐股份	002374	11:25	3	换手板
农业	万向德农	600371	14:10	2	高量换手
摘帽	仁智股份	002629	9:25	2	一字连板

轮动，板块效应不强，仅创新医疗 2 板助攻。

　　12 月 21 日，九安医疗一字板加速，情绪达到高潮。市场上涨停板 130 家，跌停板 10 家，其中房地产板块涨停 47 家，元宇宙板块 15 家，汽车板块 13 家，次新股板块 11 家，医疗医药板块 9 家，大金融板块 8 家。九安医疗分歧时，补涨的创新医疗率先跌停，因为创新医疗是九安医疗弱转强时带出来的首板。

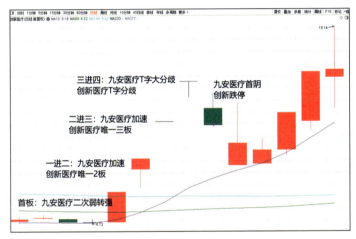

图 12.9　创新医疗日线图

　　12 月 22 日，九安医疗一字加速大分歧。九安盘中剧烈震荡，形成 T 字形大长腿，8 天内涨停 7 次。在情绪高潮后的分歧中，要注意寻找卖点，尤其是在加速阶段转为分歧时。同时，医药板块再次出现涨停潮，创新医疗连续涨停 4 次，万邦德 3 次，雅本化学、国新健康、西陇科学、奥锐特首次涨停，中药板块爆发，贵州百灵连续涨停 2 次，精华制药、新天药业、广誉远、龙津药业也表现抢眼。

　　12 月 23 日，九安出现大阴线，出现卖出信号。随着主线分歧加大，当天汽车和光伏板块出现首板涨停潮，这是题材轮动的规律，熟悉的配方。当天，新冠医药板块 5 家涨停，雅本化学连板 2 天，龙津药业连板 2 天，海南海药、威尔药业、华北制药首板涨停。

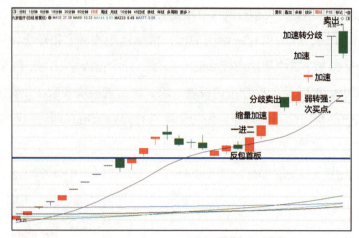

图 12.10　九安医疗日线图

　　12 月 24 日，市场情绪低迷达到冰点，但九安医疗却第 3 次弱转强，超出预期。这就是总龙头，只要没有出现跌停板，就不要轻易放弃。当天，医药板块再度大涨，板块涨停潮，陇神戎发、万邦德反包，龙津药业从二连板晋级至三连板，成为唯一连板个股。

　　12 月 27 日，九安医疗反包两连板，医药板块涨停潮，再次成为盘面主流。12 月 28 日，九安医疗反包三连板后被炸，涨幅 7.5%，医药板块出现小幅分歧。

　　12 月 29 日，九安医疗第四次由弱转强，医药板块涨停潮。当天涨停股票共有 18 只，连续涨停股票有 4 只，涨停总数为 58 只，跌停总数为 8 只。在这其中，医药板块的涨停股票达到 16 只，成为盘面上最强热点。龙津药业连续涨停达到 6 个交易日，精华制药连续涨停 4 个交易日，尖峰集团连续涨停 3 个交易日。星湖科技、迦南科技、西陇科学、创新医疗等均连续涨停 2 个交易日，板块整体表现呈现出良好的梯队格局，主线趋势继续加强。

　　12 月 30 日，九安医疗加速上涨，5 天内涨停 4 次，医药板块迎来高潮。龙津药业弱转强成为阶段性龙头，连续涨停达到 7 个交易日。

　　12 月 31 日，九安医疗大幅高开后快速下跌，最终跌停，市场情绪开始出现分歧。注意，这是九安医疗的首次跌停，次日一旦大幅低开，基本就可以确

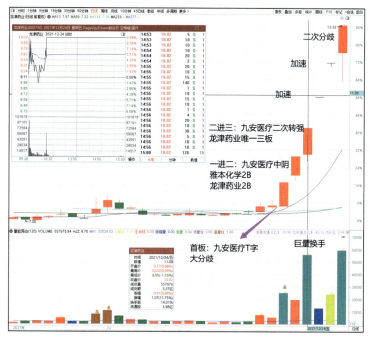

图 12.11 龙津药业日线图

认进入到调整期了。

1月4日，九安医疗低开后弱势修复，医药板块高潮，市场出现跌停潮，高低位切换再次发生。当天涨停股票共有 25 只，连续涨停股票有 7 只，涨停总数为 91 只，跌停总数为 19 只。穿越龙头九安医疗率先出现分歧，主升龙头龙津药业由弱转强，连续涨停达到 9 个交易日，医药板块全面进入高潮，共有 10 只股票连续涨停两个交易日。然而，市场情绪分歧加大，跌停股票达到 19 只。与此同时，盘面启动多个首次涨停的题材股，包括冬奥会 11 家、元宇宙 10 家、农业养殖 7 家、数字货币 5 家、新能源汽车 5 家、消费 6 家、电子烟 4 家。大家可能注意到，一旦主流板块情绪高潮，盘面就会出现低位首次涨停股票，进入到切换的准备阶段。

表12.4 2022年1月4日连板统计

连板数据 2022.1.4（周二）

概念	股票名称	股票代码	时间	连板	涨停类型	概念	股票名称	股票代码	时间	连板	涨停类型
医药	龙津药业	002750	10:25	9	换手板	冬奥会	冰山冷热	000530	9:25	4	一字板
	精华制药	002349	9:25	7	一字板		贵广网络	600996	9:44	2	换手板
	华森制药	002907	9:42	4	换手板	地下管网	顾地科技	002694	9:30	4	T字板
	柳药股份	603368	10:03	2	换手板	预制菜	春雪食品	605567	10:03	3	换手板
	太极集团	600129	9:30	2	T字板	服装	开开实业	600272	9:25	2	一字板
	同仁堂	600085	9:33	2	换手板	电子烟	金时科技	002951	9:47	3	换手板
	新天药业	002873	9:37	2	换手板	钢铁	攀钢钒钛	000629	13:09	2	换手板
	紫鑫药业	002118	9:39	2	换手板	汽车	万里股份	600847	11:18	2	换手板
	华润三九	000999	9:33	2	T字板	元宇宙	浙文互联	600986	11:21	4	炸板+35
	东北制药	000597	9:32	2	换手板	元宇宙	天神娱乐	002354	10:57	4	炸板+21
	健民集团	600976	11:16	2	换手板	新冠检测	海利生物	603718	13:36	2	炸板
	奥锐特	605116	9:30	2	换手板	电力	西昌电力	600505	10:14	2	炸板
	千金药业	600479	11:05	2	换手板	医药	佛慈制药	002644	14:32	2	炸板
	汇鸿集团	600981	9:34	3	换手板	医药	济川制药	600566	13:09	2	炸板
	北化股份	002246	9:39	3	换手板	医药	浙江震元	000705	14:57	2	炸板
文交所	河化股份	000953	9:30	2	T字板	锂电池	兆新股份	002256	13:17	2	触板+2
	博瑞传播	600880	9:33	3	T字板	医药	佐力药业	300181	13:49	2	炸板+23
						元宇宙	新开普	300248	13:28	2	炸板+2

　　1月5日，九安医疗跌停，医药板块出现大分歧，确认高低位切换。尽管九安医疗跌停，但龙津药业连续涨停达到11个交易日，精华制药连续涨停8个交易日，穿越龙头在主升龙头之前出现分歧。

　　1月6日，九安医疗企稳反弹，医药退潮，高低切换加强。当天连板21只，炸板14只，涨停77只，跌停3只。龙津药业低开9.4%秒跌停，精华制药低开8.5%秒跌停，龙头补跌。新冠医药高标只剩下分支补涨的开开实业4板，但首板的情绪依然很好，板块内部高低切换。1月4日医药首次分歧时产生了多个首板热点，到了6日第三天基本就没有持续性了，冬奥会只剩下两个连板。这就是主线和轮动热点之间的关系：主线分歧预期开始，轮动题材出现首板；主线分歧高潮，轮动热点发酵；主线龙头补跌，轮动分歧。整个过程大概持续3个交易日左右。

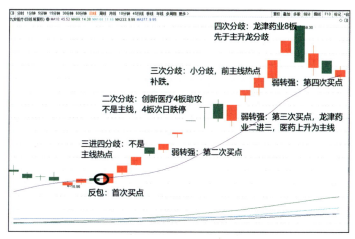

图 12.12　九安医疗穿越图

4. 第二轮穿越

　　九安医疗这种走法非常罕见，历史上能够匹配的只有东方通信。东方通信也经历了两轮穿越，而且穿越的力度非常大，大部分穿越的个股基本有3~5个板的空间。相较于九安医疗，东方通信并没有业绩兑现，但东方通信处于上一轮长波周期的起点。

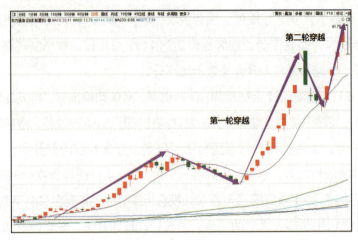

图 12.13　东方通信日线图

1月11日，旧龙头龙津药业反包首板，九安医疗反包首板，开开实业高开秒板加速，医药王者归来。随着医药主线的回归，其他题材再度转分歧，盘面炸板潮，跌停6只，涨停49只，医药成为最强板块，启动首板热点三胎概念。

1月12日，龙津药业反包2板，九安医疗高开秒板，反包2板，开开实业高开秒板，晋级8板。医药继续强者恒强，随着医药再次小高潮，盘面启动新的题材首板，预制菜涨停13只，智能电网涨停12只，新能源汽车涨停11只，两市无跌停，涨停85只，连板19只，且无炸板，进入高潮。

1月13日，龙津药业反包3板炸，九安医疗直接一字加速，反包3板，开开实业尾盘竞价炸板跳水大跌。

1月14日，九安医疗一字加速4板，开开实业弱转强反包，赛隆药业中位弱转强5板，成为新的空间板。龙头超预期，医药板块再现涨停潮，轮动热点地位下降。

1月17日，九安医疗一字加速5板，塞隆药业6板加速，开开实业创新高跳水，医药板块高潮，主线医药继续强者更强。

1月18日，医药大分歧，补涨龙塞隆药业天地板，九安医疗跳水跌停，医药开始退潮。这一波九安医疗穿越进场机会就比较少，除了1月11日穿越首板之外，中间基本都是加速，分歧之后就结束了。

表12.5　2022年1月11日连板统计

连板数据2022.1.11（周二）

概念	股票名称	股票代码	时间	连板	涨停类型	概念	股票名称	股票代码	时间	连板	涨停类型
医药医疗	开开实业	600272	9:49	7	高开加速	地下管网	韩建河山	603616	9:31	4	-6.98%
医药医疗	亚太药业	002370	9:25	4	一字加速	大数据	海量数据	603138	9:46	3	2.59%
医药医疗	安旭生物	688075	13:08	4	换手回封	冬奥会	北玻股份	002613	9:30	3	4.14%
医药医疗	赛隆药业	002898	9:25	2	一字加速	医药医疗	塞力医疗	603716	14:34	3	5.89%
医药医疗	众生药业	002317	9:53	2	换手板	消费电子	泰嘉股份	002843	9:48	2	-1.40%
医药医疗	莎普爱思	603168	11:09	2	高量换手	信创	湘邮科技	600476	11:06	2	4.40%
房地产	新华联	000620	10:28	4	T字换手	锂电池	柘中股份	002346	9:36	2	4.40%
房地产	海螺型材	000619	10:05	2	高量换手	医药	奥泰生物	688606	13:15	2	15.50%
电子纸	亚世光电	002952	9:33	3	弱转强	污水处理	武汉控股	600168	13:43	2	4.57%
元宇宙	湖北广电	000665	11:05	3	高量换手	医药	新天药业	002873	14:29	2	9.43%
拟收购	吉翔股份	603399	11:19	3	T字换手	电力	顺钠股份	000533	14:25	2	5.77%

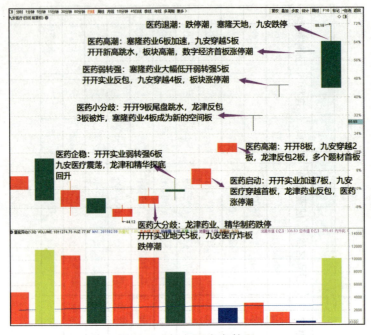

图 12.14　九安医疗穿越图

　　九安医疗是近年来的绝对大强势股，如何从情绪周期、板块地位来理解这只个股很重要，这里我对逻辑层面的解读比较少，因为逻辑层面涉及基本面，这里需要很多的数据和更深入的研究，交易不可能是完美的。

　　最后，总结几个核心要点，如下：

　　第一，穿越的力度。反包新高是大概率，预期 3–4 板，主升是小概率，主升意味着力度大于等于启动浪，那基本就是 9–11 板空间，历史中除了九安医疗、东方通信，很少出现。

　　第二，买卖节奏。基于情绪周期，买在分歧弱转强，卖在一致转分歧。对于这种总龙头最佳进场点是弱转强，也就是分歧爆量时，当天换手回封或者次日转强进场。谨慎参与加速接力，为什么呢？弱转强之后无非两种走法，第一种转分歧，那这一笔交易结束。第二种加速，如果买在加速，强的不容易买到，弱的一旦加速转分歧，日内可能会出现大面，像这种强势股一旦结束，日内天地板是大概率事件，这个回撤就非常大了，毕竟九安这种超强的走势只是小概

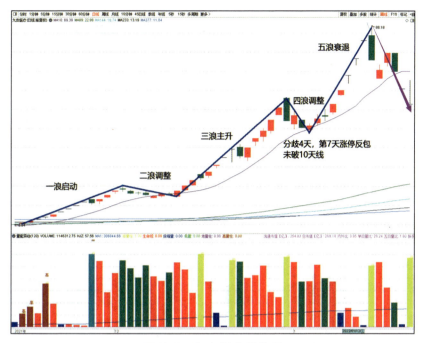

图 12.15　九安医疗日线图

率事件。所以，回头来看，九安的几次进场点最好都是在分歧之后。

第三，顶部结构。这里需要考虑两个周期，第一个是大周期，第二个是小周期。比如九安第一次穿越，12 月 13 日—12 月 31 日结束，14 天 13 板，从大周期来看处于三浪主升，从小周期来看这里出现了 4 个情绪周期。第二次穿越，1 月 11 日—1 月 18 日结束，从大周期来看处于五浪衰退，小周期来看这里基本只有 2 个小周期，而且中间分歧的时间很短，开开实业是前半段，塞隆药业是后半段。

第四，如何判断退潮还是分歧。每一次情绪高潮时都会出现一些新的题材首板，这是资金高低切换的准备，主线这个过程预计分歧 2-3 天左右，此时轮动热点走强。如果是分歧，轮动热点一般在一进二和二进三的效果很差，主流热点跌停潮规模不大。如果是退潮，轮动热点在一进二和二进三的效果很好，同时主线热点会出现二次跌停潮。

除了观察板块和板块之间的竞争，还可以观察龙头的修复情况，如果是上

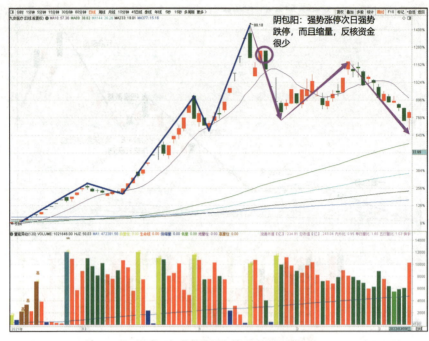

图 12.16　九安医疗日线五浪主升结构

升过程分歧，龙头一般在调整的过程中有承接力，不容易持续大跌。如果是退潮，龙头往往是强分歧，出现连续跌停，或者反抽无力之后快速跌停，一字跌停，等等。比如九安医疗 1 月 18 日见顶之后的下跌，首次跌停之后，第三天涨停次日直接跌停，医药板块跌停潮。对比 1 月、12 月的分歧基本没有跌停板，1 月初的分歧跌停次日快速修复。

　　需要注意的是，虽然本文以九安医疗为例进行了详细的分析，但这些要点和技巧在其他类似的强势股中同样适用。投资者在面对这些个股时，应该根据自身的风险承受能力、投资经验和市场判断来进行合理的操作。同时，要时刻保持谨慎和冷静的心态，不要被市场的短期波动所迷惑，以免产生较大投资风险。

第三节 翠微股份

从 1 月 25 日开始，市场亏钱效应持续展现。1 月 25 日有 54 家公司出现跌停板，1 月 26 日有 31 家公司跌停，1 月 27 日则有 72 家公司跌停。每年 1 月底时，投资者需特别注意题材股的风险。此时，由于业绩地雷和流动性压力，题材股往往容易出现大幅下跌。

在这个阶段，大部分题材股连板高峰都是尖顶大跌的。数字经济龙头金财互联、预制菜龙头得利斯、医药龙头开开实业和塞隆药业，这些个股都是 1 月中旬到 1 月底最具代表性的高峰，基本上都是尖顶大跌，10 日均线没有抵抗。

在此时，高位能够横盘的股票值得特别关注。一旦情绪释放完毕，这些股票容易率先企稳并走穿越。周期上升意味着高位股企稳并重新恢复赚钱效应，随后带动同板块扩散，由点到线，由线到面。周期下降则意味着高位股的亏钱效应不断传导，板块内越来越多的股票亏钱。因此，在新周期开启初期，最典型的信号就是高位股止跌。翠微股份在市场退潮时始终是缓跌的，技术面上天量不破和 10 日均线不破都符合，抵住了分歧。1 月 27 日，该股跌停，但经历反复的炸板。1 月 28 日，市场继续跌停潮，翠微股份回踩 10 日均线，早盘低

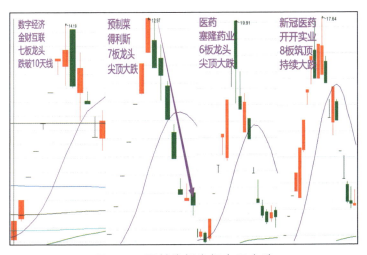

图 12.17 题材连板高标尖顶大跌

表 12.6　2022 年 1 月 11 日—28 日连板统计

情绪周期模型（2022）

时间	空间	空间板	次高	次高板	创空间	创空间板	情绪	量总	涨停	跌停	连板	连板炸板率
1月28日	3	深南股份	3	保利联合	2	南凌科技	弱转强	8186	52	23	4	33%
1月27日	2	二选一	2	二选一	1		分歧 5	8228	13	72	3	57%
1月26日	4	证通电子	4	二选一	1		分歧 4	7940	48	31	9	18%
1月25日	5	安妮股份	4	新华联	1		分歧 3	9366	27	54	9	25%
1月24日	4	岭南股份	4	安妮股份			分歧 2	8640	51	31	13	19%
1月21日	7	金财互联	4	亚联发展	1		分歧 1	9843	45	36	10	41%
1月20日	7	得利斯	6	二选 1	1		加速 1	11289	39	13	17	39%
1月19日	6	得利斯	5	二选 1	3	零点有数	弱转强	10652	50	9	14	18%
1月18日	5	得利斯	5	金时科技	2	零点/天源	分歧 1	11958	35	42	16	47%
1月17日	6	赛隆药业	5	二选 1	2	神思电子	加速 5	11195	90	4	26	21%
1月14日	5	赛隆药业	4	二选 1	3	国联水产	加速 4	11068	58	7	17	41%
1月13日	6	新华联	5	亚世光电	2	博拓/国联	加速 3	10934	53	7	26	33%
1月12日	8	开开实业	5	二选 1	2	海辰药业	加速 2	10610	85	0	19	0
1月11日	7	开开实业	4	亚太药业	4	安旭生物	加速 1	10555	49	6	11	50%

图 12.18 翠微股份日线图

开后迅速弱转强涨停，阳包阴，再度出现反包首板。

当天除了翠微股份的高位反包外，还有一个代表性的股票是京蓝科技。在情绪冰点和持续亏钱效应的过程中，市场最大的特征就是杀龙头，特别是空间板。京蓝科技是 1 月 26 日的高峰，当天市场有 3 个四连板，分别是证通电子、京蓝科技和新炬网络。1 月 27 日，证通电子和新炬网络跌停，而京蓝科技则出现地天板。早盘快速封死跌停后，盘中开板，日内地天板，尾盘被炸。1 月 28 日，京蓝科技再度出现地天板。显然，这是资金寻找的突破口。春节过后，2 月 7 日复盘，京蓝科技因为业绩地雷直接一字跌停，但盘中很多资金翘板。翠微股份则大幅高开加速，春季行情正式开启。京蓝科技和翠微股份在此过程中功不可没。

翠微股份反包首板具有板块效应。当天，京蓝科技 6 天 5 板地天助攻，深南股份 3 板，恒宝股份 5 天 3 板反包，贵广网络 2 板，德生科技、中嘉博创、创维数字首板跟风。次日一进二，翠微股份直接顶一字，板块出现小分歧。

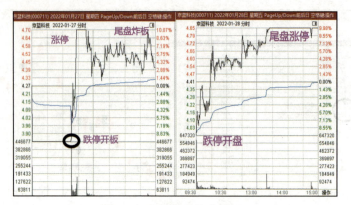

图 12.19 京蓝科技分时图

恒宝股份和翠微股份晋级 2 板，新智认知、云鼎科技、和科达、新炬网络、华虹计通首板。当天最强的是基建板块，有关此板块的详细内容可参考热点轮动之基建板块内容。

由于一进二板块效应不佳，且基建大爆发，资金流向基建板块。数字货币二进三出现分歧，翠微股份盘中反复炸板，恒宝股份高开涨停被炸，换手回封。数字经济板块仅剩下两个龙头：一个是穿越的翠微股份，另一个是本

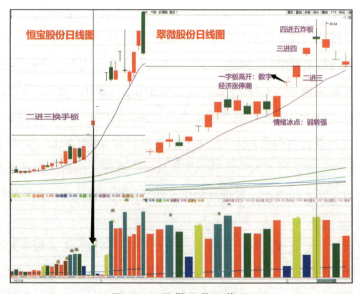

图 12.20 翠微股份日线图

周期接力的恒宝股份。

　　在这个周期中，翠微股份的买点该如何选择？请记住这个大原则：在分歧时的弱转强买入，一致时的强转弱卖出。在二进三出现分歧时，买点有两个：要么是三板日内分歧转一致的回封买点，要么是次日弱转强高开买点。而对于卖出，翠微股份在第 5 板出现了大分歧，第 6 天不涨停基本上就是最后的卖点了。

　　除了翠微股份和九安医疗之外，还有美利云、新华制药、浙江建投、中通客车等，都是 2022 年的穿越龙头。大家可以结合当时的市场环境进行深度复盘。

第十三章 低位套利之一进二

在低位套利中，一进二是比较重要的模型，首板辨识度太低了，目前主要以量化为主，所以套利模型中重点可以关注一进二。本章将深入剖析一进二模型的核心要点，并通过实际案例帮助您掌握这一策略的关键技巧。我们将详细探讨一进二模型的三种主要类型：切换一进二、补涨一进二和反包一进二。每种类型都有其独特的应用场景，为投资者提供了不同的操作思路和盈利空间。

第一节 首板特征与分类

一、首板定义及特征

首板指的是股票第一个涨停板。涨停原因复杂，模式多样。根据 K 线形态可以分为超跌反弹、均线黏合、过顶突破、趋势加速等；根据情绪周期可分为补涨首板、切换首板、龙反包板等；根据题材炒作地位可分为前排助攻、后排跟风首板等。实战中，基于情绪周期或热点地位的划分最具代表性。总结下来首板有以下几个代表性特征：

（1）超短为主：一进二的成功率大概在 15%~20%，同一板块的首板晋级比例在 20%~30%，由于地位不明确，多数属于超短 T+1，隔日套利为主。

（2）市场环境：龙头战法属于中高位涨停，对市场环境要求高，首板对市场要求环境不高，除非极端环境。

（3）仓位管理：更加注重仓位分配，通过分仓降低波动率，发挥手法概率优势，以少积多，资金曲线更加平滑，回撤较低。

（4）回撤可控：龙头战法中高位回撤大，基本在 20%~30%，首板即使炸板回撤相对有限，单笔亏损在 5%~8%。

（5）量化操作：反应快，止盈不贪，止损不拖，容易量化，AI打板也很盛行。

（6）操作难度大：首板最难的就是如何买卖，一般单日同时要买多个，当日买入之后次日卖出，做隔日差价，操作比较频繁，失败率比较高。

二、基于题材地位划分

1. 主线热点补涨

主线热点未结束，上升过程中不断扩散新分支，或随高标超预期，原先淘汰个股再次走强，大部分首板隔日套利，极少部分演变为分支龙头。这类首板启动日往往有板块效应，前排高开秒板或一字板，无法参与，后排跟风持续性差，次日无溢价。根据情绪周期阶段，主要有三种类型：

第一种，龙头加速，上升期的补涨，龙头加速板块发酵，扩散出分支，情绪高潮，然后开始分歧，大部分个股隔日套利，分支龙头稍微走得远一点，技术形态多为超跌首板和反包首板。

第二种，龙头首阴，板块首次分歧，中位股大跌，内部高低位切换，技术形态多为反包首板。

第三种，龙头跌停，板块退潮，连续分歧 2~3 天，释放亏钱效应之后，板块出现补涨首板，技术形态多为平台突破首板。

2. 轮动热点补涨

在主线热点尚未结束之际，随着其高潮过后将出现分歧，此时市场上会涌现出新的题材首板。这些首板的位置较低，数量较多，尚未获得市场资金的认可，因此持续性较差，通常在 2~3 天内便会出现轮动热点。根据所处周期的不同阶段，主要分为两类：第一类，主线热点高潮时，预期主线将出现分歧，此时新热点出现，通常持续 2~3 天，随着主线分歧后强者恒强，主线继续大涨，

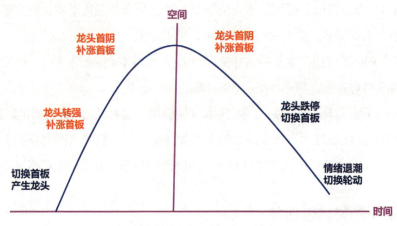

附：情绪周期低位套利模型

轮动热点结束；第二类，主线分歧加大，大规模跌停潮，预期主线结束，轮动热点地位提升，有望成为新的主线，实现新旧周期交替。

第二节　一进二

一、一进二模型的特点

　　一进二顾名思义就是从首板个股中选择继续接力的个股。2022年首板涨停板共有11690个，一进二涨停板有2063个，成功晋级率在17.6%。通常，一进二成功率在15%~25%之间，还是比较低的。主要原因是大部分首板都是跟风的，次日很容易断板。目前市场有两种首板主流玩法，一种是AI量化，有一些代表性席位，如华泰证券营业总部、中国国际金融上海分公司、华鑫证券上海分公司等，单只个股资金并不大，买入数量很多，次日套利卖出；另一种是一家独大，代表性席位如光大证券佛山绿景路、国泰君安成都北一环路等，单只个股买入金额大，吃独食，次日套利卖出，而且这些个股大部分都是跟风。前三板接力需要重点关注一进二的主要原因有三点，如下：

（1）辨识度高：首板盘中随机性太强，选择难度大，一进二可以过滤跟风个股，选择市场最强热点，选择比较有人气的首板，辨识度高容易把握。

（2）靠近龙头：无论哪种牛股，都是从一进二的阶段开始。一进二不仅仅是为了套利，而是希望在二板成为龙头。补涨首板一进二预期可以成为补涨龙，切换首板一进二预期成为新周期主升龙，龙头反包板一进二预期成为新周期穿越龙。

（3）盈亏比高：与高位接力相比，一进二的位置相对较低，一旦成功向上的空间较大，而失败时的风险相对可控。

那么哪些首板的晋级成功率较高呢？情绪周期和板块地位是关键因素。在首板模型中，我们将首板分为三类：补涨、切换、龙反包。结合情绪周期，重点解读补涨和切换一进二的操作策略。

二、一进二模型买卖点

买点在分歧转强时，卖点在一致转弱时。买点主要分为两种，第一种是强更强，主要是指首板发酵期，一进二前排直接顶一字，产生回封打板买点或者竞价打板买入。第二种是弱转强，主要是指首板题材未发酵，板块效应不强，换手涨停，或者前排顶一字，后排出现的助攻。通常前三板买点以强更强为主，中位分歧票为弱转强。具体可分为三种：

（1）强更强：T字回封，一字开板，炸板后回封买点。

（2）强更强：换手回封，高开换手涨停，涨停时打板买入。

（3）弱转强：换手回封，前排顶一字后，次强的弱转强涨停。这种情况容易失败，需考虑技术形态。

卖点则主要基于股票的预期。如果是套利，基本上次日即为卖点。若股票成为补涨龙或切换主升龙，地位上升，那么卖点可以放在下一次分歧爆量时。

第三节 两种模型

一、切换一进二模型

1. 第一种情况，主线高潮转分歧，新题材轮动

在主线高潮之后，市场预期主线将出现分歧，这个分歧通常持续 2~3 天。在预期主线分歧之际，市场上会出现新题材的首个涨停板，且具有一定的板块效应。这类题材被称为切换热点，其持续性相对较差。首个涨停板的板块效应一般，次日随着主线分歧加大，切换题材出现情绪涨停潮，情绪发酵。到第 3 天，随着主线分歧结束，切换题材轮动告终，资金重新回归主线。如果主线出现大分歧，发展为退潮阶段，切换题材的地位就会提升。

因此，一进二大部分是套利策略，以首板开始计算，第 3 天为卖出的黄金时机，最晚不要超过第 4 天。除非主线进入退潮阶段，切换题材地位得到提升。

案例一：半导体板块，中晶科技 2 板，12 月 14 日—12 月 17 日

12 月 8 日，卫生健康委员会宣布取消常规核酸检测，全面解封，医药板块涨停潮。上半月，资金主要围绕医药和消费板块炒作。12 月 14 日，医药龙头新华制药 6 板爆量，板块跌停潮，消费龙头人人乐的 7 板反复炸板。当天市场出现分歧，这是消费和医药主线上升过程的首次分歧，市场出现多个新主题的首个涨停板，其中最强的是半导体板块。

表 13.1　2022 年 12 月 14 日热点复盘

热点复盘 2022.12.14（周三）中波（13）短波（5，6 天）（涨停 49、跌停 10）						
概念	细分	时间	空间龙头	补涨助攻		首板
消费复苏 17	新零售 4	第 6 天	人人乐 7 板	大连友谊 2 板	步步高 2 板	1
	食品饮料 9		黑芝麻 3 板	海南椰岛 2 板		4
	旅游餐饮 5	第 2 天	西安饮食 3 板	西安旅游 2 板		3
	化妆品 1					1
	供销社 1					1
医药医疗 9	新冠药 2		赛隆药业 2 板			1
	亢病毒面料 5		美邦服饰 2 板	安奈儿		3
	检测消毒 2					2
半导体 10		首板	安泰科技 2 板			9
机器人 4		首板				4
数字经济 3		首板				3
光伏 2		首板				2
其他 4	格力地产 4 板、宁波远洋、风语筑、英联股份					
医药 8	丰原药业、毅昌科技、盘龙药业、龙津药业、康缘药业、贵州三力、太龙药业、千红制药					
其他 2	元成股份、跨境通					

12 月 15 日，市场出现炸板潮，8 个连续涨停板，11 个连板炸板，分歧加大。半导体一进二，中晶科技、易天股份、大港股份等晋级 2 板、惠伦晶体、中化岩土、华正新材、中京电子等首板涨停。盘口中，中晶科技表现最强，高开 4.34%，换手后涨停，易天股份、大港股份低开后弱转强。

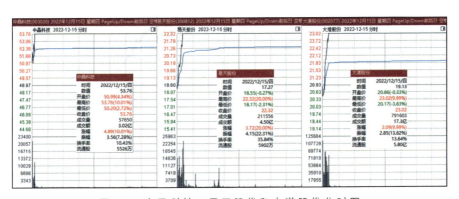

图 13.1　中晶科技、易天股份和大港股份分时图

12月16日，主线强者更强，半导体板块结束。消费复苏概念和医药板块涨停潮，新华制药转强反包，西安饮食连涨5个板。此时半导体开始分歧，最强的中晶科技高开8.72%后跳水大跌，大港股份也是高开低走，板块轮动结束，持续3天。

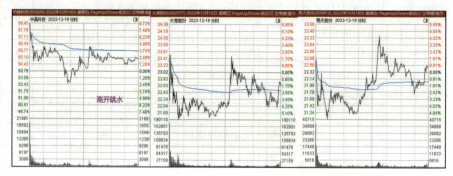

图 13.2　中晶科技、大港股份和易天股份分时图

那么，如何参与半导体首个涨停板一进二呢？首个涨停板具有板块效应，次日没有资金顶一字板，最强的是中晶科技，高开4.34%，换手后9点35分涨停，这个买点通常是打板。在一进二接力时，还需注意技术形态。中晶科技的K线形态不佳，均线为空头排列，走势难以持续。

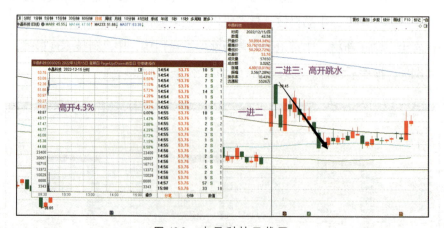

图 13.3　中晶科技日线图

小结：大部分轮动题材持续 2~3 天，高标空间为 3~4 个涨停板。首个涨停板出现时，难以靠近前排；二进三时则时机已晚，上方空间有限。一进二则是靠近前排的最佳时机。前 3 个涨停板的轮动规律是强者恒强，如中晶科技首个涨停板一字，次日高开后涨停，第 3 天继续大幅高开。要判断何时一进二容易成为龙头，何时只是套利，需关注主线板块节奏。主线分歧时，龙头弱转强，王者归来，那么轮动热点地位就降低，轮动高标只是套利。16 日医药龙头新华制药弱转强时，中晶科技便没有资金愿意继续打板。

2. 第二种情况，主线退潮，新题材上位开启新周期

主线退潮第一天杀跌力度极强，避免高位、中位和低位主线相关概念股，尝试新题材的一进二，属于切换模式。关注两类个股：一类是具有强烈板块效应的一进二，容易出现新周期龙头；另一类是无板块效应但个股形态良好，突破前期筹码峰或压力位，且成交量放大。

案例一：新能源汽车，通达股份 10 天 7 板，2023 年 1 月 5 日

2022 年 12 月底市场主要关注消费板块，西安饮食穿越两波主升，麦趣尔 8 板。12 月 29 日西安饮食封天地板，1 月 5 日麦趣尔跌停，消费板块出现跌停潮。当日盘面新能源车涨停启动，1 月 6 日麦趣尔低开后继续跌停，退潮概率较大。一般上升过程中的分歧，龙头不会连续跌停。

表 13.2　2023 年 1 月 5 日热点复盘

概念	细分	时间	空间龙头	补涨助攻		首板
热点复盘 2023.1.5（周四）中波（13）短波（6，11）（涨停 41、跌停 9）						
消费复苏 5			哈尔斯 3 板			4
数字经济 5		第 6 天	海得控制 3 板	中远海科 3 板	数源科技 2 板	2
风光储 4		首板				4
汽车 14		首板	尚太科技 2 板			13
消费电子 2						2
其他 11	兔宝宝 2 板、紫光股份 2 板、传化智联、国美通讯、三人行、鸣智电器、佛然能源、湘财股份、风形股份、奥园美谷、实益达					
食品 3	桂发祥、麦趣尔、黑芝麻					
数字经济 3	英飞拓、生意宝、久其软件					
其他 3	新华百货、鸿达兴业、丰源药业					

1月6日，消费继续补跌，新主题轮动。汽车板块一进二，通达动力、通达电气2板，光伏板块首板涨停潮，前一天启动的芯能科技、同兴环保晋级2板。盘面高低位切换明显，前主线大跌后，新启动的题材容易开启新周期。

表13.3　2023年1月6日热点复盘

热点复盘 2023.1.6（周五）中波（13）短波（6,12）（涨停31、跌停10）						
概念	细分	时间	空间龙头	补涨助攻		首板
数字经济3		第7天		数源科技3板	众业达2板	1
汽车5		第2天	通达动力2板	通达电气2板		3
绿色电力 18	电站3	首板	芯能科技2板			2
	POE胶膜3	首板	鼎际得3+1			2
	EVA胶膜2					2
	跟踪支架2					2
	辅材4					4
	电池2					2
	其他2		同兴环保2板			1
其他5	金达威、镇洋发展、黑芝麻、广东宏大、王力安防					
消费复苏5	道道全、百洋股份、若羽臣、三特索道、哈尔斯					
其他5	深纺织A、慈文传媒、小崧股份、安妮股份、深天地A					

1月7日，退潮后情绪低点。主线连续2~3天退潮，轮动热点启动2~3天，此时容易出现情绪低点。当日数源科技3板，成为新的空间板，前一天空间板也是3板，次高为5个2连板。盘口来看，这两只个股都没有参与机会，除非竞价参与，开盘后均未破板。

表 13.4　2023 年 1 月 6 日连板统计

情绪周期一连板股 2023.1.6（周五）					
概念	股票名称	股票代码	涨停类型		空间
数字经济	数源科技	000909	炸板	二进三	3
数字经济	众业达	002441	换手板	一进二	2
汽车	通达电气	603390	一字板	一进二	2
汽车	通达动力	002576	一字板	一进二	2
绿色电力	芯能科技	603105	换手板	一进二	2
绿色电力	同兴环保	003027	换手板	一进二	2
数字经济	中远海科	002401	−0.20%	补涨	4
房地产	兔宝宝	002043	0.08%	二进三	3
汽车	方正电机	002196	1.18%	一进二	2
消费电子	惠威科技	002888	2.98%	一进二	2
汽车	嵘泰股份	605133	5.36%	一进二	2
锂电池	欧克科技	001223	5%	一进二	2

在一进二中注意，不要看到前排一字板无法参与而去参与后排，不要为了做一进二而做。模式次要，靠近核心才是关键。如果无法参与，等待次日机会。错误交易往往由此产生，未能参与核心，临时参与后排一进二，万一前排分歧，后排易炸板。

如何参与汽车板块的一进二呢？汽车板块的首板效应非常强烈，次日竞价出现两个一字板，分别是通达电气和通达动力。由于它们都是一字板，只能观察是否有开板回封的机会。从盘口来看，这两个股票都没有买入机会。此外，在两个一字板中进行优选时，主要需要关注基本面和技术面。从技术面来看，优选均线黏合的股票。通达动力在急速下跌之后，经历了一段漫长的慢跌筑底过程，一字板突破箱体上轨，并且均线黏合。

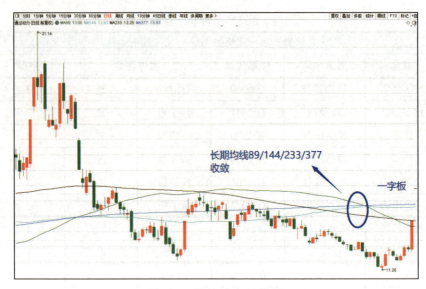

图 13.4　通达动力日线图

通达电气竞价时出现一字板，早盘瞬间开板，但该股的形态并不理想，均线呈空头排列，且力度较通达动力弱。这种股票属于典型的助攻票，适合隔日套利，只要跌破一字板就是卖点。

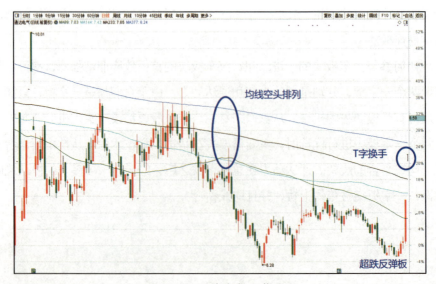

图 13.5　通达电气日线图

在此需要强调一个问题，想要成功进行一进二操作，需要保持专注，不能时而买龙头股，时而买首板，时而进行一进二。每种模式都有最佳时机，且不同模式的买卖点也会有所不同。

案例二：英飞拓，12 月 23 日到 28 日

2022 年 12 月 19 日，医药板块开始退潮。12 月 16 日，新华制药出现反包，19 日出现大分歧，医药板块二次跌停潮，确认已退潮。当天有 17 家公司跌停，其中医药板块占 8 家；20 日有 29 家公司跌停，医药板块继续大跌。12 月 21 日—22 日，市场没有出现较强的首板题材，这个阶段的热点可以参考首板模型。英飞拓的首板出现时并无板块效应，但该股的 K 线形态却非常不错。12 月初，五连板突破 10 月中旬形成的大平台，又在 12 月初构建了一个小平台。12 月 22 日反包首板，此时市场正好处于退潮后的情绪低谷，12 月 23 日英飞拓一进二晋级 2 板。

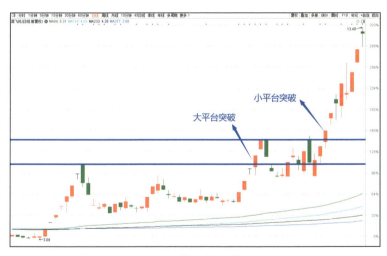

图 13.6　英飞拓日线图

那么如何参与英飞拓的一进二呢？英飞拓的首板并没有板块效应，因此一进二的开盘不会大幅高开。早盘高开 2.62% 后回落，分时图出现两波拉升，10 点 06 分涨停并创新高。长周期均线呈多头排列，这种买点属于弱转强换手板。

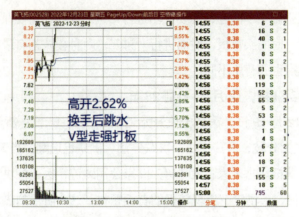

图 13.7　英飞拓一进二分时图

小结：能否成功切换一进二并抓住强势股的核心有两点。首先是择时：主线分歧多数是套利，而主线退潮时容易出现龙头股，如通达动力，正是在主线退潮时产生的，此时麦趣尔刚好结束。其次是辨识度：具有板块效应的个股前排次日容易顶一字，买点不好找，一进二不一定能参与到；而无板块效应的个股K线形态要好，大部分都是过顶突破。例如大港股份、南天信息和英飞拓，它们都曾是某一段时间的大牛股。

二、补涨一进二模型

大部分首板都是套利性质的，一进二模型的目的分为两种：一种是套利，可能出现在任何时候，最容易失败的是情绪高潮之后的首板；另一种是预期成为补涨龙头，基本出现在当时盘面最强热点上，情绪分歧之后的首板，此时可以没有明显的板块效应。

1. 第一种，预期套利

在题材炒作中，大部分首板都是套利性质的，次日便结束，这里需要特别注意情绪高潮时的套利，失败后容易出现较大回撤。

案例一：房地产板块，11月30日

在消息面上，11月8日，交易商协会率先放出"第二支箭"，推动民营企业发债融资，多家民企在增信模式的支持下成功发行债券。随后多部门联合发布"金融16条"措施，半个月内万亿级信贷意向资金快速与房企匹配。11月28日证监会推出股权融资方面调整优化的5项措施，30余家上市房企公布股权融资计划。11月29日房地产板块出现涨停潮，空间板中国武夷、中交地产4板，次高南国置业、三木集团、粤宏远A、信达地产等晋级3板，中华企业、深振业A等晋级2板，首板有33个。从这个梯队来看，二板和首板是典型的跟风板，也就是说一旦板块发酵后，首板参与需谨慎，此时优质股买不到，劣质股则面临炸板大跌的风险。

表 13.5 2022 年 11 月 29 日热点复盘

热点复盘 2022.11.29（周二）中波（13）短波（4，3 天）（涨停 96、跌停 1）						
概念	细分	时间	空间龙头	助攻		首板
国企重估 4		第 6 天	中国科传 6 板			3
房地产 50	高潮	第 4 天	中国武夷 4 板	南国置业 3 板	三木集团 3 板	33
			中交地产 4 板	粤宏远 A3 板	信达地产 3 板	
			中华企业 2 板		深振业 A2 板	
	建材家居 9		建艺集团 2 板			8
医药医疗 14	反包	第 4 天	特一药业 2 板	毅昌科技 2 板	泰林生物 2 板	11
旅游 15		第 1 天	峨眉山 A2 板			14
泛金融 4		第 1 天				4
其他 9	通润装备 6 板、安奈儿 4 板、同兴环保 4 板、深中华、沃格光电、铜峰电子、建设机械、朗姿股份、旗滨集团					
跌停板 1	永兴材料					

11月30日，房地产板块前排继续顶一字，一进二炸板潮涌现，3个晋级，10个炸板。因此，在板块高潮后的首板需谨慎参与，这是典型的跟风行为，大面积泛滥。另外，在板块梯队较好的情况下也要谨慎参与首板，因为此时题材可能进入淘汰赛阶段，首板往往是次日套利，很难形成补涨龙头。

表 13.6　2022 年 11 月 30 日复盘连板股统计

情绪周期—连板股 2022.11.30（周三）

概念	股票名称	股票代码	涨停类型	空间	概念	股票名称	股票代码	涨停类型	空间
国企重估	中国科传	601858	T字板	独立	7	钠电池	同兴环保	003027	换手板	独立	5
停复牌	通润装备	002150	一字板	独立	7	旅游	峨眉山A	000888	换手板	板块龙	3
房地产	中国武夷	000797	一字板	板块龙	5	消费复苏	徐家汇	002561	换手板	一进二	2
房地产	中交地产	000736	一字板	板块龙	5	消费复苏	永顺泰	001338	换手板	一进二	2
房地产	南国置业	002305	一字板	助攻	4	房地产	信达地产	600657	0.77%	助攻	4
房地产	中华企业	600675	一字板	跟风	3	房地产	建艺集团	002789	-2.72%	跟风	3
房地产	深振业A	000006	换手板	跟风	3	房地产	垒知集团	002398	1.67%	跟风	2
房地产	京能置业	600791	一字板	跟风	2	房地产	华侨城A	000069	5.03%	跟风	2
房地产	光大嘉宝	600622	一字板	跟风	2	房地产	大龙地产	600159	-3.21%	跟风	2
房地产	宁波联合	600051	换手板	跟风	2	房地产	渝开发	000514	-1.84%	跟风	2
医药医疗	安奈儿	002875	换手板	独立	5	房地产	天保基建	000965	-0.52%	跟风	2
医药医疗	毅昌科技	002420	一字板	二进三	3	房地产	南山控股	002314	0.72%	跟风	2
医药医疗	特一药业	002728	换手板	二进三	3	房地产	沙河股份	000014	4.82%	跟风	2
医药医疗	泰瑞机器	603289	换手板	独立	2	房地产	城建发展	600266	10%	跟风	2
						消费电子	胜利精密	002426	5.61%	独立	2

2. 第二种，预期成为补涨龙

通常在上升过程中，会出现较强的分支热点。当龙头尚未结束时，首板效应显现，分支龙从首板中诞生。又或者是板块内只剩下龙头，但未出现退潮现象。这时，低位首板出现，高低位切换产生补涨龙头。无论哪种情况，首板都具有较强的识别度。

案例一：新能源汽车通达动力与泰永长征的关系

2023 年 1 月 5 日，比亚迪发布"易四方"，新能源车搭载多电机带来增量。通达动力公司为比亚迪所有新能源汽车发动机配套驱动电机铁芯，马达铁芯占整个电机成本比例达 30%~40%。受此消息影响，当天板块首板涨停潮。1 月 12 日，通达动力晋级 6 板，此时板块出现低位首板，众业达 3+1 反包，通达电气 2+1 反包，同时出现 6 个首板，分别为索菱股份、华锋股份、泰永长征、宁波精达、合力泰、黑猫股份。当天板块效应明显，且是最强的分支，这个首板识别度非常高。

表 13.7　2023 年 1 月 5 日热点复盘

热点复盘 2023.1.12（周四）中波（13）短波（7，4）（涨停 33、跌停 7）					
概念	细分	时间	空间龙头	补涨助攻	首板
新能源车 9		第 6 天	通达动力 6 板	众业达 3+1	7
消费复苏 6		第 4 天	金发拉比 2 板		5
数字经济 4		第 3 天	天威视讯 3 板	楚天龙 2 板	2
军工 3		首板			3
电子纸 3		首板			3
业绩预增 2			电子城 4 板		1
其他 4			赛福天、兔宝宝、振邦智能、大智慧		
跌停板 5			茂化实华、西安饮食、数源科技、成飞集成、贵航股份		

1 月 13 日，通达动力 7 板炸板，新能源车补涨进入第二阶段，泰永长征一字板，合力泰高开 3.97% 换手涨停，索菱股份高开 2.43% 换手涨停，午后炸板。具有板块效应的一进二最大的问题是难以买入，前排容易顶到一字，后排参与价值不大，基本都是套利。例如，合力泰，并非最强的一进二，次日冲高回落跳水。

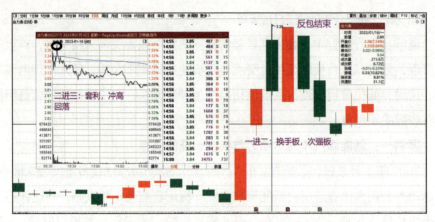

图 13.8　合力泰日线图与分时图

　　1 月 16 日，通达动力连续涨停达到 8 板，泰永长征二进三连板，继续呈现一字涨停板，没有参与机会，成为补涨龙头股。合力泰股价冲高回落，被市场淘汰。1 月 17 日，通达动力大幅高开 7.28%，换手后涨停，9 天内涨停板数达到 7。泰永长征高开 5%，瞬间涨停。然而此时市场参与的性价比已经相当低。1 月 18 日，通达动力继续高开，换手涨停后出现炸板现象，泰永长征 T 字涨停分歧。1 月 19 日，通达动力低开后快速下跌，泰永长征高开 5.23% 后跳水跌停。从题材地位来看，泰永长征属于通达动力的补涨个股，补涨个股多数以尖顶收场。

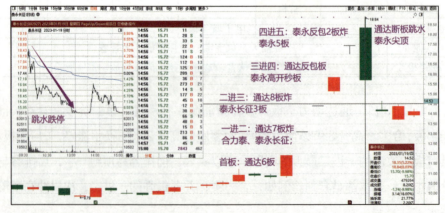

图 13.9　泰永长征日线图与分时图

那么如何参与汽车板块的首板呢？补涨和切换一进二之间仍然存在较大差异，尤其是在买点方面。补涨一进二次日多数呈现一字涨停板，较难参与；切换一进二由于板块地位尚未确认，次日容易出现 T 字涨停板。没有板块效应的个股会出现换手率从弱变强。

小结：泰永长征之所以能连续涨停达到 5 板，主要取决于其出现的时间节点。一方面，通达动力连续涨停达到 6 板，连续两天加速上涨，第 7 天预期出现分歧，此时泰永长征出现低位首板，容易开启新的补涨周期。另一方面，泰永长征首板的辨识度较高，中间没有其他连板梯队，且首板板块效应良好，容易成为补涨龙头股。唯一的缺点是一进二阶段直接出现一字涨停板，没有特别有利的参与机会。

案例二：零售板块的中兴商业和新华百货

12 月底，消费复苏概念持续走强，成为市场的主要热点。在 12 月 29 日，消费复苏板块出现小幅分歧，麦趣尔连续 7 个涨停板后反复炸板，西安饮食出现天地板，紧随其后的是西安旅游和中兴商业涨了 4 个板。当天，随着中兴商业的一字涨停，零售板块出现首板涨停潮，包括大连友谊、华斯股份、新华百货、新华都和步步高。零售板块作为大消费的分支，之前的表现一直不佳，市场资金主要集中在旅游和食品饮料板块。在西安旅游热度逐渐减弱后，此次首批涨停预示着新的补涨周期的到来。

表 13.8　2022 年 12 月 29 日热点复盘

热点复盘 2022.12.29（周四）中波（13）短波（6，7）（涨停 39、跌停 5）						
概念	细分	时间	空间龙头	补涨助攻		首板
消费复苏 15	旅游酒店 3		西安天地	西安旅游 4 板	新华联 3 板	1
	食品饮料 6	第 6 天	麦趣尔 7 板	桂发祥 2 板	浙江东日 2 板	3
	零售 6	第 1 天	中兴商业 4 板			5
风光储 4		第 4 天	日丰股份 4 板	鼎际得 3 板	中科云网 2 板	1
数字经济 3		第 2 天	安妮股份 2 板			2
医药医疗 5		第 1 天				5
其他 8	重组：国中水务；次新：炜冈科技；游戏：大晟文化；汽配：神通科技 LED：沃格光电；贵广网络、音飞储存、金洲管道					
跌停板 5	新兴装备、生意宝、西安饮食、深振业 A、如意集团					

12月30日，一进二的进程中，通程控股直接一字涨停，新华百货换手涨停，而其他3只股票被淘汰。同时，出现新的首板涨停股，包括人人乐、焦点科技、南宁百货、徐家汇和跨境通。这些次日才出现的首板基本属于跟风套利。1月3日，通程控股和新华百货连续3个涨停板，中兴商业却出现跌停，3个涨停板成为新的补涨高峰。

图 13.10　通程控股和新华百货分时图

小结：一进二是低位接力的典型模式，主要有三种较容易成功的情况，如下：

A. 切换一进二：主线分歧或者主线退潮时产生，分歧时产生套利一进二，卖点是下一次分歧，退潮时产生新周期主升龙，预期空间5~6板。

B. 补涨一进二：上升过程中任何时间点都可以产生，主要分为套利和补涨龙，套利个股主要出现在后排跟风，补涨龙主要出现在前排助攻，以及情绪阶段性低点。